KB136061

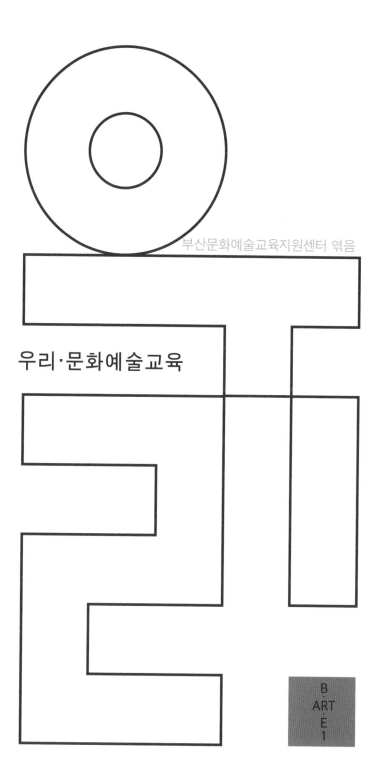

부산문화예술교육지원센터 엮음

우리·문화예술교육

B.
·
ART
·
E
·
1

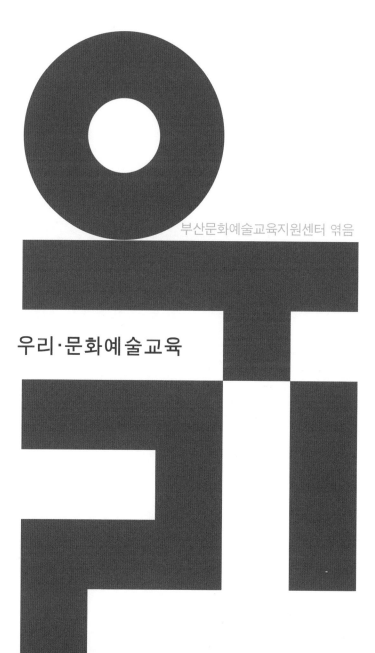

부산문화예술교육지원센터 엮음

우리·문화예술교육

B
·
ART
·
E
1

부산문화재단

프롤로그

왜 문화예술교육인가?

국가정책으로 문화예술교육이 시작되고 뿌리를 내린 지 15년이 흘렀다. 그동안 지역에서 수행하는 개별적 사업은 아카이빙 차원에서 보고서를 만들었지만 문화예술교육 전반을 돌아보는 총서 작업은 예산을 세워 꾸준히 이어가야 된다는 생각에 선뜻 시작하기가 어려웠다.

하지만 현장에서의 활동이 어려워지고 COVID-19로 인해 변화된 일상은 문화예술교육의 핵심 가치인 미적 체험, 소통과 즐거움, 놀이를 통한 성장, 삶의 소소한 행복을 돌아보게 했다.

마스크가 익숙해져 가던 여름의 길목, 문화예술교육이 오롯이 담긴 책을 만들기 위해 자문위원님들을 모셨다. 특히 총서 1권은 시작점이 된다는 점에서 총서의 방향성과 가치, 내용에 대해 열띤 토론의 장을 열었다. 여러 차례 회의를 통해 예술가교사, 행정가, 기획자를 비롯해 문화예술교육에 관심이 있는 일반 시민들이 가볍게 접근할 수 있는 개론서로 방향을 잡았다.

"문화예술교육의 핵심을 관통하는 가치는 무엇인가?" 질문을 던지고 나니 가치 하나하나가 독립적으로 존재하는 것이 아니라 순환하고 받쳐

주는 고리처럼 서로 이어져 있음을 깨닫게 된다. '창의성, 상상력, 휴머
니티, 공공성, 지역성, 다양성, 소통, 놀이, 커뮤니티, 일상성, 예술성, 리
터러시, 인문성, 미적 체험……' 문화예술교육이 담고 있는 가치는 현대
인의 삶에서 어느 하나 중요하지 않은 것이 없지만 그 중 현장 사례와 엮
어서 유의미한 개념, 다양한 접근을 통해 담론을 도출해볼 수 있는 가치
들을 우선 선택했다.

놀이·창의·융합

놀이노동자 조재경 님은 오랜 시간 아이들과 놀이로 소통하며 문화예
술교육 현장을 개척해온 이야기를 로제 카이와의 재미를 구성하는 네 가
지 요소 '경쟁, 우연, 모의, 어지러움'과 엮어서 놀이를 관통하는 핵심 담
론을 쉽게 설명해준다. 변수를 상수로 받아들이지 않으면 한 발짝도 움
직일 수 없는 위기를 살면서 놀이를 통해 혼돈 속에서 우리가 어떻게 아
름다운 질서를 발견하고 헤엄칠 수 있을지 조곤조곤 알려준다.

2011년 설립된 영국 상상력연구소는 비영리단체로 상상력의 힘을 고
양하기 위해 상상력 플랫폼, 상상력 캠퍼스, 상상력 랩을 운영하고 있다.
특히 예술과 과학기술, 디지털 기술이 만날 수 있는 다학제적인 대규모
공간을 2023년 런던에 오픈할 예정이다. 상상력의 놀라운 스펙트럼을 다
양하게 보여주는 프로젝트 사례들은 전문 분야 간 협업과 디지털 시대 과
학기술과의 융합, 파트너십 등에 대한 중요한 메시지를 전달하고 있다.

　4차 산업혁명 시대를 대비한 과학기술과 예술의 결합은 시대를 관통하는 새로운 콘텐츠로 주목받고 있다. 부산문화재단은 창의예술교육랩 사업의 일환으로 올해 AI인공지능 기반의 과학기술과 지역 무형문화재인 부산농악을 접목한 신규 프로그램 아이농악 A·I 농악 을 개발했다. 로봇공학자이면서 미디어 아티스트로 활동하는 김태희 님은 과학기술과 예술의 결합은 결국 우리 삶을 관통하는 철학과 인문의 가치를 토대로 한다는 것을 밝혀주고 있다.

　최근 수년간 문화예술교육 현장에서 주요 화두가 된 것이 통합, 융복합이다. 백령 님은 새로운 문화예술기획을 가능하게 하는 랩 laboratory의 역할과 랩 구성의 주요 요소, 랩의 주체이며 창의적 융합을 가능하게 하는 인력으로서의 예술가의 역할, 융복합에 있어 인문적 접근의 중요성을 제시하고 있다.

　벨기에 ABC하우스 설립자인 게르하르트 예거는 이주민들이나 소수집단이 주류 사회에 통합되는 과정에서의 어려움을 돕기 위한 난민센터 '클라인 카스틸처' 프로젝트(난민 아이들과 가족들이 자신들의 과거, 현재, 미래를 세 폭의 패널에 시각화하는 작업)를 통해 사회적 통합의 가능성을 예술교육으로 풀어내는 사례를 보여주고 있다. 특히 도시환경의 변화와 개발계획의 실패 속에서 버려진 낡은 산업 시설을 ABC 하우스로 만들어가는 과정에서 하우스 주변의 저소득계층, 취약계층의 참여를 끌어내고 다양한 계층 간의 통합을 지향하는 교육철학을 통해 통합의 사회적 의미와 가치를 발견할 수 있다.

지역성

2010년 재단 내 부산문화예술교육지원센터가 지정된 이후 지역의 문화예술교육은 중앙에서 내리는 예산과 사업모델의 한계치 안에서도 독창성과 자생성을 확보하기 위한 노력을 게을리하지 않았다. 덕분에 이제는 진정한 지역분권으로서의 문화예술교육정책을 요구하는 목소리도 커지고 있으며, 예술가와 단체들이 지역문화예술교육을 어떻게 설계하고 접근해야 할 것인가에 대한 논의가 중요한 화두가 되고 있다.

이순욱 님은 지역이라는 개념이 복잡하고 모호하지만 지역은 고정되지 않고 끊임없이 생성 변화하며, 중앙 대 지방, 향토라는 수직적 분할구도를 해체하고 지역적 삶의 의미에 주목할 것을 강조한다. 특히 문화예술교육에서 지역성을 담아내기 위해서는 다양한 문화자산을 통해 지역을 새롭게 이해하고 정체성을 재구성할 수 있는 효과적인 접근이 필요함을 알 수 있다.

부산문화재단에서 오랫동안 진행하고 있는 사업으로 지역의 무형문화재 전수자들이 학교로 찾아가는 '어린이무형문화재교실'이 있다. 10년의 세월을 지나오면서 부산농악, 다대포후리소리, 부산고분도리걸립, 수영야류, 동래학춤은 학교 안으로 들어가 수업시간에 어린이들과 즐겁게 만난다. 부산시 문화재위원이기도 한 김해성 님이 지역전통문화자원이 문화예술교육의 좋은 콘텐츠가 될 수 있음을 들려주신다.

공공성

문화예술교육은 사회구성원 모두를 대상으로 하며 궁극적으로 참여자들의 행복한 삶을 지향한다는 점에서 가치재이자 공공재로서의 역할을 한다. 예술꽃씨앗학교는 전교생 400명 이하 문화소외지역 학교에 공적 자금을 3년 이상 집중 투여하는 사업으로 조대현 님의 글을 통해 해외의 공공적 문화예술교육 사례와 예술꽃씨앗학교 사업의 공공적 가치를 만날 수 있다.

문화예술교육에서 공간은 사적 장소 이상의 가치를 가진다. 30년 이상 학교에서 미술 교사로 활동해 온 이욱상 님은 오픈스페이스 배의 교육팀장으로 오랜 시간 사회문화예술교육의 현장에서 우리 일상이 자연과 예술, 그리고 공간과 이어져 있다는 것을 아이들이 몸으로 깨달을 수 있는 프로그램을 실행하고 있다. 그가 학교에서 고3 학생들에게 '숲에서 온전히 쉼'이라는 행복과 위로를 선물한 사례를 읽으니 불어오는 바람과 청량한 초록 향기가 있는 숲이야말로 누구의 소유도 아닌 온전한 미적 체험의 세계로 이끄는 환상의 공간이라는 생각이 든다.

다양성

문화다양성은 이제 국가와 도시의 주요 의제가 될 정도로 중요성을 가지게 되었다. 한국문화관광연구원에서 2017년부터 문화다양성 관련

연구를 진행한 김면 님의 글이 개념과 정책 흐름, 문화예술을 매개로 한 문화다양성의 역할을 주로 담고 있다면 이어지는 고윤정 님의 글은 문화다양성 사업 실무자로 개척한 7년의 경험을 상세히 풀어내고 있다. 부산문화재단은 작년부터 다양한 장르의 예술가들이 참여하는 문화다양성 문화예술교육 교안 개발을 통해 학생, 교사들과 만나고 있다.

대담

'문화예술교육이란 무엇인가', '나와 문화예술교육의 인연', '문화예술교육은 어떤 가치를 담아야 할까', '포스트코로나 문화예술교육이 나아가야 할 방향' 까지 이론적 전문성과 현장 실천성에 근거한 구체적인 이야기들이 대담에 촘촘하게 담겨 있다. 임학순 님, 임미혜 님, 오재환 님, 모상미 님 ―학계, 기관, 연구원, 현장에서 각각 문화예술교육과 인연을 맺고 계신― 네 분 덕분에 문화예술교육의 과거, 현재, 미래를 아우르는 핵심적인 논의를 모아볼 수 있었다. 특히 '문화예술교육, 지역을 말하다' 부분은 진정한 지역분권과 새로운 지원 시스템 설계, 거버넌스 등에 대한 다양한 제안들이 담겨서 총서 2권『지역·문화예술교육』과 함께 읽어보시기를 권한다.

에필로그

문화예술교육의 개념에서 출발해서 역사와 흐름을 훑고 정책으로 귀결되는 논의들은 너무도 중요하고 빠져서는 안 될 알맹이다. 현장 사례와 가치 실현, 담론과 접근 방법이 자율성과 구체성을 확보하려면 문화예술교육 정책이 이들을 든든하게 지원하고 견인해줄 수 있어야 한다. 그런 점에서 김은영 님, 박영정 님은 국내에서 문화예술교육 개념과 정책 방향성을 가장 잘 말씀해주실 수 있는 분이다. 남영희 님은 15년 다양하게 전개된 부산문화예술교육사를 통해 지역 문화예술교육의 흐름을 정리해주신 점에서 의미가 있다.

2005년 이후 문화예술교육은 많은 담론과 정책의 변화를 겪으며 학교와 사회 영역의 경계를 넘어 전 생애에 걸쳐 삶의 행복과 일상의 기쁨을 누리기 위한 공공적 역할을 담당하게 되었다. 문화예술교육은 특별한 누군가를 위한 것이 아니라 진정한 아름다움의 세상에서 나와 너를 연결하고, 자신과 세계를 함께 깨닫게 하는 소통의 장을 펼쳐낸다고 하겠다. 인간으로서의 존엄과 자유로움을 실현할 수 있는 길은 자신이 누구인가를 깨달아가는 미적 체험 안에서 오롯이 가능하다. '아름다움으로 놀이하는 순간 인간은 잠시 미적 상태에 머물면서 자신이 잃어버린 총체성을 회복할 수 있다'는 독일의 대문호 실러의 말은 왜 우리가 미적인 길을 선택해야 하는가를 돌아보게 한다.

『우리·문화예술교육』은 기획단계에서 입문자를 위한 개론서로 가닥을 잡았으나 원고를 앉히고 나니 총서의 맏형답게 글의 무게가 만만치 않다. 그간 문화예술교육의 양적 질적 변화 양상을 다양한 영역에서 담고자 했으니 이론과 현장에 대한 유익한 공부 거리가 되기를 바란다.

자문, 대담 및 필자로 참여해주신 모든 분께 지면을 빌어 진심으로 감사의 말씀을 드린다. 덕분에 책이 풍성하고 다채로운 빛을 지니게 되었다. 총서 작업을 위해 지난 7개월간 누구보다 애쓴 문화교육팀 식구들 박소윤 팀장, 남서아 팀원, 김영은 팀원에게도 감사의 인사를 전한다. 2021년은 문화예술교육의 현장에서 침을 튀겨가며 열정적으로 말하고 노래하고 어울리는 것이 인간사 소통의 꽃이 되는, 곁에 있는 사람의 온기가 두려움이 아니라 반가움이 되는 소중한 일상의 회복을 간절히 바란다.

2020년 12월

감만창의문화촌에서

이미연 부산문화재단 생활문화본부장

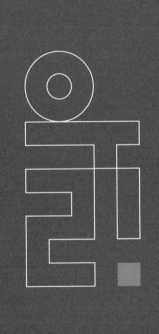

1부
놀이·창의·융합

놀이(를)(와)(가) 만난 문화예술교육

조재경

놀이노동자·고무신학교 대표

놀이가 예술로 변신하는 순간

넓은 잔디밭에 아이들이 옹기종기 모여서 머리를 맞대고 있다.

"아니야! 그거 아니야!"

"맞아! 그거야 그거."

"조심조심 살금살금..."

"와아~"

"성공이다!"

아이들이 무엇을 하고 있는지 소리만으로 상상하기는 쉽지 않다. 한 발 더 들어가 기웃거린다.

"아저씨가 구경 좀 해도 돼?" 허락을 구한다. 아이들 그래도 된다고 한다.

아이들이 맞댄 머리 사이로 나뭇가지들이 어지럽게 늘어져 있고 아이들 앞에는 서로 다른 개수의 나뭇가지들이 가지런히 놓여있다.

"뭐 하고 있어?"

"나뭇가지 모으기 하고 있어요."

"어떻게 하는 거야?"

"저렇게 엉켜있는 나무를 자기 앞으로 가지고 오는 거예요. 그런데 가지고 올 때 다른 나뭇가지를 건드리면 안 돼요. 그러면 내가 가지고 있는 것도 모두 다 내놓아야 해요.”

“지금 하고 있는 거 부르는 이름이 있어?”

“친구들한테 뭐하자고 하면 돼?”

“선생님이 산가지 놀이라고 알려주셨어요.”

아이들이 하는 산가지 놀이를 한참 들여다본다.

‘간질간질’ ‘꼬물꼬물’ ‘아슬아슬’ ‘휴~’ ‘앗’ ‘에잇’

가만히 서서 자세히 들여다보고 멈추어 아이들의 호흡을 함께 느낀다. 아이들 마음 소리와 몸의 움직임과 생각의 흐름이 읽힌다.

놀이와 예술의 만남은 어떻게 이루어지고 그 둘의 만남은 어떤 변화를 일으키는가? 놀이가 예술이 되고 예술이 놀이처럼 자유로워질 수 있는 것은 어떻게 가능한가? 예술과 놀이 둘은 어떤 사이이고 어떻게 서로 영향을 주고받는가? 한 방향 수업으로 진행되던 문화예술교육을 쌍방향 활동으로 전환하는 것은 무엇으로 가능한가?

2010년 한국문화예술교육진흥원 우락부락 캠프에 작가로 처음 참여하면서부터 지금까지 계속되고 있는 질문이다. 10년이 지났지만 지금도 답을 찾아 나가고 있는 중이다.

나뭇가지를 다 모은 아이들이 자기 앞에 있는 나뭇가지를 이어서 그림을 그린다. 글자를 쓴다. 땅바닥에 평면으로 활동하던 아이들이 나뭇가지를 땅에 꽂으며 논다. 흙을 모아 산을 만들고 그 산에 나뭇가지로 나무를 만들고 잎사귀를 더해서 푸른 산으로 바꾸었다. 사진을 찍어 달라고 한다. 종이와 색연필을 달라고 한다.

바닥에 나뭇가지로 그림을 그리는 아이에게 천천히 물어본다.

"어떻게 이런 생각이 나왔어?" 아이가 머뭇거림 없이 대답한다.

"나뭇가지를 보니 그냥 떠올랐어요."

"아빠랑 같이 갔던 산이에요."

아이들의 자유로운 놀이는 새로움을 만들어 내는 힘이다. 그 곁에 어른들의 '질문'이 있었고 '보여줌'이 있었고 '감격'과 '공감'이 있었다. 아이들의 놀이가 예술이 되는 그 곁에는 아이들의 활동을 읽어내고 아이들의 생각을 풀어내어 다시 아이들에게 돌려주는 예술가가 있었다.

예술을 놀이로 바꾸는 즐거움과 재미

"놀이는 활동에 대한 접근방법이지 활동이 아니다."　　　　　제롬 부르너

놀이를 하는 이유는 즐거움과 재미이다. 즐거움은 마음에 거슬림이 없이 흐뭇하고 기쁜 상태이다. 거슬림 없다는 것은 막아서는 걱정이 없다는 것이다. 걱정은 미리 앞서 염려하는 가운데 생기는 것인데 놀이는 다가올 염려를 지금의 즐거움으로 묶어 둔다. 걱정이 있는 상태에서 즐거운 놀이는 있을 수 없다. 다른 말로 놀이는 걱정을 잊게 해준다.

문화예술교육의 놀이성은 즐거움과 재미에서 찾을 수 있다. 문화예술교육이 즐겁고 재미있어지면 이것이 곧 놀이가 된다. 그러기 위해서는 놀이의 속성을 잘 파악하고 놀이를 하게 하는 힘, 재미에 대한 고찰

이 우선 되어야 한다. 놀이에 관한 많은 학자의 정의가 있지만 국제아동
인권센터의 놀이와 놀이 환경에 대한 정의를 가져와 문화예술교육과 연
결해 보자.

> *어린이 놀이는 어린이 자신이 시작, 통제 및 구조화한 행동, 활동 또는 과정이*
> *며 언제 어디서나 기회가 발생한다. 보호자는 놀이가 이루어지는 환경을 조성*
> *하는데 기여할 수 있지만, 놀이 자체는 강제적인 것이 아니며, 내재적인 동기*
> *에 의해 이끌어지고, 과제를 끝내기 위한 수단이 되기보다는 스스로를 위해 수*
> *행된다는 사실을 놓쳐서는 안 된다. 놀이는 자율성, 신체적, 정신적 또는 정서*
> *적 활동을 포함하며 그룹 또는 혼자서 무한한 형태를 취한다. 이것은 어린 시*
> *절의 과정에서 변경되고 적용될 것이다. 놀이의 핵심 특징은 재미, 불확실성,*
> *도전, 유연성 및 비생산성이다. 이러한 요소는 그것이 만드는 즐거움과 저절로*
> *생겨나는 다양한 혜택이 있다. 놀이는 종종 필수적이지 않은 것으로 간주되지*
> *만, 위원회는 신체적, 사회적, 인지적, 정서적 및 영적 발달의 필수 구성요소일*
> *뿐만 아니라 유년기의 즐거움의 기본적이고 필수적인 차원임을 재확인한다.* [1]

문화예술교육을 놀이로 풀어낸다는 것은 위의 글에서 알려주듯 '스스
로' '하고 싶어' '자기 주도'로 할 수 있는 환경을 만드는 것이 우선이다.
참여자가 스스로 관심을 가지고 활동에 적극성을 띠게 하기 위해서 마
련해야 할 가장 중요한 장치는 '말로 설명'보다는 '몸으로 보여줌'이라고
생각한다. 진행자의 '미리 해 보임'의 과정 속에서 아이들은 관심을 가지

---

[1]   국제아동인권센터 http://incrc.org/uncrc

고 질문을 한다.

"뭐하는 거예요?"

"이거 왜 해요?"

"이게 뭐예요?"

"나도 해 봐도 돼요?"

참여자들에게서 질문이 생겨나는 순간이 활동이 시작되는 순간이다. 지역아동센터에 아이들을 만나러 갔다. 일 년 동안 함께 나눌 활동의 주제는 '미지의 나'이다. 나도 잘 모르는 나를 찾아보고 미래의 나를 미리 상상해보고 지금의 마음을 다양한 예술 장르로 표현하기이다.

첫날 첫 시간 아이들에게 이름표를 만드는 스티커와 매직을 나눠 준다. 스티커에 이름을 쓰는데 받침 없이 쓰자고 제안한다. 불만의 목소리가 많다. 이름이 이상해진다는 것이다. '김영훈'은 '기여후'로 바뀌었고, '안미선'은 '아미서'로 바뀌었다. 이지수는 이름이 바뀌지 않았다. 아이들이 저마다 자기의 이름과 서로의 이름을 보고 깔깔거린다. 진행자의 이름 맞추기 놀이가 시작되었다. 그저 받침만 빠졌을 뿐인데 이리저리 여러 다른 이름으로 불려진다. 현장에서 '고무신'이라 불리는 필자는 '고무시'라고 이름을 적었더니 '고물신' '고무식' '고문실' '공문식' 등 다양한 이름으로 참여자들이 불러 주었다. 자연스럽게 상대를 자기화하였다. 진행자 또한 참여자들의 받침 없는 이름을 맞추는 '알아맞히기' 놀이로 자연스럽게 전환하였다. 그리고 이 물음은 자기를 향한 물음으로 자연스럽게 이어졌다. '알아맞히기' 놀이보다 더 재미있는 것은 '문제를 내는' 놀이다. 주도권을 가진다는 것은 몰입하는 힘이 크고 관계를 보는 눈이 넓어지는 것을 의미한다. 이름을 알아맞히는 과정에서 참여자는 서로 자기가 먼저 맞추려고 목소리를 높인다. 못 맞추면 아쉬워하고 맞추면 환호성을 지른다. 순간의 마음을 단어로 생각하고 말로 설명하면서 이야기로 이어진다. 마음을 내어 자기를 다 들어낸 후라야 다른 사람의 이야기도 귀에 들어온다. 아이들은 듣기보다는 말하기를 더 좋아한다.

문화예술교육 현장에 놀이의 핵심 특징인 재미, 불확실성, 도전, 유연성 및 비생산성이 구현되어질 때 즐거운 문화예술교육이 가능해진다. 여러 핵심 특징 중 '재미'가 어떻게 문화예술교육과 연결되어지는지 들여다보기를 시도한다. 재미는 있거나 없는 것, 좋거나 나쁜 것으로 일상에서 사용된다. 재미있게 하는 요소를 찾아 이 원리를 문화예술교육 활동과 연결하면 활동이 힘을 받고 전에는 보이지 않았던 새로운 결과를 얻을 수 있다.

재미를 구성하는 요소를 로제 카이와는 '경쟁' '우연' '모의' '어지러움'이라고 말하고 있다. 경쟁 Agôn 은 기회의 평등이 설정된 상태에서 이긴 자에게 승리가 명확하고 이론의 여지가 없는 조건에서 서로 겨루는 것이다. 우연 Alea 은 경쟁과는 정반대로 놀이하는 자에게 달려 있지 않은 결정, 그가 전혀 영향력을 행사할 수 없는 상태에서의 놀이이다. 모의 Mimicry 는 허구적인 하나의 닫힌 세계를 일시적으로 받아들이고 그 속에서 자신이 가공의 인물이 되어 노는 형태의 놀이를 말한다. 어지러움 즉

현기증llinx의 추구는 일시적으로 지각의 안정을 파괴하고 맑은 의식에 일종의 기분 좋은 공포상태를 일으키는 놀이다.[2]

카이와는 놀이와 현실의 원동력은 같이 드러난다고 하며 재미의 구체적인 요소를 다음과 같이 설명하고 있다.

- 자기주장의 욕구, 자신을 가장 뛰어난 자로 나타내고자 하는 야심.
- 도전하기를 좋아하는 것, 기록을 세우고 싶은 욕구나 단순히 어려움을 극복하는 것을 좋아하는 것.
- 운명에 기대, 그것을 추구하는 것.
- 비밀을 갖고, 위장하고, 변장하는 즐거움.
- 놀라는 즐거움 또는 놀라게 하는 즐거움.
- 비밀과 수수께끼를 푸는 즐거움.
- 겨루고자 하는 욕망.
- 규칙과 법률의 수정, 그것들을 교묘하게 피하고 싶은 유혹.
- 도취와 고요함, 황홀에의 동경, 관능적인 쾌감을 자극하는 패닉에의 욕망.[3]

놀이를 더 재미있게 해주는 4가지 요소를 문화예술교육의 활동에 연결해 본다. 재미를 정의하는 4가지 요소가 모든 경우에 적용되는 것은 아니다. 사람에 따라 각각의 재미의 요소를 특히 좋아하는 경우가 있다.

---

2   로제 카이와 지음, 이상률 옮김, 「놀이와 인간」, 문예출판사, 1994. 39~57쪽.

3   로제 카이와, 위의 책, 105~107쪽.

재미있는 놀이는 4가지 요소의 놀이가 고루 들어있다. 대표적인 놀이가 '달팽이놀이'로 불리는 '돌아잡기'[4]다. 달팽이 모양을 본뜬 놀이판에 뱅글뱅글 돌아가며 달려가서 만나는 친구와 가위바위보를 한다. 이기면 계속 가고 지면 놀이판을 나와야 한다. 상대편의 집에 들어가면 놀이가 끝난다. 이 놀이에는 겨루어 이기기, 어지러움, 흉내 내기, 운을 시험하는 요소가 골고루 들어있다. 그래서 이 놀이는 아이들이 참 좋아하고 놀고 나서도 나눌 이야기가 많아진다. 돌아서 뛰어가다 미끄러져 넘어진 사건, 문 앞까지 갔는데 가위바위보에 져서 죽은 일, 금을 밟은 줄 모르고 뛰어가다 무시당한 일 등(…). 놀이가 끝나고 이어지는 자연스러운 수다는 글로 그림으로 음악으로 움직임으로 저절로 연결된다.

문화예술교육과 놀이의 재미를 좀 더 자세히 연결해 보자.

경쟁은 다른 사람보다 더 잘하고 싶음이다. 겨루어 이기고 싶은 본능이다. 시켜서 하는 경쟁이 아니라 자기 속에서 생겨나는 이기고 싶고 잘하고 싶음이 진짜 재미를 만나게 해준다. 참여자들에게 동그라미가 30개 그려진 종이를 내어 주고 이 30개의 동그라미를 서로 다른 것으로 바꾸어 보라고 한다. 천천히 생각나는 대로 시간을 무한정 줄 수 있다면 더 새로운 기발한 것을 발견해 낼 수도 있지만 제한된 시간이 때로는 혼란과 어지러움으로 연결되어 자기도 모르는 사이에 30가지의 새로운 동그라미를 만들어 낸다. 이때 경쟁을 부추기는 단어가 '누가 가장 먼저'이다. 다

---

4   떡장사·달팽이·소용돌이·진뺏기 등 지역에 따라서 부르는 이름이 다르다.

른 사람보다 더 빨리하려는 마음이 이기고 싶은 마음이다. 변신된 30개의 동그라미에 제목을 달아 보라고 한다. 자기가 만든 동그라미에 제목을 다는 활동은 생각하기로 연결된다. '뜨거운 수박' '소리 나는 사과' '아픈 지구' '기어가는 축구공'(…).

우연은 운을 시험하는 재미이다. 생각하고 궁리해서 나오는 결과가 아닌 그야 말로 '생각'지도 못한 사이에 펼쳐진 상황이다. 잘못해서 실수해서 벌어진 상황이 새로움을 만들어낸다. 초등 저학년과 실팽이를 만들고 있었다. 나무토막에 그림을 그리고 색을 칠한 후에 실을 당기면 아주 빠른 속도로 돌아간다. 그려 놓았던 그림과 색이 순식간에 섞여서 전혀 새로운 모습을 보여준다. 속도를 이야기하고 색의 섞임을 이야기하기 좋은 놀잇감이다. 형을 따라왔던 6살 동생이 나무토막이 작아서 그림을 그리기 어렵다고 칭얼거리더니 주변에 있던 여러 가지 색의 마스킹테이프로 나무토막을 감싸기 시작했다. 6살 동생이 완성한 실팽이는 돌아갈 때 색도 아름다웠지만 엄청나게 큰 소리를 울리며 돌아갔다. 모두 동생의 실팽이에 관심을 보였고 진행자도 그 아이의 실팽이를 구경하며 칭찬을 아끼지 않았다. 마스킹테이프로 감싸진 실팽이는 소리가 큰 만큼 돌리는 데 힘도 많이 들었다. 우연히 얻어진 결과가 새로운 놀잇감으로 변신 되는 순간이었다. 실팽이는 원래 비가 오지 않을 때 온 마을 사람들이 언덕 위에 모여서 함께 돌리면 반드시 비를 내리게 해준다는 이야기를 품고 있다. 그래서 아이들은 실팽이를 만들며 저마다 자기 소원을 쓴다. 놀잇감에 자연스럽게 자기의 바람을 옮긴다. '할머니 건강하게 해 주세요' '친구들 많이 사귀게 해 주세요' '아토피 낳게 해 주세요' 등 자신들의 간절함을 저절로 놀잇감에 투영시킨다. 반드시 이루어 질것이라는 믿음도 함께 담긴다.

흉내 내기는 따라 하기다. 사물의 모양을 흉내 내고, 움직임을 흉내 내고 관계를 흉내 낸다. 기존에 있던 사물이나 상황을 본떠서 만들고 그리는 과정에서 발견하는 뿌듯함이다. 흉내를 잘 내기 위해서는 기술이 필요하다. 기술은 반복되는 연습 속에서 저절로 이뤄진다. 놀면서 삶과 죽음을 자연스럽게 연습한다. '죽었다' '살았다' 자연스럽게 반복되는 것이 놀이판이다. 이기기 위해서 연습하고, 잘 하기 위해서 연습하고, 잘 보이기 위해서 연습한다. 반복되어서 익숙함이 몸에 익으면 이전에 힘들고 어려웠던 것이 시시해진다. 힘들고 재미없고 지루했던 시간을 자연스럽게 보내고 나면 이후에 벌어질 또 다른 어려움도 이겨낼 힘이 생긴다.

어지러움은 혼돈이다. 뭐가 뭔지 모르는 상황의 연속 속에 새로운 질서를 발견하게 한다. 어지러움의 재미는 놀이 속에서 순간적으로 몽롱한 상태를 체험하는 것이다. 극도의 공포, 가슴 졸임, 숨 막힘 등으로 신체의 내이기관을 어지럽게 해서 평형감각을 잃어버리게 하면서 느끼는 재미이다. 높은 곳에서 뛰어내리기, 팽이치기, 그네뛰기, 널뛰기 등 일상 생활에서는 느낄 수 없는 환경을 인위적으로 만들어 놀이함으로써 신체와 정신을 단련시키고 다가올 만일의 사태를 대비할 수 있는 능력을 키우는 재미이고 놀이이다. 현대 놀이 공원의 시설들은 극도의 어지러움을 느끼는 시설로 되어 있다. 현대의 사람들은 돈을 주면서까지 어지러움의 재미를 찾는다.

놀이는 목적 없는 과정이고 그 결과를 인위적으로 구성하면 예술이 된다. 신나게 즐겁게 놀고 난 이후 자신의 이야기는 영웅담이 되고 이야기가 또 이야기를 만들고 서로 다른 이야기와 어우러져 새로운 세계를 만들어 낸다.

놀이와 예술이 만나는 찰나

2박 3일, 48시간, 15시간, 900분, 54,000초, 4,050,000 찰나.

예술캠프에서 아이들과 함께 한 시간을 표시한 숫자이다. 마칠 때면 늘 시간이 모자라고 짧은듯하여 아쉬움이 남고 또 미련이 남아 캠프의 숲을 빠져나오는데 두 배의 시간이 든다. 숲을 빠져나와 나의 일상으로 돌아오면 아이들 얼굴 하나하나가 더 또렷이 떠오른다.

'우리 옆집에는 공작새가 살아요'를 주제로 한 캠프에서 아이들과 꼬물거리며 놀잇감 만들기에 빠졌었다. 여러 종류의 다양한 나무들을 넓은 바닥에 가득 펼쳐놓으니 아이들의 마음은 하고 싶어 함을 저절로 드러내었다. 기획자는 예술가가 공작새라 했는데 필자의 눈에는 아이들이 공작새로 보였다. 아이들 하나하나가 잘하는 것, 좋아하는 것, 하고 싶어 하는 것을 말로 몸으로 마음으로 내어놓을 때, 공작새의 화려한 꼬리를 만날 수 있었다. 예술가가 할 일은 묵묵히 공작새들의 요구를 들어주기만 하면 되었다. 16마리 공작새들의 요구를 들어주기 위해 장장 다섯 시간을 꼼짝 않고 제자리에 앉아 톱질하고 망치질하고 칼질하고 드릴 질 해야만 했다. 나머지는 아이들이 스스로 알아서 다 했다. 그렇게 완성한 아이들의 작품은 환한 미소와 함께 집에 갈 때 싼 보따리에 함께 들어있었다.

감동과 깨달음은 찰나에 이루어진다고 믿는다. 예술가가 던진 한 문장의 말, 설명을 위해 필요했던 순간의 몸동작, 그리고 물끄러미 먼 산을 바라보던 시선. 그렇게 예술가가 다가가면 아이들도 어느 찰나에 거기에 가 있는 것을 본다. 캠프장 근처 절에 다녀오는 길에 나눴던 윤영이와의 대화, 창밖을 물끄러미 바라보던 문세의 젖은 눈빛, 장애 있는 오빠를 둔 보혜의 재잘거림…… 모두 찰나에 일어났던 겁의 준비였다. 그러기에 캠프에 참여하는 예술가들은 매 순간 마음의 눈으로 아이들과 함께하여야 한다. 그래서 참여자와 연결 짓기를 위한 다양한 활동을 준비한다. 참여자들이 처음 마주하는 상황에선 소극적이고 자기를 잘 드러내지 않기 때문에 자연스럽게 친해지기 위한 준비이다. 같이 그림책도 읽고, 재미있는 영상도 보고, 완성되어있는 다른 친구들의 작업 결과물을 보면서 자신감과 함께 작업에 만만하게 다가설 수 있도록 돕는다.

활동을 진행하면서 당초 기획했던 부분과 상황이 맞지 않는 경우가 발생했을 때는 참여자들에게 물어보고 의견을 적극 반영하면 된다. 재미없고 힘들다고 징징거리면 처음에는 어르고 달래다가 그래도 하기 싫어하면 그럼 무엇을 어떻게 할까 참여자들에게 주도권을 넘긴다. 참여자들이 하고 싶어 하는 것에 예술가가 하려고 했던 것을 덧입히는 방식이다. 그렇게 될 때 활동의 완성도는 높아지고 세련되어지는 것을 늘 경험한다. 캠프를 마치고 나면 만난 아이들의 번뜩이는 재치와 다른 예술가들의 작업과정을 통해 성큼 자라있는 스스로를 만난다. 캠프 기간 중 약 40여 명 참가자들의 40여 가지의 경험은 향후 다른 활동을 하는데 중요한 근거가 된다. 어떻게 설명해야 참여자들이 더 잘 듣는지, 참여자들끼리 어떻게 서로 가르쳐 주는지를 보고 배운다.

캠프에서는 참여자들이 평소에 해보지 않았던 잔잔한 일상의 새로운 경험을 많이 시도한다. 남기지 않고 다 먹기, 재미있는 식사기도 하기, 서로를 만나면 꾸벅 인사하기, 밥 먹고 밥값으로 시 한 편 쓰기, 예술가와 가위바위보 해서 소원 들어주기 등. 활동이 잘 돌아가게 해주는 기름 같은 잔잔한 틈새 프로그램이 준비되고 행해진다면 참여자들은 작은 재미에서 큰 기쁨을 만날 수 있지 않을까? 그래서 캠프는 참여자들도 예술가들도 새 힘을 받아 가는 즐거운 충전소가 된다.

예술캠프를 진행하면서 잊히지 않는 장면이다.

#1. 먼저 완성한 아이는 늦게 따라오는 아이의 스승이 된다. 놀잇감을 다 만들고 놀잇감 설명서를 작성하는데 하나하나 봐주려면 시간이 많이 걸리기도 하거니와 다른 아이들은 기다려야 한다. 그런데 먼저 완성한 친구가 줄 서 있는 아이에게 다가가서 하나하나 친절하게 일러 주는 모습을 보았다. 예술가보다 더 친절하고 자세하게 자기들의 언어로 짧은 시간에 맥락을 짚어 설명하는 모습은 '서로 배움'의 실제가 여기서 드러나는구나 하고 느꼈다.

#2. "재미는 자기가 스스로 찾는 거야"

똑같은 활동도 억지로 하는 친구는 재미없고 스스로 하는 친구는 더 많은 재미를 느낀다. 4학년 인성이와 현수의 대화이다.

현수 "재미없어. 엄마는 왜 날 이런 데 보내 가지고 (…)"

인성 "재미없었다고? 재미는 누가 주는 게 아니야 네가 스스로 찾는 거야. 너도 한번 적극적으로 해봐. 그럼 재미있어질 거야. 게임 할 때랑 똑같아. 그런데 이건 게임보다 더 재미있는 것 같아"

현수 "그런가 (…)"

#3. "주머니에서 카톡이 계속 울리는데요. 받을 수가 없어요. 이게 더 재미있거든요"

예술과 놀이 마주보기

예술과 놀이의 정체를 밝히는 일은 둘의 같음과 다름을 인식하고 둘이 서로 협력하여 새로운 관계를 만들어내는 것에 목적이 있다. 둘에 대한 정의는 시선과 사고의 높이와 방향과 환경에 따라 서로 다른 결론을 낼 수 있다.

필자는 놀이와 예술의 해석을 '개인'과 '화살표'로 표시한다. 놀이는 힘이 자기에게 쌓이는 것으로 화살표가 자신을 향한다. 자연과 사람들 사이의 관계와 힘과 지식 정보를 쌓는 입력과 충전의 상태이다. 땀을 흘리며 뛰어다니고 친구를 찾기 위해 끙끙 궁리하고 새로운 게임에 익숙해지게 하기 위해서 온몸과 정신이 거기에 몰입되는 상태이다. 누가 시켜서 하는 것이 아닌 스스로 결정하고 하고 싶음이 극대화될 때 몸과 마음은 적극적인 자신을 만날 수 있다.

예술은 화살표가 자신에서 밖으로 향해진다. 자기 안에 있던 생각과 마음이 밖으로 드러나 누군가의 마음을 움직이게 한다. 더 잘 드러나게 하기 위해서 연습과 훈련이 필요하다. 더 잘 보여주기 위하여, 더 많은 감동을 주기 위하여 새로운 방법을 찾고 새로운 기술을 연마하게 한다.

예술과 놀이의 주고받음과 둘 사이의 영향을 확인하기 위해 둘 사이에 다양한 접속사를 배치해 본다.

예술은 놀이?   놀이는 예술?

예술이 놀이?   놀이가 예술?

예술과 놀이?   놀이와 예술?

예술로 놀이?   놀이로 예술?

예술과 놀이가 어우러지는 문화예술교육의 키워드로 아래와 같은 단어들을 들 수 있다.

호기심, 익숙함, 자유로운 실험, 실패, 새로운 접근, 우연한

발견의 허용, 멍한 상태 드러냄, 잘함, 응원, 반복, 연습, 훈련, 능숙함,

문화예술교육과 놀이가 만나기 위해서는 '새로운 질문'을 필요로 한

다. 콘텐츠가 중심이 되던 논의에서 '참여자'와 '교육자'를 중심으로 '깊이
보기'로의 전환이 질문의 핵심이다. '놀이'에서 '참여자로', '무엇으로 놀
까?'에서 '왜 놀까?'로, '준비하는 사람'에서 '함께 노는 사람'으로, '해야
하는 놀이'에서 '하고 싶은 놀이로' 중심을 옮겨 논의를 시작해야 한다.
놀다 보면 저절로 생겨나는 놀이가 주는 이익은 참여자가 자기 경험을
통하여 스스로 깨닫는 것이기에 일반론적인 이야기는 제외하여도 된다.

　놀아 주는, 준비하는, 친절하게 안내하는, 관리하는, 다치지 않게 보
살피는 등의 수식어가 교육자를 규정하는 단어였다. 다른 말로는 현장에
서 함께 놀지 못하고 일하는 사람이었다는 것이다. '교육의 질은 교사의
질을 뛰어넘을 수 없다'는 교육계에서 고전처럼 읽히고 있는 이 말을 '준
비하는 사람이 즐겁지 않으면 참여하는 자 또한 즐겁지 않다', '준비하는
사람이 놀지 않으면 참여자는 학습한다' '어른이 놀지 않으면 어린이는
놀림 당한다' 등 다양한 말놀이와 해석으로 전환되어야 한다.

　놀이는 '바른 것'이 아니고 '바라는 것'이 되게, '해야' 하는 것이 아니
라 '하고' 싶은 것이 되게, '시켜서' 하는 것이 아니라 '스스로' 하는 것이 되
게, 그렇게 참여하는 모든 이들이 주인공이 되어야 한다. 진행하는 이들
은 모두가 주인공을 만들기 위해서 하고 싶은 것을 찾고, 스스로 놀 수 있
는 장치를 마련해두어 자신이 그저 즐기면 된다. 이것이 현장에서도 그
대로 적용되어야 한다. 그러는 동안 교육자는 참여자들에게 놀이를 강요
하지 않고 먼저 노는 모습을 보여주고, 더 열심히 활동하고, 다르게 놀고
있는 아이의 새로운 놀이를 배우는 단계까지 발전한다.

문화예술교육의 놀이성 확보를 위해서는 존중받는 시민으로서의 참여자와 교육자의 관계가 가장 먼저이다. 또한 교육자와 참여자가 동등한 자격으로 함께 공동 창작을 한다는 자세가 중요하다. 그러다 보면 모두가 맘 편하게 맘껏 움직이고 맘 가는 대로 자신을 드러낼 수 있다, 행정기관은 그렇게 할 수 있도록 도와야 한다.

놀이의 우연성과 예술의 우연성이 만나는 지점을 포착하고 말 걸고 이야기로 연결하고 이어진 이야기는 또 새로운 이야기와 상상을 만들어 내어 모두가 성장하는 시간을 가지게 한다. 교육자의 실패 경험이 참여자의 힘이 될 수 있는 안정적인 시도와 실패를 연습하고 현장에서 생겨나는 질문을 함께 해결하려는 의지가 보일 때 살아있는 문화예술교육 현장이 된다. 서로배우기와 생각과 경험을 주고받는 연습이 공식적으로 이루어지는 현장이 문화예술교육이다. 교육자가 참여자에게 가르치고, 참여자가 교육자에게 영향을 미칠 수 있어야 한다. 교육자들이 만들어 낸 세계와 참여자들이 만들어가는 세계가 만나 새로운 세계를 미리 보고 연습하고 실패가 공식이 되는 문화예술교육이 되어야 한다.

현장에서 들었던 교육자의 이야기가 기억에 맴돈다. "시작하기도 전에 아이들은 알아서 놀아요. '이렇게 하세요'라고 설명할 필요가 없었지요. 아이들은 진짜 놀이전문가임에 틀림없습니다." 새로운 시도와 실패에 대한 긍정의 기운이 놀이와 문화예술교육이 만나는 시작점이다.

변수를 상수로 만드는 힘

우리는 지금 변수가 상수인 시기를 살고 있다. 변한다는 것은 멈추어 있는 것이 아니고 흘러간다는 것이다. 변수를 상수로 받아들이지 않으면 한 발짝도 움직일 수 없다. 코로나19, 기후위기 등 지구적 문제에서 교통 혼잡과 정전 등 일상적인 변수까지 사실 우리는 혼돈 속에 있다. 아니 혼돈 속에서 아름다운 질서를 발견하고 그 틈을 헤엄쳐가고 있는 것이다.

상수에서 생활하다가 변수를 맞이했을 때 몸은 어떻게 움직이고 생각은 어디를 향해 달려갈까? 마음은 또 어떤 혼돈으로 가득 찰까? 놀이는 상수를 변수로 변수를 상수로 만들어내고 그 상황을 견뎌내는 힘을 키워준다. 아주 간단한 놀이판에서도 이 상황은 반복된다. 놀이판은 그 자체가 문제이다. 몸을 써서 문제를 해결해나가는 상황의 연속이 놀이다. 처음에는 잘 안 되지만 횟수가 거듭될수록 해결의 실마리를 스스로 찾고 반복되는 근육의 쌓임이 힘을 만들어내고 결국 그것을 해결하게 한다. 혼자보다 여럿일 때 그 힘은 더 커진다. 문화예술교육이 놀이를 만나야 하는 가장 큰 이유가 여기에 있다.

불확실성 속에서도 힘을 잃지 않고 즐거움을 유지하는 비결 그것은 '하고 싶음'과 '몰입' 그리고 '망각'이다. 문화예술교육이 이루어지는 곳곳의 현장에서 웃음 가득한 얼굴과 발그레 상기된 표정의 얼굴들을 기대한다. 춤추고 노래하고 색을 만들고 시상을 떠올리며 자기에게 몰입하는 문화예술교육 현장은 그래서 놀이터가 된다.

상상의 시뮬레이션 :

다양한 전문 분야를 통합하여 학습하는 시대의 예술과 문화

Tom Doust

영국상상력연구소iOi 경험과 학습 디렉터

"논리는 당신을 A에서 B로 이끌 것이다.

그러나 상상력은 당신을 어느 곳이든 데려가줄 수 있을 것이다."

알버트 아인슈타인

인류의 가장 위대한 능력은 우리가 가장 대수롭지 않게 여기는 상상력이다. 그러나 인류가 이룬 중요한 업적들은 모두 누군가의 기발한 상상에서 시작되었다. 44,000년 전 인류가 최초로 손으로 그린 동굴벽화를 창조했을 때, 우리 인간들은 상상력을 이용해서 아직 존재하지 않은 무언가 이 경우에는 예술에 해당 를 마음속에 그리기 시작했다. 바로 그 순간 인간의 문화가 탄생하였고 인간의 문화는 인간을 지구상의 다른 모든 종들과 구분 짓게 되었다. 그 뒤를 따른 것은 전 세계를 휩쓴 진취성과 혁신의 다채로운 역사로 중요한 전진의 순간들 속에 그 모습을 드러내 보였다. 그 중 몇 가지만 언급하자면, 언어의 창조, 인쇄기의 발명, 획기적인 의학적 발전, 정치 및 공동체 체계의 수립, 창공으로의 도약, 그리고 궁극적으로는 우주로의 도약이 있다.

이러한 배경에 기대어 2005년 상상력연구소(이하 iOi)가 영국에서 탄생하였으며 앞서 말한 인류의 '위대한 능력'을 옹호하기 위해 설립되었다. iOi의 임무는 학교 교육과 교육 일정에 의해 상상력과 창의력이 계속

아르헨티나 쿠에바 데 라스 마노스의 동굴벽화

해서 방해를 받는 어린이들과 청소년들에게 권한을 주는 것에 초점을 맞추고 있다. iOi는 또한 빠르게 변하는 세상에서 4차 산업혁명의 출현과 더불어 인간의 능력을 진보적인 교육 프로그램과 혁신적인 학습 환경을 통해 어떻게 양성할 수 있는지를 연구하기 위해 출범하였다.

상상력에 대한 교육학적 연구나 이론은 전무하지만 신경과학에서의 발전은 인간이 상상의 단계에 언제, 어떻게 들어가는지 보여주기 시작했다. 상상의 핵심적인 기능 중 하나는 공상에 잠기는 능력(또는 마음이 가는 대로 놔두는 능력)이다. 공상에 잠길 때 우리는 우리를 둘러싸고 있는 공간에서 벗어나 자신의 속을 들여다보며 스스로의 생각과 느낌을 살펴본다. 자료[1]에 의하면 이러한 '내적 성찰'은 하루 중 우리가 깨어 있고 활동을 하는 시간의 30~50%에서 발생한다. '휴식을 취할 때 작동하는 뇌'라 고

---

1   런던대학칼리지(UCL), 런던 뇌 프로젝트의 자료, 2018

불리는 뇌 영역이 이러한 내적 성찰을 지원하는 것으로 여겨진다. 이 영역은 주의를 거의 요하지 않는 단순한 일을 할 때 활성화된다.

인간의 역사가 이러한 과학적 가설을 뒷받침한다. 일례로 아인슈타인에게 상대성이론이 머릿속에 떠오른 것은 그가 고도의 집중력이 필요한 수학 문제를 다루고 있을 때가 아니라 다른 생각을 하느라 일을 잠시 쉬고 있을 때였다. 아인슈타인은 영감의 순간이 찾아온 것은 문제를 풀기 위해 일부러 노력하고 있을 때가 아니라 생각에 잠겨 있거나 다른 일을 하던 중이었다고 주장하였다. 더 최근의 예로는 J.K.롤링으로 그녀는 잉글랜드에서 지연되어 멈춰진 기차 안에서 처음으로 해리포터에 대한 아이디어를 떠올렸다. 아마도 이렇게 어쩔 수 없이 하게 된 내적 성찰을 통해 아동문학에서 가장 유명한 등장인물들이 탄생하게 되었는지도 모른다.

창의성

위에서 본 상상력의 예들이 '유레카'를 외치는 순간의 발생을 뒷받침하는데, 이러한 아이디어들을 처리하고 적용해서 창의성으로 이르게 하는 것은 인간의 능력이다. iOi의 후원자였던 고故 켄 로빈슨 경에 따르면 "창의력은 당신이 상상력을 사용하는 것을 연루시킨다. 어떤 면에서 창의성은 응용된 상상력이다."[2] 창의적 단계에 있을 때 우리는 무언가를 활발히 하면서 창의적인 결과를 생산한다. 상상력에 관해 명확한 교육적 이론은 없으나 창의성을 통해 우리는 창의적인 활동에 관여하고 창의적인 구성을 통해 상상력을 응용하는 인간의 능력을 뒷받침하고 양성할 수 있다.

만들기와 만드는 사람들의 공간의 부활을 뜻하는 '메이커 운동'은 창의성 교육을 발전시키는 데 도움이 되어왔다. 한 사람이 가진 기존의 지식과 그의 개인적 경험 및 집단적 경험이 결합되면서 지식이 구성된다고 하는 '구성주의' 학습 이론을 통해 새로운 이론들이 등장하게 되었다. 컴퓨터 과학자이자 교육자인 '시모어 페퍼트'가 처음으로 사용한 '구성주의'는 구성주의자들의 이론을 한 단계 더 발전시킨다.[3] 구성주의를 통한 학습은 여전히 학습자의 머릿속에서 일어나고 있지만 학습은 더 풍부하고 많은 의미를 가지게 되는데 이는 학습자가 자신의 머릿속 밖에서 일어나고 있는 행동에 자신의 손을 이용해서 참여하고 있기 때문이다. 궁극적으로 학습은 구성의 창조를 통해 현실이 되고 공유가 된다. 즉, 구성주의 이론이 보여주는 것은 학습자가 가지고 있었을지도 모르는 질문이나 충동적 순간에서 비롯된 만들기의 힘이다. 이러한 '질의'에 근거한 접근방법은 우리의 학습자들이 자신들의 상상력을 실제 세계의 문제들에 적용하고 실험과 신속한 원형제작을 통해 해결책을 탐구하는 것을 보여준다.

---

2   '대화 에이전트' 블로그 https://www.conversationagent.com/2015/08/imagination-creativity-innovation.html

3   『발명하며 배우다: 교실에서 만들기, 고치기, 설계하기』, 2013

한 어린이가 iOi의 상상력 실험실의 공동 설치에서
자신의 창의성과 아이디어를 적용하여 물리적으로 '구성'하는 모습

2019년 OECD의 '학생들의 창의성과 비판적 사고 양성과 학교 안에
서의 의미'[4]에서, OECD는 교사들과 교육자들이 창의성을 현직에서 더
가시적이고 구체적으로 만들게 하기 위한 보고서를 작성하였다. 전 세계
11개국의 학교와 교사들과 협업한 이 보고서의 필자들은 복잡하고 글로
벌화된, 그리고 갈수록 디지털화되어 가는 국가들과 사회를 위한 주요한
기술로서 창의성과 비판적 사고의 중요성을 전면에 내세웠다.

2016년 세계은행은 연례 주력 보고서 전체를 학습과 교육을 다루는
데 할애하였는데 이 보고서에서는 전 세계 어린이들이 겪고 있는 세계
학습 위기를 조명하였다. 보고서에 따르면 수백만 명의 어린이들이 자신

---

4   http://www.oecd.org/education/fostering-students-creativity-and-critical-thinking-
        62212c37-en.htm

들에게 필요한 기본 스킬뿐 아니라 특히 창의성과 문제 해결, 비판적 사고나 협업 같은 다양한 스킬들, 즉, 빠르게 진화하는 국제 사회의 문제들을 대처하는데 필요한 스킬들 또한 배우지 않고 있다고 한다. 창의성과 같은 스킬은 학교에서 가르치는 것보다는 아이들이 직접 배우는 것과 더 큰 연관이 있다. 알버트 아인슈타인이 말했듯이 "지식보다 더 중요한 것은 상상력이다. 왜냐하면 지식은 우리가 아는 것에 제한되지만 상상력은 세상 전체뿐 아니라 세상에 있는 모든 알아야 할 것과 이해해야 할 것을 끌어안고 있기 때문이다."

세계가 더욱더 복잡해지는 국제적 난제들에 대응하는 동안, 새롭게 생각하고, 창의적이며 혁신하는 인류의 능력은 우리의 미래를 위해서 필수적인 것으로 간주된다.

혁신

우리는 창의성을 통해 혁신의 문화를 가질 수 있다. 혁신의 문화란 우리가 현재 이해할 수 있는 것 이상을 보는 능력이자 다양한 스킬들을 조합하는 능력, 여러 전문 분야들을 역동적으로 연결하는 능력, 다양한 정신 기능들을 사용하는 능력이다. 만약 창의성이 켄 로빈슨이 말한대로 응용된 상상력이면 "혁신은 새로운 아이디어를 실행에 옮기는 과정이다. 정의하자면, 혁신은 새롭거나 향상된 어떤 것 또는 둘 다에 해당하는 소개하는 것이며, 이는 대개 긍정적인 것으로 간주된다."[5]

"오늘날 영국에서 초등학교에 입학하는 65%의 어린이들이 결국 현재는 존재하지 않는 새로운 직업에 종사하게 될 것이다."

세계경제포럼의 직업의 미래 보고서, 2016[6]

2020년 우리는 이미 소위 우리가 알던 '미래'와 조우하였다. 자동화와 인공지능 등 새로운 과학기술들의 출현은 대대적이진 않지만 이미 전 세계 국가들에게 영향을 미치기 시작했다. COVID-19의 발현을 시작으로 우리는 산업과 직업 유형에서 큰 변화를 목격하고 있으며 이러한 변화는 예상할 수 없는 방식으로 진행되고 있다. 기후변화와 같은 문제에서 파생될 것으로 예상되는 방해요소들이 존재하는 동안, 상상력과 창의력, 그리고 혁신은 앞으로 직면할 문제들을 마주하려면 반드시 육성하고 드러내야 할 필수적인 자질들이다.

상상력의 실행

상상력의 힘을 고양시키기 위해 설립된 iOi는 인류의 상상하는 능력의 중요성을 대변하고 입증하기 위해 세 가지 주요 영역에 걸쳐 작업해 오고 있다.

---

5   '대화 에이전트' 블로그 https://www.conversationagent.com/2015/08/imagination-creativity-innovation.html

6   https://reports.weforum.org/future-of-jobs-2016/preface

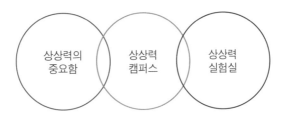

상상력의 중요함

상상력의 중요함은 상상이란 시시한 시간 때우기 정도밖에 안 된다는 일반적인 선입견에 이의를 제기하기 위해 iOi가 고안한 플랫폼이다. 공개연설, 연사 참여와 문서화된 콘텐츠를 이용하여 iOi는 다양한 채널을 통해 상상력의 힘을 홍보하고 있다. www.imaginmatter.org에서는 여러 분야에 걸쳐 상상력의 중요성을 보여주는 기사, 블로그, 사진과 동영상을 통해 콘텐츠를 종합해 보여준다.

상상력 캠퍼스

상상력 캠퍼스는 iOi가 초청을 받아 이벤트를 프로그램하고 공간을 재해석한 공공장소 또는 건물들이다. 주요 아트 갤러리들부터 런던 시청의 시장까지 iOi는 다양한 파트너들과 협업하여 대중을 위한 전문 분야 통합 학습의 경험을 재해석해왔다. 궁극적으로 iOi는 전통적으로는 분리되어 있던 예술, 과학, 기술 분야를 구별하지 않는 독창적인 공간이 될 영구 캠퍼스 공간을 런던에 설립하는 계획을 진행 중이다.

상상력 실험실

iOi의 상상력 실험실은 iOi의 실험적인 학습과 전문분야 통합 학습에 대한 접근방법을 시험하기 위해 고안된 공간이다. 지난 10년간 iOi는 어린이들, 가족들, 그리고 대중이 참여하는 워크숍과 이벤트를 진행하는 고정된 실험실 공간을 운영해오고 있다.

상상력 실험실을 통해 학습의 미래를 배양하다

상상력 실험실을 통해 iOi는 학습에 대하여 4차 산업혁명의 시작을 반영하는 혁신적인 접근방법을 발전시켜 왔다. 직업의 세계는 이미 빠른 속도로 변화하고 있다. 몇 가지 예로 로봇공학, 인공지능, 나노기술은 우리의 교육체계와 구조화된 교육과정 속 현재의 사고에 도전한다. 하지만 만일 현재의 학습 모델이 뒤집어져서 발견, 실험, 호기심에 대한 교육이 이루어지고 현재 우리를 둘러싼 세상에서 일어나고 있는 사건들을 반영한다면 어떻게 될까?

상상력 실험실 도안
: 새로운 종류의 학습 환경

2017년 iOi는 사용이 중단된 큰 창고를 기부 받아 런던 중심부에 반영구적인 상상력 실험실을 설립하게 되었다. 3년에 걸쳐 iOi는 독창적인 장소에서 상상력, 창의성, 그리고 혁신에 대한 기회를 연 상호참여식 워크숍과 이벤트 중심의 프로그램을 운영하였다. 상상력 실험실의 공간은 민첩성과 유연성을 확보하기 위해 모듈 방식의 가구를 설치하여 특별하게 고안되었고 진화하는 교수법에 대응할 수 있도록 설정되었다. 해당 공간의 목표는 예술과 문화학습 공간에 대한 기존의 접근방식에 도전하는 학습공간을 만드는 것이었다. 2017년부터 2019년까지 3년의 시간 동안 iOi는 격식 없는 학습으로의 다양한 접근방법을 사용하여 이러한 방식을 시험하고 평가하였다.

상상력의 스펙트럼

'상상력'의 지원을 받으며 작업하는 것은 iOi로 하여금 엄청나게 폭넓은 전문 분야의 스펙트럼을 가로질러 작업할 수 있는 자격을 주었다. 아인슈타인이 말한대로 "상상력은 당신을 어느 곳이든 데려가줄 수 있을 것"이라면, iOi는 콘텐츠와 경험을 통해 다양함과 폭넓음을 제안해야 했다. 우리의 프로그램과 이벤트, 워크샵, 실험실은 주제별로 또한 세상에서 일어나고 있는 사건들을 반영하며 운영되었다. 우리가 사용한 주제들은 다음과 같다.

현실　'현실'이라는 단어가 참가자들에게 무엇을 의미하는지 탐색하였다. 만일 현실에서 존재하지 않는 것을 상상할 때, 상상 속 세계와 현실 세계를 나누는 기준을 어떻게 보는지를 살펴보았다. 현실 프로그램은 환상과 마음속의 속임수부터 가상 및 증강현실 도구들을 이용해서 자극을 제시하고 참가자들로 하여금 상상된 아이디어의 한계점과 그러한 아이디어의 창의적 적용을 탐구하게 하였다.

인형극　비평가들의 극찬을 받은 인형사들과 협업하여 참가자들이 인형사들의 세계를 체험할 수 있는 경험을 구성하였다. 워크샵에서 인형극 공연과 극장에서 인형극 감독해보기, 인형 디자인과 제작을 경험해볼 수 있게 하였고, 참가자들은 물리적 요소와 디지털 요소들을 사용하여 움직임과 몸의 구조, 조립 완구 만들기, 서사와 스토리텔링에 참여하여 실제 공연을 진행하였다.

기술과 조합된 일상의 물체들을 이용한
즉흥 음향 제작 기술 체험

소리의 과학　일상의 소리와 디지털 애니메이션과 영화에 수반되는 소리를 즉흥적으로 만들어내는 기술을 융합하였다. 참가자들은 과일처럼 일상에서 흔히 접하는 전도성을 가진 물체를 이용하여 컴퓨터를 음향 기계로 만드는 전기 회로판 발명 키트와 다른 음향 기기들을 사용하여 음향 기기를 만들고 새로운 소리를 고안하고 녹음하거나 그러한 소리를 애니메이션이나 무성영화 등에 적용하였다.

로봇 동물원　동물을 주제로 로봇공학과 공작을 탐험하였다. 참가자들은 마이크로 컴퓨터와 로봇제작키트를 이용해서 로봇 동물원을 위한, 움직이고 소통이 가능한 자신들만의 로봇 동물을 만들고 제작하였다.

전문 분야 간 협업

상상력 스펙트럼과 더불어, iOi는 다양한 전문 분야에 걸쳐 작업을 진행했을 뿐 아니라 이들 분야를 연결시켰다. 상상력 실험실에서는 여러 가지 주제와 과목들 간의 융합과 결합을 도입하였다. 예술, 과학, 디지털 기술 분야에 걸쳐 진행된 각각의 활동은 지식분야 간 교차를 도모하고 예술이 어떻게 디지털화되고 조작되는지, 과학과 공학이 디자인을 통해 어떻게 향상될 수 있는지, 그리고 코딩과 같은 디지털 방식의 설명이 인간의 뇌와 연관되는지를 실험하기 위해 계획되었다. 이러한 지식분야 통합적 사고는 변화하는 전문직 분야를 반영한다. 이제 우리는 하나의 직업 대신 다양한 직업을 가지려고 계획하며 미래에는 직장인들이 다양한 지식분야 및 전문분야를 아우를 것이라는 기대가 있다. 영국에서 지난 10년간 과학S, 기술T, 공학E, 수학M 등 4개 분야에 중점을 둔 STEM 교육이 급부상했는데 여기에 예술A을 포함시킨 STEAM 교육도 출현하였다. iOi는 STEAM 교육의 요소들을 채택하여 더욱 고전적인 과목들과 함께 예술, 디자인, 문화의 중요성을 피력하였다.

이러한 접근 방식이 어떻게 우리의 상상력 실험실을 통해 실현되는지를 보여주는 예들은 다음과 같다.

춤을 통해 코딩을 배우는 교사들

춤과 코딩 어린이들, 가족들, 교사들이 참여한 워크샵을 통해 인간의 뇌, 신체, 컴퓨터 코드 간의 관계를 살펴보았다. 이 활동은 참가자들에게 안무를 짜도록 요청하는 것으로 시작되었다. 그리고 춤의 동작을 글로 작성하고 뇌가 신체로 하여금 어떻게 이러한 동작들을 하게 '지시'하는지에 대해 생각해보게 하였다. 그리고 난 뒤 참가자들은 '스크래치'라고 하는 컴퓨터 프로그래밍 언어를 사용해서 자신들의 안무를 디지털 상에서 똑같이 따라 하는 컴퓨터 이미지를 만들었다.

로보핸드 영국의 공학의 해를 기념하기 위해서 iOi는 판지공예가와 협업하여 재료와 디자인 그리고 공학 간의 관계를 탐구하였다. 이 프로젝트의 일부에는 판지와 실을 이용해서 어떻게 로봇손을 만드는가에 대한 설명이 포함되었다. 기초 레벨에서는 보통 크기의 사람 손을 흉내 낼 수 있었던 로보핸드[7]는 크기가 더 커졌을 때 길이가 연장된 팔이 되어서 어떻게 디자인과 공학 분야가 서로 융합하여 강력하고 재미있는 학습 도구를 창조하는지를 보여주었다.

---

7   로보핸드: https://www.engineering.gov.uk/challenge/robo-arm-challenge-

로보핸드 실험

장소와 공간에서 상상력으로

iOi 의 상상력 실험실은 상상적 사고를 지지하고 다양한 프로그래밍을 가능하게 할 수 있는 환경을 만들도록 고안되었다. 가장 중요한 것은 상상력 실험실이 순발력 있고 즉각적으로 반응하는 공간이 되어야 했다. 따라서 실험실의 배치는 어린이들과 청소년들이 학습을 주도하고 스스로의 선택과 방향을 구축할 수 있는 개방형 학습 방법을 지원하게 디자인되었다. 가구들은 재배치되고 변경 가능한 프로그램이 요구하는 바에 따를 수 있게끔 고정 가능한 바퀴가 부착되었다. 전통적인 학교 교실과 달리, 실험실 안의 공간은 체계를 덜 갖춤으로써 참가자들이 다른 활동이 위치하는 곳으로 이끌리게끔 구성되었다. 이 공간의 디자인을 강화시킨 요소들은 다음과 같다.

자료 *여러 전문 분야가 통합된 환경에서 작업하는 것은 다양한 종류의 자료와 도구의 사용을 요하였다. 큰 투명한 상자에 담긴 광범위한 자료들이 선반 위에 올려져 있어서 취미로 만드는 모터에서부터 예술자료, LED 전구, 직물에 이르기까지 참가자들이 만들기 작업에 사용할 자료들을 잘 볼 수 있었다. 디지털 장비는 카트에 담아 밀고 나올 수 있었고, 판지처럼 새로운 실험적 도구들과 참여자들이 만지작거릴 수 있도록 가상현실 헤드셋이나 코딩이 되는 해리 포터의 마법 지팡이 등이 구비되어 있었다. 실험실에서 가장 흔히 볼 수 있는 자료는 판지였는데 그 이유는 빠른 시간 내에 디자인하고 원형을 만들어보는*

데 가장 적합한 자료이기 때문이다.

너저분함 *실험실은 꾸미지 않은 공간으로 어지럽힘과 때로는 무질서함이 권장되었다. 이곳의 이론은 상상력과 창의성에는 질서나 체계보다는 아이디 어를 빨리 만들어낼 수 있는 능력이 필요하다는 것이다. 어지럽히는 걸 염려 하지 않아도 된다는 허락을 받았을 때 참여자들은 긴장을 풀고 제약을 덜 느 꼈다.*

전시 *만들기의 공간으로서 창조적인 작업을 공유하고 전시하는 것이 중요 했다. 온라인에서 가상으로 보여지기도 했지만 실험실 내의 전시공간에서 다 른 사람들에게 영감을 주는 장소로서 전시되기도 했다.*

파트너십

상상력 실험실의 성공 요인은 다양한 조직들과의 협업에 있다. 레고 와 같이 건실한 기업에서부터 교육기술을 전문으로 하는 신생 스타트 업 까지 다양한 회사 및 조직과 파트너십을 체결해 협업하는 것은 iOi로 하 여금 역동적이고 혁신적인 프로그래밍을 상상력 실험실에 들여올 수 있 게 하였다. 이러한 파트너십의 핵심은 양쪽에게 도움이 되는 것이다. 예 를 들어 iOi가 재정적 지원과 후원을 성공적으로 얻어낸 곳에는 iOi의 교 육이 그 파트너의 업무를 보조하고 지원해줄 수 있었다. 영국에서 가장 큰 항공우주 공학 회사와 협업할 때 iOi는 해당 회사에서 연구 중인 실제 상황에서의 문제들과 연관된 학습 프로그램을 디자인하였다. 파트너십 프로그램의 예들은 다음과 같다.

리:코드 런던 런던 시장, 레고 그룹 그리고 iOi간에 체결된 삼자 간 파트너십이다. 이 파트너십은 런던의 어린이들을 위한 학습 프로그램을 구축하고 런던의 몇 가지 현실적 문제들 공해, 재활용, 야생동물, 생물다양성 에 대한 해결책을 고안하기 위해 체결되었다. 이 프로그램은 학생들에게 레고의 로봇 만들기 키트와 블록 프로그래밍 도구들을 이용하여 전기차를 만들어 시험하거나, 재활용을 위한 메커니즘을 만들어보고, 대도시에서 야생동물의 필요사항을 이해하기 위해 야생동물들을 재현해보는 등의 경험을 제공하였다. 90분에 이르는 프로그램을 통해 학생들은 문제를 받고 로봇 만들기 키트와 코딩 도구 시연을 제공받았다. 그 후 학생들은 3명으로 된 그룹을 짜서 자신들의 아이디어를 디자인하고 시험하고 반복하며 자신들의 만든 작품을 공유하였다.

로봇으로 된 수집기를 디자인하고 코딩하는 리:코드 런던의 디자인 챌린지

이매진 이프 이매진 이프 페스티벌은 영국 최대의 미술 갤러리 기관인 테이트와 iOi간에 체결된 파트너십이다. 이 페스티벌은 매년 테이트 런던 갤러리인 테이트 브리튼과 테이트 모던 중 한 곳에서 열린다. 이 페스티벌의 목적은 갤러리의 역사적인 예술 및 현대 미술을 기술과 결합시켜 갤러리 내의 창의적인 팝업 스테이션에서 선보이는 것이다. COVID 위기가 있기 전 처러진 올해의 행사는 '디지털 메이킹 : 작은 기념물'이라는 제목으로 1주일간 진행되었다. 이 행사에서 어린이들과 청소년들이 버킹엄 궁전 앞 빅토리아 기념비에 영감을 받아 제작된 카라 워커의 설치 미술작품인 13미터 높이의 분수를 보고 지속가능성, 공공 기념비와 저항에 대해 탐구하였다. 카라 워커의 작품은 서로 연관되어 있는 아프리카, 아메리카, 유럽의 역사를 살펴보고 환경을 의식한 제작 과정을 통해 재활용 가능한 재료로 제작되었다. 이러한 활동들은 참가자들로 하여금 자신들의 기념비를 컴퓨터 CAD프로그램을 사용하여 디자인함으로써 판타지와 사실을 엄청난 규모로 조합해보도록 하였다. 어떤 참여자들은 공작용 점토로 만든 기념비를 디자인하고 3D 스캐너로 스캔한 뒤 특별한 소프트웨어를 사용해서 그 기념비를 컴퓨터상에서 조작하기도 하였다. 이렇게 디자인된 기념비들은 마지막에는 3D 프린터로 출력되었다.

기념비를 디자인하고 3D로 스캔하여
컴퓨터 상에서 조작하고 있는 참가자들

입주프로그램

파트너십 작업과 더불어 상상력 실험실은 입주프로그램을 주최하여 다양한 예술가들과 기술자들을 모집하였다. 여덟 개의 상상력 관련 주제에 대한 입주프로그램은 상상력실험실에 새로운 아이디어를 가져왔으며 이러한 아이디어들을 실험실 참가자들과 함께 발전시키는 데 기여하였다.

> iOi스위치 iOi스위치는 '만들기'라는 상상력 주제에 관련해서 만들어진 상상력 실험실의 첫 번째 입주프로그램이었다. 산업디자이너와 기술자들로 구성된 '컨셉트 쉐드'가 이 프로그램을 수상했고 스위치라는 아주 단순한 물리적 접속 장치에 기반한 구球 형태의 금속 장치를 제작하였다. 컨셉트 쉐드는 조명이 달린 202개의 맞춤 제작된 토글 스위치가 금속 구를 둘러싸도록 했고, 각각의 스위치는 효과를 내기 위해서 '아두이노' 마이크로컴퓨터에 의해 프로그램되었다. 스위치를 껐다 켰다 함으로써 여러 가지 상상력과 놀라움이 가미된 결과들이 도출되었다. 어떤 스위치들은 오디오 시퀀싱을 작동시키는 반면 또 다른 스위치들은 음향효과가 나게 했다. 게임들이 프로그램되었고 어떤 스위치들을 조합하면 실험실 안의 불이 켜지는 등의 물리적인 효과가 나타나기도 하였다. iOi스위치는 참가자들이 스위치를 켰을 때 즐거움을 주는 동시에 전혀 예측하지 못한 결과를 보여주었다. 디자인 팀은 이 프로젝트에 기계공학부터 컴퓨터 프로그래밍, 음향공학 및 전기 디자인에 이르는 여러 전문 분야들을 이용하였다. 이 입주프로그램을 확장시켜 프로그래밍 플랫폼이 만들어졌고 여기에서 참가자들은 202개의 스위치를 모두 자신들이 원하는 대로 프로

그램 할 수 있었다. 프로그램에 사용된 코드는 *iOi* 스위치에 다운로드해서 다른 상호작용을 작동하는데 사용될 수 있었다.

수퍼시티 수퍼시티 입주 프로그램에서는 와이어 공예라는 전통적 미술을 중점적으로 다루는 세 명의 예술가들이 함께 모여 와이어 공예에 새로운 기술적 도구를 결합시켰다. 이 프로그램 뒤에는 일련의 워크숍을 통해 사람들이 거주하는 건물들, 차량, 인프라로 구성된 미니도시가 협업을 통해 구축될 수 있다는 아이디어가 있었다. 앞서 진행된 워크숍에서 만들어진 구성물에 이어 진행된 워크숍을 통해서 도시가 실제로 구성되었다. 시간이 지남에 따라 이 도시는 점점 더 규모가 커지고 많은 아이디어와 손들을 거쳐 창의적이고 상상력이 풍부한 아이디어를 반영하게 되었다. 이 도시를 만드는 데 사용된 주재료는 철사였다. 철사를 사용함으로써 참가자들은 디자인과 만들기 기술을 배울 수 있었고 그 후에는 조명, 풍력발전용 터빈, 운송, 크레인 및 마이크로 : 비트 컴퓨터를 사용하는 다른 운동 장치를 컴퓨터로 프로그래밍하여 자신들의 제작물에 추가하였다. 도시에는 거주하는 사람들도 있었는데 그물망, 점토, 그리고 다른 공예재료로 만들어진 인형들이었다. 우리가 수퍼시티 팀의 짐 본드, 헬레이나 샤플리, 사만다 브라이언에게 입주 프로그램이 진행되는 동안 가장 인상 깊었던 점을 물어봤을 때 그들은 어린이들과 그들과 함께 참가한 어른들 간의 협업과 협동, 그리고 참가자들이 손을 이용한 전통적인 공예와 자신들의 아이디어에 움직임을 불어넣는 현대적 기술 사이를 오가는 능력을 꼽았다.

iOi 금속구의 202개의 스위치를 작동시켜보는 어린이들

깊숙이 관여하는 조력

상상력 실험실에서 지금까지 성취한 것의 상당 부분은 워크숍과 이벤트 '조력자'들이 없었다면 불가능했을 것이다. 이들은 숙련된 워크숍 진행자 및 자원봉사자들로 창의적이고 기술적인 학습 프로그램에 참여한 어린이들과 청소년들을 도와주고 지원해주었다. 실험실 조력자들은 여러 전문 분야 출신들로 해당 분야들은 다음과 같다.

예술 *삽화가, 화가, 공연예술가, 디자이너*

기술 *코딩전문가, 기술 애호가, 문제해결사*

과학 *신경과학자, 화학자, 물리학자*

공학 *산업디자이너, 건축가, 전기기술자*

수선 *목재와 직물 등 다양한 재료를 다루는 것을 전문으로 하는 사람들*

　　다양한 전문 분야의 기술들을 실험실 안으로 모으는 것은 폭넓은 주제들을 반영하였지만 우리는 또한 여러 조력자들에게 자신들이 가진 기술과 직접적으로 연관이 없는 프로그램에도 참여할 것을 권하였다. 예를 들어 예술가들과 디자이너들에게 공학 분야의 워크숍을 진행하거나 과학 분야의 조력자에게 기술 분야의 프로그램에 도움을 주라는 요청을 하기도 했다. 프로그램의 내용과 마찬가지로 조력자들 및 자원봉사자들도 여러 전문 분야에 걸쳐 작업하며 새로운 관점을 제시하였다.

　　조력자들은 무언가를 가르치는 대신 아이디어를 생각해내고 혁신적인 사고를 돕는 개방형 질문을 해주었다. 그들은 어떤 분야의 전문가로서가 아니라 자신들이 도움을 주는 참가자들에게 '골디락스' 접근법을 적용하였다. 영국의 동화 중 '골디락스와 곰 세 마리'에서 골디락스는 어느 한쪽으로도 치우치지 않고 적합한 것을 찾는다. 이러한 접근법은 경험을 조력하는데 전이되어 참가자들은 뭘 해야 할지 알려주는 것처럼 지나친 도움이 아니라 어떤 작업이 시작되게 하는 것같이 적절한 도움을 받을 수 있었다.

어린이들에게 창의적인 사고와 아이디어를 생각해내는 활동을 돕고 있는 조력자

미래를 재구성할 현재의 도구들

자신의 저서인 '인에비터블 미래의 정체'에서 케빈 켈리는 우리가 일하고, 배우고 의사소통하며 궁극적으로는 우리의 미래를 형성하는 데 영향을 끼치게 될 열두 가지 트렌드를 소개하였다. 미래학자인 켈리는 또한 떠오르는 기술들 중 상당수가 고안되고, 제작되며 발명될 준비가 된 미래의 산업이라고 말한다. 사람들, 특히, 어린이들과 청소년들은 이러한 도구들을 습득해서 많은 이들이 상상조차 하지 못할 모습으로 만들어낼 것이다.

이 프로젝트를 염두에 두었을 때 한가지 질문을 할 수 있다. 지금까지 1억 2천만 개 이상이 팔리고 2014년에 2십 5억만 달러에 매각된 것이 무엇일까? 이 질문의 답은 몇몇 사람들에게는 뻔한 내용이겠지만 바로 3D 샌드박스 비디오게임인 마인크래프트이다. 컴퓨터나 태블릿을 사용하는 특정 연령대의 자녀를 키우는 부모라면 이 게임의 이름을 듣기만 해도 '스크린타임'이나 '중독'이라는 표현을 떠올릴 것이다. 그리고 자녀들에게 이 게임을 하는 것을 그만두게 하는 것은 매우 어려울 수 있다.

하지만 우리는 마인크래프트나 동종의 더 최신 게임인 로블록스 같은 게임에 더 많은 관심을 가져야 한다. 이 게임을 단순히 하나의 컬트나 히트상품 마인크래프트는 역대 가장 많이 팔린 비디오 게임으로 볼 게 아니라 어린이와 청소년들이 어떻게 자신들이 살고 있고 물려받을 세상을 구성하기 시작했는지를 알려주는 지표로 봐야 한다. 우리의 교육 시스템은 대체로 마인크래프트를 신중하게 받아들였다. 대부분의 교사들은 이 게임을 흔히 편협한 교육과정에 집중하는 데 방해가 되는 것으로 본다. 항상 그렇듯이 그렇게 보지 않는 이들도 있다. 2013년 스톡홀름에 있는 빅터 리드버그 고등학교는 모든 13세 학생들을 위한 교육과정의 필수과목으로 마인크래프트를 도입하였다. 영국의 육지측량부에서는 디지털 지도를 이용해 북아일랜드를 제외하고 220,000평방킬로미터가 넘는 영국 본토를 재현한 8백3십억 개 이상의 블록으로 구성된 마인크래프트용 지도인 GB 마인크래프트2를 만들었다. 2016년 마이크로소프트는 학교사용을 위한 마인크래프트 교육용 에디션을 출시하였다. 이 교육용 버전이 순수한 학습 도구로 어떤 효과를 가져올지 기대가 된다.

전 세계에 걸쳐 일고 있는 급속한 변화의 속도에 관해 알아보기 위해 멀리서 찾을 필요가 없다. 아주 빠르고 파격적으로 부상 중인 자동화를 예측한 영국의 잉글랜드 은행부터 4차 산업혁명의 결과로 인한 엄청난 분열의 위기를 강조하고 있는 세계경제포럼까지 우리는 전례 없는 기술적 변화의 시대에 진입하고 있다. 미래학자 레이 커즈와일은 불멸과 인류의 인공지능을 가진 기계와의 융합에 대한 자신의 예측을 통해 이러한 급속한 변화를 강조한다.

그렇다면 오늘날 왜 마인트래프트가 이토록 중요한가? 아니면 더 중요하게는 왜 우리는 마인크래프트에서 얻는 교훈을 진지하게 받아들여야 하는가? 현재 세계적으로 부상 중인 기술들 중 몇 가지가 그에 대한 답을 제시한다. 3D 프린팅을 예로 들면 이 기술은 불과 몇 년 전에 나타났고 많은 사람들이 보기에 아주 제한적인 기술이었다, 2017년에 3D 프린터들은 미래에 우리가 사용할 프린트 도구를 반영할 것처럼 보이지 않았다. 하지만 3D프린터의 출발과 원리를 상품이 다량으로 생산될 세상이 올 것이라는 예측과 결합시켜 보면, 모든 인류가 단순한 소비자 이상의 역할을 해야 할 미래를 상상할 수 있다. 만들기는 그것이 디지털이든지 물리적이든지 간에 현재 부흥기를 맞이하고 있다.

전통적인 아트 갤러리에서 새로운 기술을 사용한 디지털 작업이 진행되고 있는 모습

　　마인크래프트에는 사용자가 반드시 성취해야 하는 특정한 목표가 존재하지 않는다. 따라서 게임을 하는 방식이 매우 자유롭다. 자녀가 마인크래프트를 하는 것을 두려워하는 부모들은 대개 그 게임을 이해하지 못해서일 가능성이 크다. 아이들은 그러한 두려움을 가지지 않는다. 청소년들에게 마인크래프트는 자신들이 배운 것을 주도하고 개발할 수 있는 교육의 보물창고이다. 궁극적으로 마인크래프트는 사용자들에게 제한이 없는 가상 세상에서 무한정의 자원을 이용해 마음대로 창조할 수 있

게 한다. 그들이 사용하는 도구는 어떤 분야의 전문가도 아닌 세상을 재현한다. 그곳에서 그들은 디지털상의 만들기, 지리학, 수학, 물리학, 문화 등 다양한 적성을 한데 모아 여러 가지 기술을 습득한다.

마인크래프트는 상상력이 왜 중요한지를 보여준다. 왜냐하면 우리의 어린이들과 청소년들이 물려받을 세상은 벌써 오늘 다가왔기 때문이다. 마인크래프트는 우리와 우리의 아이들을 우리가 아직 상상할 수 없는 방식으로 인간에 의해 만들어질 세상을 위해 준비시키고 있으며 어느 때보다 바로 지금 우리가 상상해야 하고 또한 세상을 재해석할 기회를 열어 봐야 함을 강조하고 있다. 우리가 살고 일하는 방식, 영원히 존재할 것이라 생각했던 산업들, 지식과 데이터 모두는 너무나도 빠르게 진화하고 있으므로 우리는 인류의 가장 훌륭한 능력인 상상력을 더 진지하게 받아들여야 한다.

상상력 자본 : 미래에 활력을 북돋을 우리의 능력

필자는 인간의 상상하는 능력이 엄청난 혁신과 발명을 어떻게 가져왔는지를 설명하였다. 오늘날 상상력은 인간의 역사 중 그 어느 때보다 더 중요한 능력이다. 우리가 살고 일하는 방식의 급속한 변화와 새로운 도구와 기술의 출현은 전문분야를 혼합하여 배우고 일하는 것으로 이어진다. 문화와 예술을 과학, 공학, 기술 분야에 걸쳐 일어나고 있는 변화와 한데 모으는 것은 더 빠르고 엄청나게 우리의 아이디어에 생기를 불어넣을 기회를 제공한다.

이는 어린이들과 청소년들에게 흥미롭지만 복잡한 세계적인 문제들로 가득 찬 미래를 제시한다. 자동화와 인공지능, 데이터의 편재, 환경적 기후변화의 시작은 미래의 세대들이 직면할 문제들의 일부에 불과하다. 새로운 기술과 함께 우리의 상상력을 사용하는 능력은 창의성과 문화의 새 시대를 열 것이다.

이러한 새 시대에 활력을 불어넣기 위해 우리는 상상하는 능력을 계속해서 키워나가야 한다. 우리의 '상상력 자본'은 우리의 상상력을 사용할 기회를 주는 것으로 우리가 잠재력을 사용하여 우리의 미래를 긍정적으로 만들기 위해 사회와 문화 속에 반드시 내재되어야 한다.

기술과 예술이 결합하는 문화예술 교육[1]

김태희

영산대학교 문화콘텐츠학부 교수·대학부설 인공지능연구소 소장

---

1   이 글은 저자의 과거 언론 기고문, 보고서 등의 글에서 발췌된 내용을 포함하고 있음.

사람의 언어와 컴퓨터의 언어

컴퓨터에게는 컴퓨터 프로그램이라는 텍스트로 이루어진 문서를 통해서 시킬 일을 전달한다. 이 문서를 작성하는 일을 '코딩coding'이라 한다. 컴퓨터에게는 언어가 있다. 컴퓨터에게 일을 시키려면 컴퓨터가 사용하는 컴퓨터 언어를 사용해야 한다. 컴퓨터 언어에는 C/C++, Pascal, C#, Java, Python 등 다양한 언어가 있다. 서로 장단점도 있고 유행도 있어서 개발자들은 적어도 몇 가지 언어는 잘 다루게 된다. 그런데 컴퓨터 언어를 배우고 컴퓨터를 다루다 보면 컴퓨터 언어가 사람의 언어와 비슷한 면이 많다는 것을 깨닫게 된다.

우리가 영어를 배우려면 문법을 배울 필요가 있듯이 컴퓨터 언어도 문법이 있다. 문법을 알아야 하기는 컴퓨터 언어나 사람의 언어나 마찬가지인 것이다. 영어에서도 문법만 알아서는 언어를 제대로 구사하기 힘들다. 생각하지 못하는 것을 표현할 수는 없기 때문이다. 문법은 내용을 담는 규칙일 뿐이기 때문이다. 근본적인 언어능력, 나아가서 사고능력과 함께 이를 뒷받침하는 살아있는 지식이 없으면 효과적으로 언어를 구사하지 못하게 될 것이다. 이것은 컴퓨터 언어에서도 마찬가지다.

컴퓨터와 인문학의 결합

그러면 보다 역량이 있는 프로그래머가 되려면 어떤 능력이 필요할까? 세상의 일을 컴퓨터 언어를 통하여 컴퓨터에게 번역해 주는 능력이라 할 수 있겠다. 창의적인 사고능력과 살아있는 지식이 필요한 것이다. 인간의 언어 사이이든 인간의 언어와 컴퓨터 언어 사이이든 내용을 잘 소화하고 통찰력 있게 꿰뚫어 보고, 어려운 것도 쉽게 설명하고, 하나의 내용을 다양한 관점에서 바라보아 설명할 수 있는, 즉 원리를 파악하고 문제의 근본에 접근하여 흥미롭고, 유연하게 의미전개를 할 수 있을 때 효과적인 번역이 가능해진다.

이제 우리는 인공지능이 세상의 많은 것을 바꿔놓을 4차 산업혁명의 시대에 접어들었다. 인공지능은 데이터에서 특정한 '특징 feature'을 추출하고 이를 처리하는 알고리즘을 적용한다. 즉 '의미'를 중요하게 다루게 되는 것이다. 앞서, 컴퓨터 프로그래밍은 세상의 일을 컴퓨터에게 번역하는 일이라 하였는데, 인공지능의 영역에서 세상의 일을 컴퓨터에게 번역한다는 것은 고도로 추상화된 '의미' 다루게 되는 것이라 하겠다. 즉, 우리는 창의적으로 '의미'를 다루는 일을 잘 해야 하는 것이다. 이것은 바로 문제가 고도화될수록 컴퓨터로 문제를 해결해 나가는 일에 예술과 인문학이 함께 녹아들어가야 한다는 것을 의미한다. 여기서 우리는 자라나는 아이들을 교육하기 위한 방향에 대한 힌트를 얻을 수 있다. 사물과 현상에 대하여 충만한 의미를 이끌어내고, 사고와 통찰로써 의미전개를 창의적으로 이끌어가는 능력이 필요한 것이다.

컴퓨팅 리터러시, 데이터 리터러시, AI 리터러시

리터러시는 '문해력'이라는 뜻을 가진 영어단어이다. 리터러시 능력이 없으면 글을 읽을 수 없다는 것과 같다. 컴퓨팅 리터러시는 어떤 문제가 컴퓨터로 풀어지는지, 컴퓨터로 문제를 풀기 위하여 컴퓨터와 어떻게 대화해야 하는지를 안다는 것을 의미한다. 데이터 리터러시는 데이터가 무엇을 표현하는지, 데이터 속에 무엇이 담겨있는지, 특히 행간의 의미가 무엇인지, 그래서 어떻게 효과적으로 활용할 수 있는지를 본다는 것을 말한다. AI 리터러시 또한 같은 뜻이라 할 수 있다. 이제 이러한 능력은 분야의 전문가뿐만 아니라 이제 모든 직군에서 필요로 하는 능력이 된다. 이점은 특히 아이들 교육에 깊이 참고 되어야 한다.

하나의 단어는 매우 풍부한 의미를 담고 있다 할 수 있다. 예를 들어, 과일 '사과'에 있어서 어느 사과이든 사과라 할 수 있다 하더라도, 이 사과, 저 사과는 다른 사과이며 똑같은 사과는 하나도 없다. 모든 사람이 공히 알고 있는 일반화된 사과도 사과의 한 측면이며, 서로 다른 사과에 대한 경험으로 말미암은 나만의 사과에 대한 내러티브도 역시 나에게 있어서의 사과의 한 측면인 것이다. 컴퓨터를 프로그래밍 할 때 현상을 모델링함에 있어서 이와 같은 정체성에 관한 고민을 필요로 하는 경우를 만나게 된다.

학생들에게는 조금 느리게 가더라도 하나하나 의미를 짚는 공부가 필요하다. 한 조각의 지식이나, 한 가지의 현상도 여러 관점에서 다양한 의미와 연결하며 공부할 수 있도록 해야 한다. 창의성이 발휘되기 위하여 생각의 체력을 길러야 하며, 생각의 체력은 한 조각의 지식을 다양한 각도에서 끝없이 펼치고 확산하여 또 다른 조각의 지식과 만나는 접점을 풍부하게 찾아내는 것을 말한다.

그런데, 이런 일에 특화된 분야가 예술이다. 예술은 사물과 의미 사이, 의미와 의미 사이, 시간과 공간을 초월하여 끝없이 파고들어 해체하고, 모으고, 연결하여 핵심을 찾아낸다. 이것은 또한 창의력의 원천이다. 앞서 언급한 데이터 리터러시, AI 리터러시를 강화하기 위한 방법으로 예술은 매우 훌륭한 선택이 될 수 있는 것이다.

기술과 예술 결합의 방향과 생각의 근육

과학과 예술이 융합하면 창의적인 결과를 기대할 수 있다. 다양한 분야가 접목되는 융합은 창의가 더욱 활발히 일어날 수 있는 방법이며, 특히 과학과 예술의 융합이 하나의 주목되는 융합의 분야라 하겠다. 예술적 상상력이나 창의성이 과학적 도구와 만나 창의적인 상품이나 서비스가 생겨날 수 있을 것이라는 기대감은 아주 자연스럽다. 그래서 과학과 예술의 융합은 많은 주목을 받고 있으며 자라나는 학생들의 창의력을 향상시켜줄 다양한 교육적 시도가 활발하다.

과학과 예술 융합의 대표적인 형태로써, 과학을 도구로 이용하는 예술을 들 수 있겠다. 예술적 표현은 도구나 매체를 필요로 하는데, 과학적 도구나 재료가 예술에 활용되는 것이다. 돌이켜보면 회화에서 붓이나 물감도 그들이 처음 나왔을 때에는 첨단 도구와 재료였을 것이다. 근래의 카메라, 영상, 컴퓨터, 인터넷과 같은 도구와 재료는 예술에서 그동안 표현이 어려웠거나 표현 불가능했던 것을 가능하게 함으로써 예술의 지평을 넓히는 역할을 해왔다.

그런데, 우리가 근원적인 창의성을 기대한다면 과학과 예술의 융합은 매우 다면적, 다차원적으로 이루어져야 한다. 도구, 개념, 그리고 도구와 개념이 만나는 레벨 등 추상화 단계를 통하여 각 단계별로 상호간 다중적 관계를 가지는 형태로 치밀하게 융합되어야 한다. Form과 개념을 넘나들며 일어나는 개념의 발산, 통합, 재생산을 통하여 과학과 예술은 융합되어야 하는 것이다. 이것이 과학과 예술의 융합에서 기대하는 창의성의 원천일 것이다.

예술작품을 만드는 작가는 자신이 사용하는 도구와 재료를 깊이 이해해야 한다는 것은 기본이다. 재료의 모양이나 물성, 그리고 실제 칠해지거나 조각되었을 때의 미세한 질감까지도, 그리고 어떤 도구는 어떤 효과를 낳는지 등의, 이와 같은 재료와 도구의 성질에 대한 체험적 이해는 자신이 목적하는 표현을 더욱 충실하게 한다는 것이다. 따라서, 과학과 예술의 접목에 있어서도 그 재료와 도구에 대한 깊은 이해 또한 필수적이라 할 수 있다.

지금 우리의 주변을 둘러싸고 있는 환경은 대단히 빠르게 변해가고 있다. 새로운 도구가 생겨나고, 그 새로운 도구는 새로운 환경을 만들어내고, 새로운 환경과 새로운 도구는 또 다른 새로운 도구를 만든다. 현대의 이러한 꼬리를 무는 변화의 중심에는 컴퓨터와 컴퓨터 네트워크가 있다. 컴퓨터라는 도구는 무한한 추상화가 가능한 도구이다. 어떠한 하나의 기본 기능이 만들어지면, 그 기능을 하나의 재료로 사용하는 그 상위의 기능을 만들 수 있다. 컴퓨터 네트워크는 곳곳에 산재한 이들 기능이

뭉쳐 거대한 기능 구름과 같은 모습을 가지게 한다. 우리의 몸에 지니고 다니는 스마트폰은 컴퓨터가 들어있는 정보처리 단말기로써 이 거대한 네트워크에 연결되어 있다. 이들 컴퓨터들이 네트워크에 연결된 상태에서 할 수 있는 일은 무궁무진하며 우리는 이제 그 맛을 보기 시작한 것이라 해도 과언이 아닐 것이다. 이 무궁무진한 가능성을 예술의 시각에서 바라본다면 아마도 신천지를 발견하는 것과 같다 할 수 있겠다.

예술대학에서의 교육적 초점

예술대학에서 배우는 것은, 그것이 물건이든 생각이든, 아니면 물건과 생각을 넘나들며, 전개하고 합치고 추리고 또 전개하고 합치고 추리고, 이런 과정에서 극도로 정제된 하나의 표현물을 얻는 것이다. 그 표현물은 조각일수도, 그림일수도, 소리일수도, 그리고 생각의 덩어리일 수도 있다. 예술가들의 예술적 창의성은 이러한 예술 창작의 과정을 체득하고 그것이 자연스러워지면서 정착된 하나의 생각의 과정이 아닌가 한다.[2]

이러한 활동은 늘 타인의 비평과 함께 한다. 예술대학의 전형적인 교육의 바탕은 비평 중심의 교육이다. 학생들이 작품을 만들면 수시로 선생님과 학우가 모두 모여 돌아가며 비평을 한다. 비평에서는 재료의 선택과 조형성, 관객의 경험, 연관되어 보이는 다른 작품과 문헌 등을 거

---

2   부산일보 기고문 중 발췌, 2013.6.4.

론한다. 발표자에게는 소중한 경험이 되는데, 자신의 작품이 다른 이에게 어떤 경험을 제공하는지에 대하여 더욱 폭넓게 이해하게 되고, 자신의 작품을 더욱 정제해 나갈 수 있는 지식을 얻는다. 예술 교육은 비평이 중심이라 해도 과언이 아니다. 다양한 관점을 접하게 될 뿐만 아니라 전문가들의 사유법, 문제에 대한 접근법 등을 엿보며 닮아갈 기회가 되기 때문이다.

이러한 사고의 프로세스 Thought Process, 혹은 추론 프로세스 Reasoning Process 가 과학과 예술의 융합을 통하여 창의성을 증진시키는 교육에 적용될 수 있다. 이러한 시도가 2013년부터 부산문화재단에서 있었다.

2013~4년 부산문화재단의
창의체험 문화예술교육 프로그램

전문가들의 밀착 멘토링에 기반 한 창의력 증진 교육 시스템을 2013년 부산문화재단에서 실시하였다. 뉴미디어아트 작품을 제작하고 정식 미술관에서 전시하는 것을 목표로 30명의 중학생을 대상으로 약 14일에 걸쳐 총 약 35시간 이상의 교육이 이루어졌다. 학생들은 소그룹으로 나누어져 작품을 구상하고 제작하고 전시하는 활동을 진행하였다.

여기에는 5명의 멘토가 있었다. 멘토는 설치미술가, 기획자, 디자인 예술 강사 등 실제 현업에서 활동하는 예술 전문인들이다. 멘토들은 자신의 전문 분야에서 학생들에게 생각의 소재가 될 만한 내용의 특강을 초기에 진행하였다. 학생들이 작품을 기획하고 제작하는 동안 5명의 멘토들은 테이블을 돌면서 지속적으로 멘토링을 진행하였다사진1. 이것은 예술대학에서 학생들의 작품을 두고 다양한 전문가들이 비평을 하는 것을 재현한 것이다. 멘토들은 다양한 의견을 제시하고, 지식을 제공하여 학생들의 많은 생각을 하도록 유도하였다.

최종 결과 발표는 부산시립미술관 황령산 갤러리에서 정식으로 전시를 진행하는 것으로 하였다사진2. 학생들은 열심히 따라왔고 전시된 작품들은 훌륭한 미디어아트 작품들이었다. 무엇보다 교육 전과 후에 실시했던 창의력 검사TTCT에서 139% 향상된 결과를 보였다. 교육은 학생들이 강사들과 깊이 있는 대화를 나누어 기성 작가들의 추론 프로세스Thought Process, Reasoning Process를 경험하도록 한 것이었다. 그리고 그것은 학생들의 창의성의 증진되는 유의미한 결과를 보였다. 이 프로그램은 같은 방식으로 2014년에도 진행되었다.

사진 1. 5명의 멘토에 의한 집단 멘토링 장면

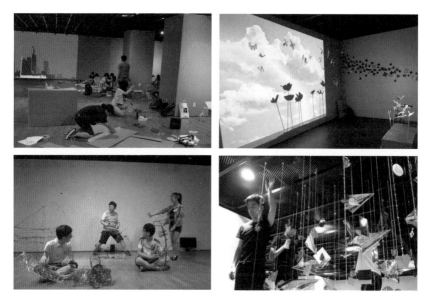

사진 2. 전시 준비 장면과 전시 작품 (부산시립미술관 금련산 갤러리, 2013, 2014)

창의체험 문화예술 교육프로그램은 다음과 같은 몇 가지의 원칙을 가지고 있었다 : 1. Thought Process - 생각의 과정 중시 ; 2. Developing Ideas - 아이디어의 전개 ; 3. Strong Mentoring - 강력한 멘토링 ; 4. Complete Process - 완전한 결과물 도출. 전문가들의 다양한 의견을 들으며 생각을 전개해 나가고, 완전한 결과물을 만들어 정식 미술관에 설치함으로써 생애 첫 전시를 해 보는 과정을 학생들이 경험하였다. 이듬해인 2015년에는 건축을 주요 테마로 하여 공간에 관한 다양한 이야기를 풀어가는 프로그램을 유사한 방식으로 진행하기도 하였다.

인공지능에 대한 교육적 관점

2016년 알파고가 바둑에서 사람을 능가하는 것을 보여준 것인 일대 사건이다. 바둑은 인공지능이 인간을 아마도 근시일 내에는 능가하지 못할 것이라 생각했기 때문이었다. 그만큼 인공지능은 이제 성큼 우리 앞에 다가왔고, 생각보다 빠른 속도로 확산하고 있다. 그리고 이제 인공지능은 제4차 산업혁명을 이끌어가는 원동력이 되었다.

산업혁명은 말 그대로 혁명이다. 전기가 없던 시절과 전기가 있는 시절 사이의 차이는 가히 혁명적인 차이라 할 수 있다. 그런데 그와 같은 혁명이 인공지능에 의해서 오고 있는 것이며, 이미 진행 중인 것이다. 그리고 이 혁명은 그 이전의 어떤 산업혁명보다 큰 변화를 주는 것이라 한다. 그리고 이것은 그 어느 때보다 빠르게 전개되고 있다.

이렇게 변해가는 세상에서는 없던 직업이 생겨나고 있던 직업이 없어진다. 여기에 우리는 어떻게 준비해야 하는가? 아이들은 지금까지 교육하던 것을 그대로 교육해도 괜찮은 것인가? 이러한 질문에 대해 전문가들은 변화에 대해 각성하고 많은 것을 원점에서 돌아봐야 한다고 말한다. 그리고 우리의 교육도 많은 부분 재검토되어야 할 것이다. 다행히 여기에 대하여 우리 정부도 열심히 움직이고 있다 전 국민 대상 인공지능 소프트웨어 교육체계 [1], 유초중고에 인공지능 교육 전면 도입 [2]. 인공지능에 의하여 오는 변화에 따라 우리 교육을 생각해 보려면 인공지능의 속성을 알아볼 필요가 있다.

인공지능은 과학의 한 분야이면서, 컴퓨터과학 뿐만 아니라 생물학, 심리학, 나아가서 철학에 까지 걸쳐져 있는 매우 폭넓은 분야이다. 사람의 지능을 모방하려고 하니, 사람의 신경이 어떻게 작동하는지에 대한 신경생리학을 참고한다거나, 기억의 작동원리를 컴퓨터에 구현하기 위하여 심리학을 활용하려 했던 것이다. 인공지능의 접근방법과 표현의 문제, 로봇의 정체성, 그리고 인공지능의 윤리적 문제 등은 철학적 이슈와 밀접한 연관을 가진다. 인공지능에서 국가적인 경쟁력을 가지기 위해 이어떤 것도 소홀히 할 수 없다.

딥러닝은 인공지능의 한 분야이다. 사람의 신경의 기능을 모방하여 스스로 학습할 수 있는 시스템이다. 학자들은 많은 수의 신경과 신경이 연결되었을 때의 입력과 출력의 관계를 수학적으로 모델링하여 수식을 만들어냈다. 컴퓨터에게 이 수식을 주고 실행시키면 컴퓨터는 시키는 대로 일을 수행하게 된다. 수식은 수학적 언어로 시스템의 기능을 표현한 것에 불과하다. 문제의 핵심을 관통하여 문제를 해결할 수 있는 원리를 발견해야 하는 것이다. 모든 학생들이 이것이 가능하도록 교육받을 필요는 없다. 그러나 적어도, 결과가 빨리 나오지 않더라도 깊이 사고하고 문제의 본질에 접근해 가려는 노력이 존중받고, 누구나 그러한 방향으로 사고해 나가는 교육풍토가 필요한 것이다.

인공지능과 부산농악을 접목한 체험교육

자라나는 아이들을 위하여 인공지능과 부산농악을 접목한 창의예술 교육이 2020년 부산문화재단에서 시도되었다. 4차 산업혁명의 중심에 있는 인공지능과 지역의 대표적인 문화예술 콘텐츠를 접목하여 흥미롭

고 창의적인 문화예술 교육프로그램을 연구하였고 '아이AI 농악'의 이름
으로 시범 교육이 진행되었다.

교육프로그램은 우선 컴퓨터의 기본 동작 원리인 '시스템system'
과 '프로세스process'에 맞춰졌다. 이는 소위 '전산적 사고Computational
Thining'의 기본 틀에 해당한다. 전산적 사고는 세상의 일을 컴퓨터가 알
아들을 수 있는 맥락으로 재구성하는 사고를 말한다. 아이농악은 부산
농악을 전산적 사고의 관점에서 바라본 것과 부산농악과 관련된 인문학
적 지식, 예술로서의 가치와 흥겨운 가락 등을 교육의 콘텐츠로 활용하
였다. 체험형 교육은 '재미'가 매우 중요해서 재미의 강도가 체험의 강도,
즉 교육의 효과성과 직결될 것이므로, 재미 요소가 크게 강조되었다. 따
라서 아이농악은 4단계의 방탈출 게임의 형태로 구성되었다. 방탈출 게
임을 위한 키트가 개발되고 최종 단계의 난장 놀이를 위하여 농악을 연
주하는 로봇이 제작되고 시범교육이 이루어졌다사진 3.

사진 3. 아이농악의 방탈출 게임의 하나(좌)와 농악 연주 로봇(우)

결론

4차 산업혁명이라는 변화는 우리 교육 시스템을 다시 돌아보기를 요구한다. 초등학교, 중학교, 고등학교라는 교육의 단계가 왜 있어야 하는지, 이 단계에 있는 아이들은 무엇을 배워야 하는지 등과 같이 교육체계의 근본적인 것을 다시 들여다보아야 한다. 지금과 같이 변해가는 시대에 그 답을 빨리 찾고 실행에 옮길수록 더욱 빠른 걸음으로 변화를 타고 편안해 질 수 있을 것이다.

기술이 아무리 복잡하고 발달해도 그것은 우리의 문제를 풀기 위한 것이며 우리의 일부이다. 그것을 우리 안으로 끌어들이기 위해서는 이유를 모르고 문제를 푸는 것은 지양해야 할 것이다. 시간이 걸려도 하나씩 하나씩 이해를 축적하며 문제의 본질에 접근해 가야 한다.

예술은 우리의 이야기이다. 예술은 창의성의 표본이며 4차 산업혁명의 시대가 요구하는 창의성을 위해 중요한 지위를 가진다. 기술과 예술을 접목하여 하나가 되고, 이것이 지금과 같은 큰 변화의 시기에 자라나는 학생들이 혼란을 겪지 않고 자신의 미래를 주도적으로 만들어갈 수 있는 교육의 바탕으로 더욱 자리잡아갈 수 있기를 희망한다.

참고문헌

인공지능신문, "정부, AI시대 대비한 전 국민 대상 인공지능·소프트웨어 교육체계 만든다,"
http://www.aitimes.kr/news/articleView.html?idxno=17283 (2020.12 방문)

ZDNet korea, "교육부, 유초중고에 인공지능 교육 전면 도입,"
https://n.news.naver.com/article/092/0002205533 (2020.12 방문)

디지털시대 속 문화예술교육의 또 다른 성장과 진화[1]

백령

경희대학교 문화예술경영연구소 연구위원

1   이 글은 〈문화예술교육의 현장과 정책〉(2019) 출간 이후 문화예술교육의 몇몇 이슈에 대해 발표한 짧은 글과 소견을 종합적으로 정리 하여 발표하는 것임.

지속적으로 변화하는 문화예술교육

문화예술교육은 문화예술의 접근성 accessibility 과 수월성 excellence 을 기반으로 사회적 가치를 확산하고 삶의 질을 향상하고자 하는 정책으로 출발하였다. 문화예술교육은 학교와 사회의 변화, 전문 인력의 양성을 위한 추진 전략을 시작으로 관련 법과 제도를 근거로 정착과 활성화를 위해 변화하고 있다. 문화예술교육은 2003년부터 예술교육을 문화교육적 관점에서 보완·확장하여 "표현기법만을 가르치는 교육이 아니라 예술적 경험을 통해 자신을 표현하고 사회를 이해하는, 보다 넓은 개인적, 사회적 맥락의 새로운 교육"으로 논의되기 시작하였다. 그 이후 문화예술교육은 속도, 확장과 다양성으로 이야기될 수 있다.

문화예술교육은 프로그램 지원에서 인력 지원으로, 다시 공간 지원으로의 변화를 거쳐 4차 산업 사회 속에서 융·복합과 온라인 콘텐츠 개발 등의 사회 변화와 대응하기 위해 진화하고 있다. 문화예술교육 사업이 확장되거나 새로운 목적, 방향과 의도가 출현될 때마다 문화예술교육의 개념, 전략과 세부적인 구현 방법은 물론 인력 양성에 대한 논의가 함께 진행되고 있다.

〈2018-2023 문화예술교육 종합계획〉이 발표되면서 광역 문화예술교육지원센터는 지역의 상황과 여건에 따라 문화예술교육의 지속가능한 발전을 위한 지역화, 고도화, 다양화 등을 중심으로 로드맵을 연구·발표하였다. 이와 더불어 2020년 기초단위 문화예술교육 거점 구축 사업이 추진되면서 12개 기초거점이 선정되었다. 이들은 지역 내 문화예술교육을 구성하는 요소들 간의 유기적 연계 방향을 모색하고 있다.

또한, 문화예술교육을 위한 전용공간인 '꿈꾸는 예술터'를 마련하여 지역 내 문화예술교육의 자리매김과 예술가·교육가의 프로그램 연구 및 개발 활동을 지원하고 있다. 공간마련은 지역 문화예술교육의 환경을 바꿔나가는 중요한 사례가 되고 있다. 이후 과학, 기술, 인문 등의 다양한 영역, 학문과 새로운 결합인 융·복합적 접근이 이슈로 대두되었다. 몸과 감각, 생각과 감정이 결합된 고유 창작인 '예술'과 '기술'이 '교육' 안에서 융·복합되는 상황은 문화예술교육을 이제까지와는 다른 현장으로 이동시키고 있다.

2016년 다보스 포럼 이후 다가오는 사회와 변화에 대한 예측은 교육계를 비롯해 사회 전반에 설렘 속 도전적 실험의 기회를 가져왔다. 가능성과 잠재력에 대한 흥분도 있었지만 익숙하지 않은 언어의 등장은 또 다른 낯선 상황을 만들었다. 융합, 기계학습, 인공지능, 빅 데이터, 가상-증강-혼합현실, 포스트휴머니즘 등을 포함하게 되었다. 특히, 2020년 1월 국내 첫 COVID-19 확진자가 발표된 이후 가깝고도 먼 미래는 오늘의 현실이 되었다. 이제까지는 상상할 수 없던 것들이 일상을 변화시키고 있다. 뉴노멀, 마스크, 비대면, 사회적 거리두기, 자가 격리 임상, 병리적, 정치 사회적 Stay at Home, 언택트, 팬데믹, 온라인 개학과 학습, 동영상 및 화상 강의, 무관중 영화제·페스티벌·스포츠 행사 등 익숙하지 않은 새로운 단어들이 우리 사회에 자리 잡게 되었다.

또한 이러한 현실은 문화예술교육의 언어와 가치를 재정립하는 계기를 만들고 있다. 공교육을 비롯한 사회교육, 문화예술교육을 포함한 다양한 일상 속 활동과 교육이 중단되었고 비대면 환경에 대응하기 위한 활동 문화예술교육의 패러다임 변화가 불가피한 상황이 계속되고 있다. 문화예술교육 관계자들은 문화예술교육과 온라인 매체와의 결합이라는 낯선 이슈와 마주하게 되었다. 조금은 어색한, 경험하지 않은 변화에 대응하는 새로운 문화예술교육 생태계 구축을 위한 주제어에 대한 심도 있는 논의가 필요하다. 이 글이 문화와 예술, 인문과 과학, 기술의 융·복합적 접근, 매체의 전환, 학습자 수요를 반영한 새로운 유형의 문화예술교육 관련 연구나 담론 조성이 필요한 상황 속에서 이들 논의의 단초를 제공하는 계기가 되었으면 한다.

문화예술교육의 현장 속 이슈

문화예술교육은 문화, 예술의 접근성과 고유성 수월성을 기반으로 다양한 주체를 발굴하고 통합적 참여를 독려하는 것으로 시작하였다. 공교육과의 연계, 생애주기와 상황 및 이슈 주 5일제에 따른 토요문화학교, 예술꽃 씨앗학교, 꿈의 오케스트라, 예술 치유 등에 대응하기 위해 지속적으로 변하고 있다. 공동체, 지역성, 다양성, 포용성 등의 문화적 지향점을 가지고 새로운 도약을 준비하던 문화예술교육은 "비대면," "사회적 거리두기"라는 새로운 국면과 마주하게 되었다. 변화하는 사회 교육 환경에 대응하기 위한 새로운 전략이 연구되고 있다. 지식 전달의 기존 교육을 미래시대에 필요한 역량을 함양하는 패러다임으로 바꿀 수 있는 혁신적 대응 방안의 수립이 모색되고 있다. 문화예술교육의 변화와 관련돼 문화예술교육 현장에서 발견된 두 가지 이슈는 문화예술교육의 기획과 융·복합적 접근으로 정리될 수 있다.

문화예술교육에서 기획의 중요성은 이미 충분히 논의되었으나 새로운 관점에서 한 번 더 살펴보기로 한다. 문화예술교육과 이전 다른 예술교육과의 변별력은 바로 기획에서 시작된다. 사회적 이슈, 문화, 삶의 맥락에서 개별 프로그램이 기획·실행되기 위해서는 문화예술교육 고유의 변별력이 필요하다. 기획은 사업의 취지나 의도에 따라 문화예술교육의 개념과 정의, 정책과 전략, 지역적 여건과 자원 등에 대한 이해를 바탕으로 목표 달성을 위한 과정을 조직하는 활동이다.

기획은 대부분의 문화예술교육 콘텐츠가 유사하게 되지 않고 프로그램 자체의 경쟁력을 가지게 하는 동력이다. 학교 안 문화예술교육 콘텐츠는 연령이나 연계 방법 생애주기, 교과, 재량, 방과 후, 자유학기제, 동아리 등, 맥락 등에 따라 다양하게 개발, 진행되는 것으로 기대될 뿐 아니라 예술단체 혹은 예술가의 역량이 드러나게 하는 것이 중요하다. 이러한 변별력과 질을 담보하는 역량인 기획력을 가지기 위한 전문성 향상을 지원하는 제도와 장치가 요구된다. 또한 변별력 있는 콘텐츠의 기획에 대한 다양한 지원 방법 마련이 필요하다. 사업의 지향점, 취지 및 의도에 따른 차별화된 최소한 단체의 예술 혹은 사회참여의 철학을 반영한 예술 콘텐츠 개발의 어려움은 여러 주체 간의 협력으로 해결방안을 찾으리라 기대된다. 지역 내 주민의 성향과 요구를 반영하고 개별 사업의 기대효과를 달성할 수 있는 문화예술교육 콘텐츠의 구성에 대한 다각적 접근이 가능할 수 있는 여건 마련을 생각할 수 있다.

특히 온라인, 비대면 상황에서 개별 프로그램의 경우 새로운 방식의 기획에 대한 다면적 연구가 필요하다. 온라인 기반 문화예술교육은 이제까지의 문화예술교육의 축적된 바탕 위에 새롭게 도출되는 핵심요소를 중심으로 전개될 수 있다. 문화예술교육의 출범 이후 정책의 변화와 등장한 이슈에 따라 확장되어 온 담론, 내용과 방법에 새로운 전문가들과의 상호 소통과 협업이 결합되면서 새로운 기획이 가능하게 된다. 처음에는 단순한 매체적 접근으로, 이후 매체와의 결합 방법의 시행착오를 포함한 경험 속 이해를 바탕으로 한 시도와 발전이 가능할 것이다. 새로운 기획을 통해 온라인 문화예술교육의 단계별 모습이 드러나고 자리매김 할 수 있을 것으로 예상된다.

문화예술교육의 융·복합적 접근이 필요하다. 21세기의 주제어 중 하나는 융·복합이다. 연계와 통합, 융·복합을 통한 새로운 예술창작과 이를 연계한 예술교육의 논의가 진행 중이다. 문화예술교육은 교과목 및 내용, 관계자 간의 이해 충돌을 피하기 위해 국악, 무용, 공예, 사진, 디자인과 만화·애니메이션으로 세분화된 것으로 이해될 수 있다. 그러나 오늘날의 예술은 세분화되기 보다는 서로 다른 영역 간의 통합의 형식을 취하고 있다. 이미지, 사진, (동)영상 등의 경계가 허물어지고 시각문화라는 영역의 포괄적 개념을 도입한 지도 꽤 오랜 시간이 지났다. 최근 만화의 경우 그래픽 문학 graphic literature 으로 개념과 정의를 전환하고 내용과 방법의 융·복합과 탈경계적 예술 시대의 접근으로의 당위성을 담보하고 있다. 이외에도 디지털 미디어 퍼포먼스를 비롯해 다양한 장르 간의 결합은 예술의 모습을 변화시키고 있다.

문화예술교육 역시 다양한 요소와 영역 간의 연계와 결합하여 예술적 상상력, 창의력, 문화적 감성과 성찰의 함양을 지향하는 새로운 시도들의 모습이 드러나고 있다. 2017~2018년 과학·기술과의 연계를 시도한 이후 문화예술교육의 모습은 다시 변화하고 있다. 생태, 인문, 해양, 산림을 비롯해 VR, AR 등 기술과의 결합은 문화예술교육의 새로운 확장 모델을 현장에서 보여주고 있다. 이러한 새로운 시도들과 패러다임의 변화를 위해 융·복합적 접근과 연구, 기획 및 실행을 가능하게 하는 공간인 랩과 예술가 활동가의 활동에 대해 이야기하도록 하겠다.

융·복합적 접근의 문화예술교육

문화예술교육 초기부터 교과 간의 연계와 학제 간의 통합, 다양한 세대 간, 장애·비장애, 문화 다양성 기반의 사회 통합에 관한 논의가 있어 왔고 최근에는 "융·복합"에 대한 논의가 활발하게 진행되고 있다.

"융합"[2]의 학문적 정의는 분야에 따라 다양하나 '서로 다른 기술이나 산업 분야 간에 효율과 성능 개선 등을 목적으로 결합됨으로써 존재하지 않았던 새로운 기능이나 서비스를 창출하는 현상'으로 정의될 수 있다. 이는 결국 창의성의 중요성을 한 번 더 확인하게 해 줄 뿐 아니라 창의적인 현상과 결과를 새로운 측면으로 조명하는 하나의 방법이라고 볼 수 있다.

스텐버그Sternberg 와 루바르트Lubart1999 는 창의성에 대해 "아이디어를 연결하고, 유사점과 차이점을 발견하며, 비정통적이고, 탐구적이며, 사회 규범에 의문을 제기할 수 있는 능력과 결부된 인지적 요소의 결합"으로 정의하였는데 '융합' 논의에서도 많은 유사점이 발견된다.[3]

융합과정은 다양한 분야의 개념, 지식, 기능을 연결하는 가운데 새로운 과정과 결과를 창출하는 학습경험을 지칭할 수 있다. 이를 위해 근대적 이성에 가려졌던 "감성, 상상력, 환상 등과 같은 비합리적 요소들을 복권시키는 작업"이 필요하며 이와 관련해 '예술활동'의 새로운 역할을 찾아볼 수 있다.

---

2   성은모(2013)은 융합이란 기존의 서로 다른 두 개 이상의 학문적 지식과 기술이 물리적 그리고 화학적으로 결합하여 새롭고 독특한 가치를 창출하는 현상으로 정의하였다. 김병일(2010)은 융합이 사전적으로 "서로 다른 종류의 것이 녹아서 서로 구별이 없어져 하나로 합쳐지는 현상"이라고 접근하면서 IT의 관점에서 융합을 "기존 인프라를 통해 새로운 서비스를 제공하거나 새로운 형태의 인프라를 개발하는 것 또는 새로운 능력을 제공하기 위해 기존 서비스와 기술을 향상시키는 것"으로 정의하였다.

3   융합을 분화와 통합의 변증법적 순환을 속성으로 한 일련의 결합(condivergence= convergence+ divergence) 이라고 보는 견해도 있는데, 이 역시 창의적인 사고과정과 융합의 과정이 동일하다고 생각될 수 있다.

융합과정에서 예술이 비중 있게 다루어지는 것 또한 근대적 사고 체계에 대한 비판과 그 한계의 자각에서 시작된 것으로 볼 수 있다. 최근 진행되고 있는 예술에 대한 활발한 논의는 예술교육 자체의 활성화만을 의미하기보다 상상력, 창조, 이성과 감성의 통합 등과 같이 그동안 제도권 안에서 간과되었던 인간 능력의 회복을 위한 것으로 생각될 수 있다.

지난 15년 문화예술교육은 예술 장르의 확장성과 다양성을 기반으로 성장하였다. 그러한 확장성과 다양성은 사회적 변화와 상황에 대응하는 방법이었다. 이제 과학·기술과 융·복합적 접근에 대한 논의가 진행되면서 문화예술교육의 개념에 대한 검토가 다시 한번 필요하다. 삶과 배움의 환경이 빠른 속도로 변화하고 있으며 이에 대응하기 위한 창의적 문화예술교육의 방향을 모색하여야 한다.

새로운 문화예술교육 기획을 가능하게 하는 랩

새로운 배움과 경험 환경을 만들기 위해 예술가, 예술교육 인력의 융·복합적 연구와 협업 공간 마련이 필요하다. 문화예술교육의 차별화된 콘텐츠 개발을 위한 협업을 가능하게 한 것은 랩[4]이다. 문화예술교육 인력의 활동공간인 랩[5]은 '생산장 idea factory'의 역할을 한다. 그 역할은 사

---

4   랩 (laboratory)은 노동(labor), 혹은 실험 작업, 실험실의 이중적 의미를 가질 수 있음.

5   미국 벨 랩(Bell Lab)을 시작으로 한 혁신의 종자, 즉 창조적인 새로운 아이디어를 실현화하는 협력구조로 미국 MIT 미디어랩이 국내에 소개된 대표사례라 할 수 있다.

회와 문화 속에서 해결하고자 하는 문제를 확인하고 이것을 해결하기 위해 무엇이 요구되는가를 검토하며, 해결을 위해 필요한 도구와 지식, 인력 등의 자원을 모아 구조화하는 것을 의미한다. 이를 가능하게 하는 환경이 '랩'이라 할 수 있다.

예술교육 정착과 활성화 방안 모색이 필요한 상황에서 '문화예술교육 랩' 운영은 새로운 방향을 제시한다. 랩은 기술 기반 활동 craft and skill-based activities 의 실행자들이 공통의 관심과 연구 주제를 협업으로 진행하는 공동체 활동이다. 일반적으로 이러한 활동은 단기성 프로젝트로 구성되는 경우가 많다. 프로젝트 공동체는 공통의 목표를 중심으로 결과를 도출하기 위해 필요한 자료, 정보 및 경험을 공유하는 것을 시작으로 하는 협업의 과정을 함께 참여하는 방식이다.

랩에서 가장 많이 사용하는 연구 방법 중 하나인 '샤렛'은 프로젝트나 과제 등과는 별개로 자유롭게 생각을 쏟아내고 의견을 주고받는 집중적인 브레인스토밍의 워크숍이라 할 수 있다. 문제의 해결방안은 글이나 말보다 모형을 만들어 해결안을 제안하고 실물모형을 반복적으로 수정하는 변경의 과정을 거쳐 완성되는 시연의 작업 방식이다.

예술교육 인력의 상주 체계인 랩 공간 운영 모델 개발 및 시범사업 운영에서는 다음의 여섯 가지 요소를 고려해야 한다. 공유하는 연구 주제를 중심으로 학습할 수 있는 자료 수집, 주제에 대한 다면적 분석과 수집된 자료의 분류와 구성, 연구 단계 구성과 역할 분담, 연구 단계별 공유와 검증 및 검토 방식 지식 관리 체계, 연구 과정과 결과의 스토리텔링 기법 도입, 연구 과정과 결과의 공유 및 확인 등이다. 또한 서로 다른 영역의 전문가들이 각자의 상이한 입장에서 논의하는 과정이 절대적으로 중요하다.

현장에서 운영 중인 문화, 예술 관련 랩의 사례 속에서 논의되고 있는 시사점은 랩 구성에서 차지하는 공감대 형성의 중요성이다. 공감대의 형성은 해결해야 하는 공동의 목표 설정과 랩 공동체가 연구하고자 하는 특정 주제와 질문을 모색하는 구체적 과정이다. 이는 진행될 과정의 설계 및 방법, 결과물을 결정하는 데 중요한 역할을 한다. 연구자들은 선정된 주제나 질문에 대해 구체적으로 분석, 검토하는 과정을 거쳐 연구 방향과 전략을 확보할 뿐 아니라 참여 연구자의 개별적 역할이 확정된다. 이 단계에서 연구의 방향과 영역 및 범위 등이 체계적으로 정리될 수 있다. 이 기록은 단지 최종적 결과를 도출할 뿐 아니라 이후 다른 상황에서 활용될 수 다양한 자료를 생산하기도 한다.

문화예술교육 "랩"은 공간과 인력을 아우르는 개념이다. 이들은 문화예술교육 개념, 지역과 학습자 이해를 기반으로 한 문제의식, 문화예술을 비롯해 다양한 영역 간의 협업을 통한 해결방안 모색을 위한 논의 체계와 방향 설정, 매체, 연구 방법과 구성, 소통과 공유, 활용의 이해와 이들 간의 상호 적용을 통해 생산하고 이를 사회와 공유 소통하는 과정을 주요 요소로 한다.

문화예술교육 인력의 새로운 역할

랩의 주체이며 창의적 융합을 가능하게 하는 문화예술교육 인력은 예술가다. 문화예술교육에서 예술가에게 기대되는 것은 많다. 이들은 자신의 예술에 대한 수월성과 더불어 사회 참여의 의지가 있어야 할 뿐 아니라 다른 사람과의 관계 형성과 소통이 용이해야 한다. 또한 이들은 교육을 통해 참여자의 변화와 발전을 이끌어내는 에너지와 동력을 가져야 한다.

예술가는 실험적이며 도전적인 정신으로 새로운 것을 탐구하는 활동가인 동시에 주관적 사고를 장르의 언어로 표현하고 이를 다른 이들과 소통하는 사람이다. 또한 이들은 새로운 주제와 접근 방법을 통해 전통과 문화의 객관적 진실을 확인하고 현실에 대한 주관적 입장 표명과 창작 활동을 한다.

예술가이면서 교육에 참여하는 인력은 자신의 표현 언어 예술 장르로 참여자와의 소통을 통해 본인 예술의 진정성을 전달한다. 창작 작업과 마찬가지로 이들은 질문하고 관찰하면서 새로운 의미를 찾아가는 과정을 만들고 제공하기 위해 노력한다. 뿐 아니라 이들은 참여자들로부터 자신을 비롯해 지역과 세계에 대한 관심을 유발시켜야 하고 관심을 행위로 전환하는 주도적 활동[6]을 계획한다. 이들은 스스로의 창작 경험을

---

6   예술이 자신과 세상에 대한 질문으로 시작한다면 교육에서는 목표와 지향점을 향해 솔루션을 찾아가는 과정이 기획되어야 한다.

기반으로, 새로운 것을 생각하고 다양한 표현방법과 활동에 참여자가 몰입할 수 있도록 동기 부여하는 교육 활동을 기획·실행한다. 새로운 것을 기획하기 위해 예술가는 주변 환경을 관찰하여 특정 관점이나 주제에서 이슈들을 도출하고 예술 표현과 구현 방법을 모색하기 위해 다양한 과정과 방법을 진행한다.

이들은 지속적으로 새로운 아이디어를 찾고 이를 교육적 행위로 만들어 가는 과정을 탐구하면서 예술을 구성하는 언어와 문해력[7]을 확장하는 기획을 구현하기 위해 이제껏 실행하지 않은 실험과 도전을 두려워하지 않는다. 이 과정에서 이제까지 함께 하지 않은 여러 주체들과의 협업이 필요할 뿐 아니라 가능해진다. 서로 다른 경험과 관점을 가진 여러 주체가 같은 목표를 설정하고 이를 가능하게 하는 구체적인 방안을 구성하기 위한 설득의 과정이 절대적으로 요구된다. 목표와 참여자에 대한 공감대를 형성한 경우 협업의 설득이 가능해진다. 성공적인 협업 뒤에는 설득력과 더불어 예술에 대한 사회적 인식의 확장이 발견된다 할 수 있다.

---

7   리터러시는 읽고, 쓰고, 이해하고, 사용하는 기술사용과 도구 제작의 현재적 능력(ability) 의미.
     비판적 해석과 창조적 재구성 능력, 공감 능력과 상상력, 연결과 소통에 따르는 사회적 책임감 등
     의 미래적 역량(competence, capability)을 의미하는 것으로 확장. 교육과 문화의 관점에서 이러
     한 역량들은 스스로 질문을 만들어낼 수 있는 비판적 사고 능력, 소속을 떠나 세계시민으로서 지
     구적 문제에 관여 하는 능력, 다른 사람의 곤경과 아픔에 공감하는 태도 등 인문적인 접근을 필
     요로 하는 것들. 또한 현재 없는 것을 실재처럼 상상하고 서사적으로 재구성할 수 있는 능력이며,
     관계없던 것들을 연결해 새로운 의미와 가치를 창조할 수 있는 실천적 상상력을 의미.

우리 사회 속 문화예술교육....

디지털 기술로 촉발되는 초연결사회 도입을 통해 우리 사회는 다양한 분야의 기술과 정보가 융합되며 소통과 공유의 장이 확장되고 있다. 이제는 영역별 경계가 허물어지고 변동성, 불확실성, 복잡성과 모호성을 수용하는 사회가 도래되었다. 변화의 속도가 빠르고 다양하며 미래 상황에 변수가 많아서 예측하기 어렵고 인과관계가 단순하지 않고 다양한 요인이 작용하고 있다. 이러한 시대에 방향 전환, 새로운 시도, 협업의 역량의 중요성이 언급되고 있다.

이와 더불어 문화예술의 경험과 당사자 간 소통의 중요성을 강조하고 새로운 미디어를 활용한 예술활동과 문화예술교육이 논의되고 있다. 미래학자들은 코로나19로 인한 새로운 예술의 출발을 예측하고 있으며 실제 현장의 예술인도 이전과는 다른 새로운 영역에 도전하고 있다. 코로나 블루 혹은 코로나 블랙과 이로 인한 여러 사회적 문제를 해결할 수 있는 대안으로의 문화예술교육의 가능성과 역할이 이야기 되고 있다. 문화예술을 활용한 치유 프로그램, 예술 치유와 향유, 창작 등 다양한 분야에서 문화예술교육의 가능성이 논의되고 있다.

기술적 발달에 힘입어 예술 창작과 공유 방식이 가상세계, 온라인, 실제에 따라 달라지고 있다. 이로 인해 예술 형식의 변화가 일어나고 있으며 다양한 행위자들의 새로운 역할이 기대된다. 기술과의 융·복합으로 예술적 상상력이 새롭게 이야기 되고 있는 가운데 문화예술교육과 접목할 수 있는 기술을 모색하고 다양한 방법을 찾는 것도 중요할 것이다. 상상력, 창의성, 삶과 기술의 문해력, 인문학적 성찰, 공감 및 소통, 협업 등의 역량에 대한 동시대적 담론과 이를 구현하는 문화예술교육의 새로운 가치와 의미를 탐색하는 과정의 시간이 필요하다.

이 시점에서 인문적 성찰과 함께 하는 사회 속 감수성과 공감에 대한 이야기를 하고자 한다. 미학적 행위를 포함하는 삶의 방식을 개괄적이고 광의적인 '문화'로 간주하여 분석, 연구하는 학자들이 있는데, 영국의 문화이론가 스튜어트 홀 Stewart Hall 이 이 분야의 대표적 이론가이다. 그는 "가치 판단과 연계된 개념적 행위"로 문화를 규정하면서 예술과의 접점을 찾게 해 준다. 이는 문화교육, 예술교육의 이분법적 사고에서 벗어나 양쪽을 아우르는 방향 설정의 근거가 될 수 있다. 예술을 실질적 경험을 기반으로 서사 text 를 만들고 삶의 의미와 가치를 찾아가는 과정과 행위로 생각할 수 있다.

또한 예술은 즐거움과 재미의 원천으로 자유롭고 자발적인 활동이다. 일상생활에서 벗어나 또 다른 시간과 공간을 경험하는 기회이며 과정 속에서 새로운 관계와 질서를 내면화하는 행위이다. 이를 통해 참여자는 이제까지와는 다른 세계를 체험하며 관계를 이해하고 공감하는 문화적 행위에 동참하게 되는 것이다. 참여자는 예술가로서의 전문성과 수월성에 집중하지 않고 여러 형태의 적극적이고 일관된 활동 과정을 통해 자신으로부터 세계로의 확장이란 측면에서 "예술"을 바라볼 수 있게 된다. 또한 예술은 자발적 참여이며 외부 자극에 대해 새로운 사고의 기회를 제공하고 다른 이들과의 협업을 통해 문제 해결을 도모한다는 점에서 스튜어트 홀의 '문화'와 연결될 수 있다.

이러한 논의와 담론 조성을 위해 문화와 예술을 아우르는 인문적 접근이 재조명되고 있다. 인문학 인문적 접근 에 대한 학자들의 정의[8]를 보면, 대체로 인문학은 인간 및 인간 삶의 근본적인 문제들과 관계된 학문 영역으로 이해되고 있다. 인문학을 보다 폭넓게 해석하여 인간 및 인간의 문화를 포괄적 다루는 학문 분야 및 활동에 포함[9] 시킬 수 있다.

미국의 「국립예술·인문재단법」National Foundation on the Arts and Humanities Act 에서는 인문학을 "현대 언어와 고전 언어, 언어학, 문학, 역사, 법학, 철학, 고고학, 비교종교학, 윤리학, 예술사·예술비평 및 예술이론, 인문학적 콘텐츠를 가지고 인문학적 방법론을 사용하는 사회과학분야, 그리고 우리의 다양한 문화유산·전통 및 역사를 반영하는 것과 국민 삶의 현재적 조건들에 대한 인문학적 타당성에 특별한 주의를 기울이는 인간 환경에 대한 연구와 응용"으로 정의하기도 한다.

---

8   손영식(2001)은 "일반적으로 인문(학)은 사람들로 하여금 보다 사려 깊고, 탐구적이고 완전한 인간이 되게 하는 것, 혹은 치밀한 분석력과 종합적인 판단, 그리고 합리적인 세계관을 심어주는 것으로 본다. 그것은 기술이 아닌 인격, 품위 등과 연관이 있는 것"으로 정의. 김경한(2002)은 "인문(학)은 인간 고유의 인간성, 즉 신과도 다르고 여타 동물과도 변별되는 인간성이 무엇인가에 대하여 연구하는 학문으로, 그것을 인간교육에 적용시켜 사회가 요구하는 이상적인 인간상을 구현하는데 가장 직접적인 역할을 담당해 온 학문영역"으로 정의.

9   브리태니커 백과사전에서는 "인문학은 인간존재와 그들의 문화를 다루는, 또는 인간의 가치에 대한 그리고 인간 정신의 고유한 능력에 대한 평가로부터 도출되는 분석적이고 비판적인 탐구방법들을 다루는 지식의 분야"로 정의.

미국의 인문학자이자 정치철학자인 마사 누스바움 Martha C. Nussbaum 은 자유, 평등, 박애를 지닌 건강한 민주주의 사회를 실현하기 위해서는 민주 시민을 양성해야 하며, 민주 시민의 양성은 인문교육과 예술교육을 통해 수행되어야 한다고 주장하였다. 또한 인문교양교육을 학습자를 한 사회의 순응적 시민으로 길러낼 것을 가정하는 기존의 사회화론과 구분 하여, 학습자의 자아실현을 목적으로 삼았던 시민성에 내재한 배타성을 비판적으로 사유하고 다른 존재자들의 존재 실현에도 관심을 갖는 공감 적 상상력을 지닌 세계시민의 양성을 인문교육론의 목표로 설정하였다. 그는 이러한 역량들의 육성과 민주적 소양의 완성이 다름 아닌 인문적 접 근 예술교육을 통해 획득되는 비판적 사고력과 서사적 상상력의 증진을 기반으로 이루어질 수 있다고 설명하였다.

이와 관련해 누스바움은 다음과 같이 설파했다. "우리를 인간으로 만 들어주며, 우리의 관계를 단순한 사용과 조작의 관계가 아니라 풍요로운 인간 간의 관계로 만들어주는 것이 사고와 상상능력이다. 우리가 사회에 서 서로 만날 때, 만일 우리가 자아와 타자에 대한 사고와 감정의 내적 능 력을 상상하고 인식하는 법을 배우지 못한다면, 민주주의는 필경 실패하 고 말 것이다. (…) 이러한 능력들은 인문교양과 예술에 관련되어 있다. 비 판적으로 사고할 수 있는 능력, 지역적 차원의 열정을 뛰어넘어 '세계 시 민'으로서 세계의 문제에 접근할 수 있는 능력, 그리고 마지막으로 다른 사람의 곤경에 공감하는 태도로 상상할 수 있는 능력 (…)"[10]

---

10   마사 누스바움, 『공부를 넘어 교육으로』, 2011, 29-31쪽.

예술교육에서 자신과 주변 세계의 궁극적 지향점인 '미적체험'은 아름다움에 대한 감탄이나 감상을 넘어서 이해를 기반으로 한 판단과 판단에 근거한 행위의 단계를 지향한다. 이러한 철학이 문화예술교육의 근간이다. 문화예술교육은 학습자와 만나기 위한 예술교육 학습안 만으로 만들어지는 것이 아니라 지역 내 개인적, 사회적 이해를 바탕으로 예술 활동을 통한 자기 성장의 기회를 마련하고 다양한 주체들의 활동을 가능하게 한다. 미적 감수성, 문화에 대한 노출, 감정의 표현, 다양성의 이해 등이 예술교육의 기대효과로 정리될 수 있다.

인간은 자연 안에서 서로 유기적으로 연결되어 있고 사회적으로는 개인의 자아실현과 삶의 질 향상을 희망한다. 예술은 상상의 세계에서 이루어지는 활동으로 개개인의 삶의 경험과 태도, 그리고 예술의 관점에 의해서 재구성된다. 그렇기 때문에 예술은 자신의 편견을 깨고 스스로 감각하고 받아들임으로부터 시작된다.

인간은 누구나가 예술가이다. 누구나 잠재되어 있는 가능성이 있고, 그것을 어떤 시기에 어떤 방식을 통해 발전시켜 나가야 하는지의 차이가 있을 것이다. 또 인간은 끝없이 상황에 대한 반응을 한다. 타자의 반응은 나에게 자극이 되고 나는 그것에 반응한다. 그리하여 나와 타자 사이에는 끝없는 상호작용이 이루어진다. 이런 맥락에서 문화와 예술의 접점은 삶과 예술의 인문적 접근으로 가능하다.

이러한 인문적 접근은 우리가 해결해야 하는 4차 산업혁명 속 문화예술교육의 이슈에 대한 새로운 방향을 생각하게 해 준다. 문화, 예술,

과학, 기술, 인문의 맥락적, 지역적 결합의 새로운 모습을 상상할 수 있게 된다.

이를 위해 자주 언급되는 기획과 융복합의 두 가지로 이야기를 시작하였다. 문화예술교육의 경쟁력을 가지기 위한 두 가지 전략이라 할 수 있다. 이 두 문제를 해결하기 위해 문화예술교육의 핵심인 예술가에 대해, 이들이 융·복합적 작업을 할 수 있는 여건인 랩의 필요성에 대한 논의가 필요하다. 랩은 공간이며 인력의 조직이다. 문화예술교육의 융·복합적 접근과 기획을 위해 절실한 여건이라 할 수 있다. 과학, 기술, 생태 등의 여러 영역과의 융·복합에 앞서 문화와 예술이 접목하는 문화예술교육의 근간 마련이 필요하다는 생각에서 인문적 접근을 소개하였다.

새로운 기술 매체를 창의적으로 활용할 때 문화예술교육은 예술적 창조와 문화적 향유 기회를 제공할 수 있을 것이다. 창조적이고 의미 있는 삶을 영위할 수 있는 예술능력 함양과 과학기술을 비판적으로 활용할 때 문화예술교육은 다양한 문화를 창조, 향유할 수 있는 역량 강화를 지향할 수 있다. 기술 문해력과 매체 활용능력이 예술 창조와 향유를 적극적으로 보완할 수 있다는 점에서 새로운 융·복합적 예술교육의 개발과 실행이 현장을 변화시키고 있다.

문화예술교육은 언제나 문화와 예술의 잠재력과 가능성을 기반으로 변화하고 있다. 이 바탕에는 예술가가 있고 문화와 예술을 아우르는 인문의 힘이 있다. 이제까지는 상상하지 못했던 것들을 가능하게 하는 기술과의 결합도 해결해야 하는 하나의 상황이다. 이는 아직 익숙하지 않아 낯설기는 하나 새로운 상상을 하게 하고 문화예술교육이 다음 단계로 발전하는 동력이 될 것으로 기대된다. 실험적이고 도전적인 예술가와 문화 기획, 지역이 만나는 가보지 않은 새로운 현장을 기대한다.

참고문헌

김성남, 공룡보다 카멜레온 조직 역량이 4차 산업혁명 시대를 주도한다 〈동아 비즈니스리뷰〉 223호, 2017.04.

미래창조과학부 미래 준비 위원회, 10년 후 대한민국 뉴노멀 시대의 성장 전략 : 미래 전략 보고서, 2016.01.

김찬호, 고영직, 조주은, 『당신의 이야기는 무엇입니까』, 서해문집, 2018.

백선아, 이성연, 김인설, 『2017 50+ 세대 문화예술교육 활동 증진을 위한 기초연구』, 한국문화예술교육진흥원, 2018.

송미숙, 김경은, 홍애령, 『문화예술교육의 이론과 실제』, 레인보우북스, 2014.

서은국, 『행복의 기원』, 21세기북스, 2014.

신승환, 『문화예술교육의 철학적 지평』, 파주 : 한길아트, 2008.

한국예술교육학회, 『문화예술교육 개론』, 레인보우북스, 2017.

United Nations, New York, 『World Population Prospects : The 2019 Revision』. Department of Economic and Social Affairs, Population Division, 2019

마사 누스바움(저) 우석영(역), 『공부를 넘어 교육으로』, 궁리, 2011.

담화와 사례를 중심으로 살펴본 통합과 융합을 통한 문화 예술 교육

Gerhard Jäger

벨기에 ABC 하우스 설립자

"윤리와 미학 중 하나를 선택해야 한다면 무엇을 고르든지 간에 마지막에 가서는 나머지 하나를 만나게 될 것이다."   장 뤽 고다르

교육 속 예술을 위해 영감을 주는 아이디어를 끊임없이 연구하면서 우리는 우리가 느낄 수는 있지만 말로 쉽게 표현할 수 없는 내용과 관계들에 대한 설명들을 수집하였다. 반영의 도구로서 그러한 것들을 사용하는 것과 그러한 정신에 의해 도전을 받는 것은 언제나 즐거운 일이다. 이 글을 읽는 독자들도 그러한 즐거움을 얻기를 바란다.

시작에 앞서 필자는 우리의 첫 사례에 대한 기초로서 '통합'과 '융합'의 정의를 먼저 제시하려고 한다. 사회학에서 통합은 난민들과 취약계층을 사회의 주류로 이끄는 운동이다. 따라서 사회적 통합은 이주민들이나 소수집단들이 자신들의 정체성을 유지한 채로 주류 사회에 통합되는 과정이라고 설명할 수 있다.

관계 속에서 융합은 사람들이 관계가 발전해갈 때 서로 닮아가는 경향이다. 심리학에서 융합은 학습 그룹 구성원들의 점진적 관계회복으로 이해되지만, 정지척으로는 화합으로 해석될 수 있다.

ABC + 난민센터 '클라인 카스틸처'
통합 프로젝트 2001 - 2005 / 브뤼셀 / B

"ABC-세 폭 제단화 - 워크숍" / 난민센터 '클라인 카스틸처' / 2001

2001년 봄 우리는 브뤼셀 중심가에 위치한 난민센터 "클라인 카스틸처 망명신청자를 위한 보호소" 소장 밥 플라이저에게 연락을 취해 센터에 머물며 다른 곳으로의 이동을 기다리고 있는 어린이들과 청소년들을 위한 워크숍을 제안하였다. 플라이저 소장은 그 제안을 받아들였고 우리는 2001년 7월 첫 주 방학 동안 프로젝트를 실행하기로 계획하였다. ABC는 센터 내 다락방의 큰 공간을 장난감, 게임 및 다양한 놀이도구로 채워진 오픈 스튜디오로 바꾸었다. 스튜디오에 비치된 장난감들은 6월 말에 아이들에게 미리 주어졌으며, 워크숍 전과 후에도 제공되었는데 이는 아이들이 우리의 작업 방식 및 가이드들과 마주칠 가능성을 염두에 둔 것이었다. 워크숍에는 15명의 아이들이 참여하였고 이들은 이란, 아프가니스탄, 르완다, 슬로베니아, 알바니아 등 여러 나라 출신으로 오후에 진행된 우리의 "세 폭 제단화 프로젝트"에 참여하였다. 이 아이들 중 일부는 난민센터 밖 일반 학교에 다니고 있었고 아주 기초적인 언어능력을 가지고 있었다. 따라서 우리는 부분적으로 프랑스어, 네덜란드어, 영어를 사용하였고 아이들이 때때로 통역을 해주며 서로를 도와주었다. 워크숍 초기에 15명의 아이들을 세 그룹으로 나누어 5명의 아이당 1명의 ABC 가이드가 함께 대나무 스틱, 캔버스, 재활용된 재료를 가지고 집같이 느낄 수 있고 편하게 세 폭 제단화를 제작할 수 있는 안전한 장소를 만들었다. 세

폭 제단화를 가리키는 단어 triptych는 그리스어로 "세 부분"을 뜻하며
보통은 패널화인 미술의 한 종류로 세 부분 또는 세 개의 패널이 경첩으
로 연결되어 접을 수도 있다.

우리의 기본 아이디어는 아이들 자신들이 그리거나 만든 소묘, 그림,
콜라주를 통해 아이들의 과거, 현재, 미래를 시각화하는 세 폭의 패널을
제작하는 것이었다. 대화, 기억, 사진, 아이들이 가져온 자신들의 소장품
덕분에 아이들의 개인적인 이야기가 우리의 ABC 가이드들의 도움을 얻
어 더 풍부해질 수 있었다. 세 폭 제단화가 접혀있을 때 첫 패널에는 아이
들의 얼굴 사진이 있었고 펼쳤을 때 왼쪽에는 아이들의 과거가, 가운데
에는 현재, 그리고 오른쪽에는 자신들이 원하는 미래가 그려져 있었다.
세 번째 패널의 뒷면에는 아이들의 이름, 생일, 나이, 벨기에에 도착한 날
짜, 그리고 자신들의 과거, 현재, 미래에 대한 개인적인 글이 적혀 있었
다. 우리는 아이들의 작품을 부모님들과 초청 손님들에게 전시하는 이벤
트를 마지막으로 이 프로젝트를 종료하였다. 플라이저 소장은 결과물을
보고 매우 기뻐하였고 난민센터 내에 장소를 마련해서 아이들의 작품들
을 영구 전시하였다. 그는 또한 아이들의 작품 중 일부를 센터의 크리스

마스 카드 제작에 사용할 수 있도록 ABC에 요청하였다.

양 쪽 모두에게 성공적이었던 경험을 바탕으로 우리는 ABC와 난민 센터의 교육서비스 간 지속적인 협력 프로젝트에 대한 가능성을 논의하기 시작하였다.

§ *부록 ABC 내부 평가 보고서 발췌 / 브뤼셀 / 2001년 12월 30일*

총 30명의 어린이가 방문함 - 평균 하루 17명.

어린이들의 나이는 5세에서 14세 사이.

16개의 세 폭 제단화가 완성됨.

이 워크숍은 ABC에게 있어서 강렬하면서도 혼란스러운 경험이었다. 물론, 첫 번째 이유는 민감한 주제를 다루었기 때문인데 워크숍에 참가한 아이들은 다소 불확실한 상황에서 살고 있고 종종 파란만장한 과거를 가지고 있었다. 하지만 그럼에도 우리는 이 아이들에게서 엄청난 융통성과 회복력, 현실감각, 그리고 새로운 환경에 적응하는 능력을 볼 수 있었다.

아마도 이 워크숍이 강렬했던 이유는 매우 폭넓은 주제를 다루었기 때문일 수도 있다. 아이들은 자신들의 삶 전체를 겨우 일주일 밖에 안되는 기간 동안 그려내야 했는데 이러한 시간적 제약은 상대적으로 컸기 때문에 아이들에게 다소 스트레스가 되는 반응들을 야기했다. 협동, 경청하려는 의지, 집중, 하던 일의 마무리 등 깊은 작업을 하기 위한 기회가 언제나 모자랐다. 때로는 아이들의 집중도가 무너지고 무엇보다도 의사소통의 문제가 이따금 눈에 보이기도 했는데 이는 방해요인이 되거나 어떤 때에는 의사소통을 가로막는 큰 문제가 되기도 하였다.

그럼에도 이러한 내용을 고려하면 난민 아이들과 함께했던 첫 번째 워크숍은 매우 흥미롭고 마음이 따뜻해지는 경험이었다고 말할 수 있다. 워크숍의 결과물인 세 폭 제단화들은 실제로 매우 아름다웠으며 놀라울 정도로 강렬했다. 이는 아마도 작품들이 나타내는 생각의 명확함 및 힘과 관련이 있을 것이다. 세 폭 제단화는 이미 알려진 형식이고 하나의 이야기에 특정한 구조를 직접 제공한다.

이 워크숍의 성공에서 매우 중요한 요소는 '클라인 카스틸처'의 교육 서비스와의 협업인데 그중에서도 특히 책임자인 에릭 데스피크의 도움이 컸다. 그는 귀중한 피드백을 주었을 뿐만 아니라 워크숍의 조직과 진행을 도왔으며 이 워크숍을, 그의 말을 빌자면, 이 아이들에게는 너무도 흔치 않은 이벤트를 실현할 수 있게 해주었다.

워크숍의 마지막 과정이었던 작품 공개도 성공적이었다. 이 새로운 계획에 대해서 많은 관심이 있었고 사람들이 작품들을 감상할 때 매우 공손하고 경의를 표하는 분위기가 감돌았다. 당시 방문한 사람 중 한 사람은 이렇게 표현하였다. "잠시 이 아이들 각자의 사적인 삶에 들어갔다가 친밀함의 "책"을 닫으면 나 스스로에게 더 많이 의지하게 된다."

1주일은 "과거? 현재? 미래"와 같은 주제를 온전히 파헤치기에는 아주 짧은 시간이다. 아이들은 가이드들에 대해 좀 더 잘 알기 시작하자마자 다시 떠나야 했다. 따라서 우리는 좀 더 영구적인 토대에서 새로운 계획을 만들기를 원한다. 이는 처음부터 마지막 결과물을 향해 작업하는 것이 아니라 아이들과 의사소통 하는 것, 경험과 작업 과정을 우선시하기 위함이다. 어떤 경우에서는 그러한 일을 하는 데 대한 관심은

'클라인 카스틸처'와 어린이들을 위한 예술기초, 즉, ABC에서 나온다.

3년간 후속 협력 프로젝트
/ ABC + 난민센터 '클라인 카스틸처' / 2001 - 2003

세 폭 제단화 프로젝트의 성공 후 난민센터의 소장은 우리에게 센터의 교육서비스와 사회 서비스와 정기적으로 협력할 것을 제안하였다. 플랑드르 정부 단체인 플라망어 사용자 지역 위원회 또한 우리에게 재정적인 지원을 제공하는 데 관심을 표하였다.

난민 아이들의 일상생활은 학교에 다니고 자신들의 부모와 친척들과 시간을 보내는 것 이외에도 놀이 시간, 숙제, 방과 후 활동, 수요일 오후 아틀리에, 주간 견학, 방학 중 특별활동으로 이루어져 있다.

교육서비스 팀은 이들을 네 개의 연령 그룹 3세에서 5세 / 6세에서 8세 / 9세에서 11세 / 12세에서 15세 으로 나누고 각각 피카추, 케첩, 드래곤, 이홍델러 참새, 빠삐용 나비 이라는 이름을 붙였다. 그래픽 아티스트와 함께 한 특수 그림문자 디자인 워크숍의 결과물은 기초적인 언어 지식이 없는 신입들과 의사소통 하는 것에 도움을 주었다. ABC의 작업 철학의 중요한 부분은 또한 어린이들과 그들과 친족 관계인 어른들을 위해 고안이 잘 된 놀이와 작업, 그리고 교육 영역이다. 이들은 잘 계획된 내부와 질 좋은 도구들과 자료 선정, 창의적인 활동 과제와 같은 제약 없이 영감을 주는 아이디어들에 경의를 표한다. 교육학자인 로리 말라구치가 초점을 두었던 제3의 교사로서 훌륭하게 디자인된 공간 또한 간접적인 미학 교육을 위한 도구로써 균형 잡힌 내부와 마찬가지로 우리가 디자인을 고려하는 데 중요한 역할을 하였다.

2001년 *어린이들을 위한 새로운 워크숍과 아틀리에 공간 디자인 및 제작*

모든 종류의 다양한 미술과 공예 활동을 위한 다기능의 창의적 환경으로 아이들의 작품을 전시할 충분한 공간을 가지고 있다. 우리가 제공한 다양한 주제들을 어우르는 창의적 활동들을 요약하면 다음과 같다: 그림자 인형극, 가면, 꼭두각시 인형, 서커스, 요리와 베이킹, 건축과 건설 게임, 스톱 모션 애니메이션과 음향효과, 책과 종이 만들기, 인쇄와 도장 찍기, 신문 만들기, 이야기 만들기와 말하기, 휴식 운동, 정원 가꾸기, 다빈치, 칼더, 피슐리와 바이스 같은 예술작가들에 관련된 활동들.

2002년 *새로운 어린이 도서관 라운지를 위한 디자인과 인테리어 구축*

새 어린이 도서관은 책을 읽고 새로운 미디어를 경험하고 게임을 하거나 쉴 수 있는 열린 공간으로 어린이들의 발표나 작은 공연을 할 수 있는 장소로 바뀔 수 있도록 계획되었다.

2003년 *외부 정원 디자인과 건설 작업*

외부 아틀리에이자 사계절 내내 채소, 과일, 허브, 꽃을 기를 수 있고 급수공간과 퇴비구역이 있는 정원으로 구성했다. 작물을 심고 자라는 과정을 관찰하며 수확을 원하는 어린이들과 그들의 부모들, 그리고 자연을 사랑하는 다른 모든 성인 난민들을 위한 일종의 공동체 정원이다.

우리의 통합과 중재 작업에 대한 일반적인 논평, 경험, 그리고 반영

하나의 조직으로서 우리는 여전히 배우고, 수용하며, 존중하고, 다양한 가치와 관심 및 센터 내에서 파트너들의 다양한 작업 방식을 다루어야 했다. 부분적으로는 몇몇 파트너들의 팀원들에 의해 일종의 공무원 심리를 겪기도 했고 첫 프로젝트 진행 중에 이직으로 주요 담당 직원이 떠났지만 의욕이 충만한 프리랜서들 및 임시직원들과 작업하는 행운도 가졌다.

우리는 때때로 예술과 함께하는 작업은 감정적 상처나 정신적 외상을 치유하는 데 도움을 준다는 우리만의 낭만적 이상주의와 직면하였다. 사회 경제적 상황, 자신들의 미래의 불확실성, 부모들과 아이들의 가족 내의 관계는 당연히 그들의 삶에 굉장한 압박을 주고 있었다. 이들은 감정의 롤러코스터 속에 살고 있으며 그들의 망명 신청서가 승인을 받지 못하고 고향으로 추방될지도 모른다는 두려움을 항상 가지고 있었다. 부모들은 더이상 자신들이 바라는 롤모델이 될 수 없기에 대부분은 아이들이 하는 활동에 관여하고 싶어 하지 않았다. 이들의 가장 큰 소망은 "정상적인 삶"으로 하루빨리 되돌아가는 것이었다.

우리는 이 프로젝트의 성공이 매우 자랑스럽다. 우리가 여러 난관을 이겨내고 이 아이들에게 희망을 줄 수 있는 환경을 만들기 위해 고군분투한 것이 자랑스럽다. 그리고 특히 그 아이들을 알게 된 것과 그 아이들과 함께하면서 우리가 앞으로의 작업을 위해서 더 많이 만들어 갈 수 있는 마법 같은 순간들을 나눌 수 있었음에 감사를 느낀다.

시 구역의 변화와 도시환경 속 ABC의 통합

시 구역의 변화

1998년 교육시스템의 중심지에서 예술에 관한 이동식 스튜디오와 함께 이동하고 교육시스템을 바꾸려는 이상주의적 의도를 가지고 시작한 ABC에서는 수년에 걸쳐 학교, 학술원, 문화 예술센터, 축제, 박물관 등의 기관들과 함께 폭넓은 협력을 추진하였다. 특히 2002년부터 2004년까지 2년간 앤트워프에 있는 청소년센터 '헤트 팔레이스'에서 'ABC 인 레지던스'라는 입주 프로젝트를 통해 우리의 예술에 대한 전체론적 접근법을 성장시키고 재정적으로 더 안정적으로 작업할 기회를 가질 수 있었다.

2008년에는 플라망어 사용자 지역 위원회로부터 폐원된 청소년센터를 우리의 본거지인 ABC-하우스로 사용할 기회를 부여받았다. 청소년센터가 문을 닫은 이유는 기물 파손 행위와 폭력, 그리고 마약 문제 때문이었다. 청소년들과 젊은 노동자들 사이의 갈등으로 인해 청소년센터를 유지하는 것이 불가능해졌다.

이러한 상황이 어떻게 전개되었는지 설명하고 이해하려면 1950년으로 그 지역의 과거를 거슬러 올라가야 한다. 75개 이상의 카페들과 다양한 댄스장과 극장들, 양조장, 가게, 축제와 음악회들이 있었던, 생동감 넘치고 평범한 부르주아의 삶으로 잘 알려져 있던 동네가 시간이 흐르면서 다문화와 다인종의 용광로가 되었다. 처음에는 이태리, 스페인, 그리스 사람들이 모여들었고 그 뒤를 이어 모로코와 터키 사람들이, 그리고 최근에 와서는 아프리카와 동유럽 사람들이 이곳으로 이주해왔다.

1960년대와 70년대에 이 구역은 벨기에에서 가장 과도한 도시 정비 계획의 대상이 되었다. 몇몇 정치인들과 프로젝트 개발자들이 제안한 '맨해튼 계획'은 북쪽 구역의 53헥타르를 몰수하여 13,500명이 거주할 수 있는 80개의 고층건물을 건설하고 125,000명에게 일할 기회를 제공하는 것이었다. 당시의 분위기는 자동차에 중점을 두었으므로 프로젝트 담당팀은 고층빌딩들 사이에 암스테르담과 파리, 런던과 이스탄불을 연결하는 두 개의 큰 고속도로를 건설할 계획을 세웠다. 교통량에 초점을 맞춘 계획은 보행자를 위한 계획에서도 잘 드러났는데 사람들은 도로에서 5미터에서 13미터 위 상공에 있는 관이나 통로로 걸어야 했다. 지역 사회의 반대에도 불구하고 정부는 1968년 이 거대한 프로젝트의 실행을 시작하였다. 12,500명 이상이 자신들의 삶의 터전에서 쫓겨났다. 하지만 1970년 세계적인 경제 위기가 찾아오고 기름값이 폭등하면서 '맨해튼 계획'에 경제적 타격을 주었다. 총 78개의 고층건물 중 단지 7개만 건설되었고 개발자들은 사회 구조를 파괴한 것에 그치지 않고 대체 거주지를 충분히 제공하지 않았다. 그 후 20년 동안 훼손된 구역은 북北브뤼셀 기차역을 중심으로 천천히 현대적인 비즈니스 사무실 지역으로 바뀌었고 이와 동시에 저녁 5시 이후 대부분의 사무실 근무자들이 떠난 저녁에는 일종의 유령도시가 되었다. 하지만 최근 몇 년간 젊은 도시 건축가들의 아이디어와 탄탄한 프로젝트 계획 덕분에 저녁 5시 이후의 더 나은 삶의 질을 도모할 수 있는, 삶과 직업이 균형 잡힌 사무실 지역에 대한 희망이 되살아나고 있다.

청소년센터 이야기로 돌아가 보자. 이 건물은 거리에 그대로 방치되어 있었으며 '맨해튼 계획'으로 인한 사회적 훼손에 대한 보상으로 젊은 노동자들에게 주어졌던 낡은 산업 시설이었다. 하지만 정치인들을 80년대와 90년대가 되어서야 비로소 첫 '잃어버린 세대'인 이주 어린이들과 청소년들이 필요로 하는 것에 반응을 보이기 시작했다. 이 아이들의 가정의 경제적 배경, 상이한 교육적 가치, 실패한 언어 정책이 학교를 마치기 어렵고 노동시장에서 기회가 많이 없는 세대를 만들어냈다. 어쨌든 청소년센터의 팀원들은 더이상 스트레스의 과부하와 전망 없음을 대할 여유가 없었다.

많은 사람이 ABC에 낙서로 도배된 낡은 건물을 맡는 것에 대해 경고하였다. ABC하우스 바로 앞에서 마주칠 수 있는 마약, 흡연, 마약 거래와 같은 거리 문화 또한 이러한 결정에 도움을 주지 않았다. 하지만 개인적으로 필자는 이러한 위험요소를 감수하는 것이 가능하다고 생각했다. 왜냐하면 ABC프로젝트와 프로젝트 참가자들에 대한 이상적 비전을 믿었고, 과거를 치유하는 데 도움을 줄 수 있는 변화의 과정을 통해 그들에게 성장할 힘을 줄 수 있으리라고 믿었기 때문이다.

도시환경 속 ABC의 통합 / 2005 - 2020

한 명의 ABC 팀원이 우리 구에서 시작 단계부터 사회, 교육, 도시 개발 분야에서 어린이들과 청소년, 그리고 그들의 부모들과 함께 작업하고 있던 모든 가능한 협력 파트너들을 위해 조사기능을 담당하였다. 우리의 상담과 방문, 그리고 공식적 및 비공식적 경과관찰 네트워크 회의에 출석하는 것은 미래를 위한 새로운 작업 가능성을 열어주었다.

ABC의 통합과 ABC하우스를 둘러싸고 있는 동네와 더 넓은 도시환경 속에서 작업하는 우리의 방식은 그 당시에는 수년에 걸쳐 조금씩 성장하고 있었다. 현재도 진행 중인 이 작업은 대중들로 하여금 다음과 같은 다양한 프로그램에 참여할 기회와 연결되어 있다.

제일 먼저 스토리텔링 시간, 주제별 워크숍과 프로젝트 주간 같은 협력 프로그램을 위해 ABC 하우스 근처에 플라망어와 불어를 사용하는 학교들을 연락하였다. 이 학교들은 학생들과 함께 ABC하우스 안에 있는 다양한 스튜디오의 방문을 위한 예약 목록에서 우선순위에 올려졌다.

* 벨기에에서는 전통적으로 수요일 오후에는 학교 수업이 없다. 따라서 많은 어린이가 스포츠 클럽에 다니거나, 발레 수업이나 서커스 수업에 참여하든지, 미술과 공예 학원에서 창의적 워크숍에 가거나 보이스카우트와 비슷한 치호 같은 단체에서 주관하는 야외활동에 참여할 것이다. ABC하우스에서는 6세에서 12세 사이의 어린이들 5, 60명을 위해 정기적으로 신청자를 모집해서 수요일 오후 아틀리에를 열었다. 중산층 가정의 신청 독점을 피하고자 우리는 많은

시간을 들여서 하우스 주변에 사는 이민자 출신 부모들에게 연락해서 자신들의 아이들을 위해 신청할 것을 독려하였다. 사회계층 간의 격차를 줄이고 취약계층의 아이들로 하여금 모든 종류의 미술적 표현과 스스로의 상상력에 접근하게 하는 것은 때로는 힘든 일이지만 우리의 통합 작업 철학에서는 매우 흥미롭고 중요한 부분이다.

* 매년 7월과 8월 여름 방학 기간마다 우리는 ABC하우스 안과 주변에서 다양한 주제를 다루는 1주일간의 방학 주간을 제공한다. 6세에서 12세 사이의 10명의 아이들로 구성된 6개 그룹이 ABC가이드들의 도움을 받아 발견, 놀이, 소풍 등의 활동에 참여한다. 수요일 아틀리에를 위해서는 일정 비율의 공석을 두어 하우스 주변에 사는 아이들에게 우선권을 준다.

* ABC하우스 주변에 있는 광장과 공원에서 진행되는 야외 행사 참여
우리의 활동을 정기적으로 매년 야외활동에 통합시켜 달라는 요구에 따라 다양한 팀들이 초청되었다. 다양한 축제에서 이러한 협력한 예로는 스토리텔링 활동, 미술 및 공예, 요리 워크숍이 있다.

* 무료 ABC 가족 주말 행사는 우리의 통합 작업에서 가장 손이 많이 가는 부분으로 개인적인 교류와 접촉을 통해 신뢰와 자신감을 쌓아 주었다. 한 달에 두 번 시즌 특별 행사로 진행되었는데 모든 연령대가 참여할 수 있으며 매년 그 규모가 커져서 주말 동안 최대 1,000명이 참여할 수 있었다. 참가자들은 원하는 시간에 와서 원하는 만큼 지내다가 갈 수 있었지만 반드시 어떤 형태로든 가족의 관계여야 했다. 따라서 어린이들은 함께 놀이하고 세대를 아우르는 경

험을 즐기기 위해서 반드시 자신들의 부모나 조부모, 친척 또는 가족 안에 새롭게 합류한 구성원을 동반해야 함을 의미한다. 어려운 가정환경으로 가족과 동반할 수 없는 하우스 주변 동네 어린이들의 경우 우리는 예외적으로 2명의 ABC가이드를 붙여준다. 이 행사 중에는 하우스 전체가 참가자들이 흥미를 가지는 것을 발견하고 스스로의 속도에 맞출 수 있도록 준비된 환경이 된다. 몇몇 특별한 워크숍과 공연에는 예약이 필요하다. 이 주말 행사는 우리에게는 힘이 들지만 우리의 컨셉은 문화 및 사회적으로 다양한 참가자들을 위해서 생동감 있고 서로를 존중하는 공동체 분위기를 만들어내는 것이다.

* 마지막 그룹은 4세 이하의 영유아들로 최근 몇 년간 우리는 일주일에 두 번 월요일과 토요일에 0세에서 4세 사이의 영유아가 있는 부모들에게 무료 방문 기회를 제공하고 있다. 참가자들의 일부는 하우스 주변에 사는 사람들로 이들은 다양한 국적을 가지고 있다 브뤼셀에 거주하는 사람들의 출신 국가는 130개 이상이다. 하우스 1층에 있는 유아놀이방-카페는 아이들과 그들의 보호자들을 위한 놀이와 교류, 만남의 장소이다. 이 시간에는 2명의 영유아팀 멤버들이 도움을 주며 장난감과 책은 지속적으로 새것으로 교체된다.

* 특별 협업. 우리의 열린 인프라로 인해 우리는 이웃들이 임시로 공간이 필요할 때 도움을 줄 수 있다. 우리는 현관의 공간을 분리하고 변형시켜 엘머 놀이방에게 1년의 리모델링 공사 기간에 임시공간을 마련해주었다. 하우스 내의 공간은 현재에 매우 도움이 되는데 우리의 이웃에 있는 두 개의 단체인 '아이들의 집'과 비영리단체 '알라딘'에게 코로나바이러스로부터 안전한 놀이 및 활동 기회를 제공하였다.

ABC하우스가 저소득 지역에 있기 때문에 ABC는 유럽위원회로부터 제공받는 '이웃-계약' 프로그램에 시/구의회와 협력하여 참여 중이다. 필요한 공공 인프라와 경제적 지원 및 화합 관련 프로젝트들은 지난 몇 년간 삶의 질을 높이는 데 도움이 되고 있다. 주택 고급화의 위험이 아예 없지는 않지만 도시 계획가들과 정치인들은 지난 과오에서 교훈을 얻었으며 다양한 사회계층들이 균형을 이룰 수 있도록 돕기 위해 애쓰고 있다.

우리의 통합 작업 과정을 고려할 때, 필자가 개인적으로 만족하면서 주장할 수 있는 것은 우리의 활동과 우리가 확신과 신뢰를 쌓는 방법이 입소문을 통해 도움을 받았을 뿐 아니라 사회취약계층 또는 저소득 지역 주민들에게 ABC하우스에 들어오는 것에 대한 두려움을 성공적으로 줄였다는 사실이다. 분명한 것은 무언가를 통합할 때 그것이 더 강해지고, 마음과 정신의 통합을 통해 더 많은 화합에 이를 수 있다는 점이다. 하지만 자선을 베푸는 듯한 태도의 경계선상에서 균형을 맞추는 것과 문화적 통합에서 나타날 수 있는 상이한 의미들을 돌아보는 것은 계속해서 어려운 문제로 남을 것이다.

§ 부록   ABC에 영감을 주는 출처들과 작업 프레임

"우리는 모든 아이들은 창의적인 열정을 살아갈 수 있다고 믿는다. 창의적인 열정을 찾는 것은 우리의 가장 고귀한 의무이다."   쿠르트 한

예술이 우리에게 가르치는 한 가지 교훈은 한 가지 질문에는 하나 이상의 답이, 하나의 문제에는 하나 이상의 해결책이 있을 수 있다는 점이다. 만일 우리가 과정을 신뢰한다면 기능 이상의 무언가가 있을 것이고 아름다움이 있을 것이다. 모든 사람이 스스로 결정 내린 삶을 살 수 있다고 하는 현대성의 약속에 대해서 필자는 또한 모든 아이들은 시적인 삶을 살고, 관찰의 힘과 예술작가적 정신을 실행하며, 취향을 기르고 일상적인 경험에 미적 주의를 기울이는 것을 훈련할 권리가 있다고 덧붙이고 싶다.

"정의를 내리는 것은 죽이는 것이요, 제안하는 것은 창조하는 것이다."

스테판 말라르메

우리는 창의적인 작업을 제안하는 것을 선호하며, 특정한 권력 상황을 수용한다는 것을 의미하는 '업무'를 주지 않는 것을 선호한다. 증거에 입각한 학술적 '청사진'에 대한 것이 아니라 개인의 진로에서 쌓는 신뢰에 관한 것이다.

아래는 우리의 작업 철학과 작업 방식에 몇몇 중요한 자질 요소에 대한 설명과 관련된 키워드와 인용문들이다.

* 개인적 성장

"어린이들은 많은 꽃에서 얻은 한 줌의 씨앗들에 비유할 수 있다. 처음에 씨앗들은 여러 면에서 다르기보다는 비슷해 보일 수 있다. 이 씨앗들을 땅에 심고

키워보면, 자라면서 그들의 차이가 뚜렷해진다. 그중 몇몇은 작고 여리지만 나머지는 크고 화려하다. 몇몇은 일찍 꽃을 피우지만 몇몇은 늦게 꽃을 피운다. 하지만 이들이 가진 공통점은 좋은 환경에서는 이들 모두가 꽃을 피우고 자신만의 아름다움을 가진다는 것이다."

에드워드 L. 마틴

* 존재

"말보다 우리의 됨됨이가 아이에게 훨씬 더 많은 가르침을 준다. 우리는 우리 아이들에게 바라는 바로 그 모습이어야 한다."

조셉 칠튼 피어스

"자신들의 중심이 교육이 아닌 사람들이 있는 것은 매우 중요하다. 예술가들이 예술학교에서 가르치는 것의 장점은 그들이 세상에서 예술가로 사는 경험을 학교 안으로 가져올 수 있다는 것이다. 따라서 가르칠 수 없는 것도 예를 보여주면서 가르칠 수 있고, 당신의 존재 자체로 가르칠 수 있다."

마이클 크레이그 마틴

* 놀이

"놀이는 최고의 연구 방법이다."

알버트 아인슈타인

"1년간 대화하는 것보다 1시간 동안 놀아보면 그 사람에 대해 더 많이 알 수 있다."

리처드 린가드

"장난감은 아이들을 예술로 이끄는 첫 길잡이이다."　　　　　　샤를 보들레르

* 인생의 예술

"우리가 어떻게 어린이와 청소년들을 예술로 이끌 수 있을까? 하지만 어떤 방식으로는 그들은 이미 자신의 삶의 예술가들이다."　　　제니퍼 윌리엄스 박사

"지식은 삶의 예술 없이는 아무것도 아니다."　　　　　　　　　　볼테르

"오늘날 예술 교육은 정해진 목표도, 방식도, 가르칠 내용도, 다음 세대에 전해질 전통도 없다. 즉, 예술 교육은 너무도 많은 것을 가르친다. 뒤샹 이후로 아무것이나 예술이 될 수 있기에 미술 교육도 그렇다. 예술 교육은 하나의 교육 아이디어 그 이상의 기능을 하는 교육이다. 왜냐하면 예술 교육은 결국 특정할 수 없는 것이기 때문이다. 규칙이 없는 교육인 것이다. 하지만 끊임없는 즉흥 상황과 제안, 혼란, 재해에 굴할 수밖에 없는 우리의 현실에는 결국 어떤 규칙도 없다. 궁극적으로는 예술을 가르치는 것은 인생을 가르친다는 것을 의미한다."　　　　　　　　　　　　　　　　　보리스 그로이스

* 가르침

"가르침의 예술은 발견을 돕는 예술이다."　　　　　　　　마크 반 도렌

"우리는 사람들에게 아무것도 가르칠 수 없다. 단지 그들로 하여금 자신 속에

서 발견하게 도울 뿐이다." 　　　　　　　　　갈릴레오 갈릴레이

"나는 학생들에게 아무것도 가르치지 않는다. 단지 그들이 배울 수 있는 환경을 제공하려고 시도할 뿐이다." 　　　　　　　알버트 아인슈타인

"마지막으로 예술은 가르칠 수 없다. 옳거나 그른 답이 존재하지 않고 판단도 불가능하기 때문이다. 예술은 영향과 활동적인 노력과 경험에서 탄생한다. 예술 교사들과 가이드들은 우리들 각자 안에 있는 창의성의 불꽃을 살리는 것을 도울 뿐이다." 　　　　　　　　　　　　타릿 바타차르지

"어떤 전문가도, 방식도, 선생도 없다." 　　　　　　　　밴 모리슨

우리의 작업 방식에 영감을 주는 것은 과거에도 그랬듯 여전히 여러 다양한 인물들로부터 얻는다 : 플라톤, 코메니우스, 루쏘, 페스탈로치, 프뢰벨, 듀이, 몬테소리, 루돌프 스타이너, 파울로 프레이리, 레베키 와일트, 말라구치, 피클러, 헹스텐베르크, 에디스 크레이머, 수 스틴슨, E. W. 아이스너, 엔조 마리, 브루노 무나리, 그리고 끝없이 이어지는 예술작가들의 명단(…)

한 가지 방식을 고수하거나 우리만의 방식을 만들어내는 대신 모든 종류의 교사들로부터 아이디어를 얻는 것은 우리에게 "배우는 단체"로 성장할 수 있는 자유를 준다. 우리는 어린이들이 예술을 흥미롭게 접할 수 있고 우리의 스튜디오에서 어린이들과 학생들이 어떤 숨겨진 교육적

순서 없이 자신들의 속도에 맞추어 자신의 흥미를 따라갈 수 있도록 가능한 한 최고의 환경을 만드는 데 관심이 있다.

ABC의 작업 프레임은 아래의 네 가지 자질 요소에 근거를 두어야 한다.

1. 내부와 선택된 연구 자료 단계에서 준비된 환경의 좋은 디자인

2. 그룹과 가이드당 최대 6명의 참가자와 시간 제약이 없는 개인 작업 구조

3. 발견의 보조, 재미있는 학습 연구, 행위 연구, 예술적 교육 방식, 교육법으로서 창의적 과정의 사용, 수행적 교육법, 사고하는 손 접근법, 미술로 하는 대화, 고무적인 창의성, 협업과 연결 기술 등의 작업 방식

4. 강건하고 다양한 가이드들- 작업 명제의 방식을 친근하게 여기고, 학생들의 개성을 존중하며 아이들의 성장 과정에 신뢰와 확신을 주는 사람들

이상적인 ABC 스튜디오는 폭넓은 시야로 다양한 관점에 대해 문을 열어 줄 수 있는 상호적 관계망이다. 그곳에서 사람들은 두려움 없이 자신 고유의 동기에 의해 이끌림을 받아 탐험할 수 있으며 자신들의 일상생활과 연결된 평범함 속에서 특별함을 발견할 수 있다.

예술이 통합된 교과과정과
교육에서 더 많은 창의성의 필요성

예술이 통합된 교과과정

그 누구도 자신의 부모와 자신이 성장하는 사회 경제적 환경을 선택할 수 없다. 문화적 배경을 지닌 가정에서 삶의 질이 풍요로워질 수 있는 어린이와 청소년들과 그럴 수 없는 어린이와 청소년들의 소위 "출생의 운"은 모든 아이에게 동등한 기회를 주는 학교에서 균형이 잡힐 수 있어야 한다. 안타깝게도 이는 흥미로운 예술 관련 활동을 제공하려고 최선을 다하는 학교에 다니거나 아니면 예술을 사랑하는 열정적인 교사가 있는 학교에 다니는 행운을 가졌을 때 가능하다. 하지만 대부분 예술에 할애할 시간이 충분하지 않은데 왜냐하면 다른 과목들이 더 중요하기 때문이다. 이러한 상황은 여러 이유로 쉽게 바뀌지 않을 것이다. 따라서 학교에서 예술 수업을 늘이기 위해 애쓰는 열정을 나눔으로써 예술이 더이상 가르쳐야 할 하나의 과목이 아닌 예술적 표현 기술과 미술사는 제외 교육 과정속 모든 과목 속에 나타나는 "예술 통합 교육과정"을 만드는 결론에 곧이르게 될 것이다.

예술이 '더 관련 있는' 주요 교과과정의 정규 과목에 할애해야 하는 시간을 빼앗는다는 주장은 예술이 전체 교과과정에 통합되면 무시해도 된다. 예술적 중재, 지도, 가르침은 학습자의 상상력을 함양시키는 일로써 접근해야 한다. 상상하는 법, 하물며 상상을 잘하는 법을 가르치는 것은 불가능하다. 하지만 학생들에게 성공한 예술가는 과거에 무엇을 상상했

는지를 보여주고 학생들이 예술가처럼 생각하는 것을 따라 하도록 격려
하는 것은 가능하다. 아래는 영감을 주는 인용문들을 개인적으로 모아둔
것으로 이 인용문들은 예술 통합적 교과과정, 참예술, 질문의 미학, 독학,
평생 학습과 교육에 대한 내용들이다.

"예술을 다른 과목들과 분리시켜 하나의 과목으로 생각해본 적이 없다. 예술
교육은 모든 학문과 관련되어 있다는 정도까지 가치가 올라간다. 나는 예술 교
육을 학문영역의 모든 면에 실처럼 엮여 들어가는 것으로 본다."

찰스 임스 / 디자이너, 건축가, 영화감독

"예술을 교과과정에 맞추기보다는 내용이 어떻게 표현되고 평가되는지에 관
한 자연스러운 부분으로서 그 안에 엮어야 한다. 예술은 기초이자 학습의 중요
성을 수반하는 지지구조로 간주 되어야 한다. 요점은 필요 이상으로 가르치는
게 아니라 다양한 예술 수업을 통해 필요한 것을 가르치는 것이다." 켈리 렌코

"학교에서 문화 교육은 음악이나 시각예술을 위한 수업에 들어가야 할 뿐 아니
라 우리는 모든 수업이 문화와 미학적 행위에서부터 스며 나오는 학교에 대해
생각해보아야 한다. 다른 시간의 리듬 속에서 작용하는 횡단적 과목은 더 성공
적이고 흥미롭다. 다른 중요한 점은 교사가 되려고 공부하는 사람을 위한 교
육이나 문화 예술 교육 분야에서 직업교육 훈련 과정의 질이다. 그러한 교육의
질의 기준은 더 높아져야 한다. 미학적 능숙도의 중재를 아마추어에게 맡기는
것은 무책임한 행동이다."

라인반트-바이스 박사 / 교수

"'예술'이란 단어가 탄생했을 때, 그것은 '모든 것을 모으다'란 의미의 동사였다. 생산물이 아니라 과정이었다." 에릭 부스

"그것이 예술이라고? 어떻게 만들어지는가에 따라 다르다. 예술이 그것을 야기하고 있다." 앤디 워홀

"진실된 예술은 의식과 무의식 사이에 위치하며 마법과 같은 설명의 적용을 받는다. 정보의 전달과 같이 교육의 시대착오적이고 비효율적인 정의 아래에서 가르쳐질 수 없다. 그보다는 다른 모든 것들과 마찬가지로 예술은 모든 종류의 학습에서 중요한 요소인 자기 주도적 학습을 가능하게 하고 우리로 하여금 교육에 대해 다시 생각해보게 하는 고무적인 환경 아래에서 배울 수 있다."

루이스 캄니쳐 / 예술적 사고에 대해 생각하기

학생들이 해당 영역에 대해 자신들이 가진 지식, 연구, 질문들로 직접 경험해보고 상호 작용을 할 기회를 더 많이 가질 수 있는 발견 학습의 한 형태인 질의에 기초한 학습은 자기주도적 학습에 뿌리를 둔다. 교육적 맥락 속에서 질의 되는 대부분의 질문은 실제로는 질문이 아니다. 왜냐하면 질의자가 이미 그 답을 알고 있기 때문이다. 그 때문에 수세대에 걸쳐 학교 수업이 전 세계적으로 일종의 깨어 있는 혼수상태에 빠져 있다. 학교 수업에서는 이미 알려진 문제들에 대해 질문하고 이러한 질문들은 영감을 주는 대신 만들어진 호기심의 인상을 심어주고 있다.

> *"요점은 모든 것을 살아가는 것이다. 지금 질문들을 살아보라. 그러면 서서히*
> *당신도 모르는 사이 먼 훗날 그에 대한 답을 살고 있을 것이다."*
>
> *라이너 마리아 릴케*

지속적으로 예술을 반영하는 것을 제외하고 예술과 교육에 종사한다는 것은 교육의 트렌드 속에서 자신의 자리를 찾기 위해 이전의 발전과 트렌드를 따라야 한다는 의무를 의미한다. 지식을 쌓는 방법들은 정치적으로 영향을 받고 우리 사회의 다양한 권력 집단들의 관심사와 지속적으로 논의를 한다. 교육은 본질적으로 보수적이다. 과거에 증명된 지식을 저장해야 하고 우리의 공동체와 인류의 생존과 지속을 위해 다음 세대에 그것을 전해야 한다. 하지만 학생들이 교육받는 방식과 그들이 배우는 것은 또한 정치적 의제에 도움을 준다.

> *"중립적인 교육 과정이란 것은 없다. 교육은 여러 세대를 현재의 시스템의 논*
> *리에 통합시켜 거기에 부합하게 하는 것을 용이하게 하는 도구의 역할을 하거*
> *나, 남녀가 현실을 다루고 세상의 변화 속에 어떻게 참여하는지 알아내는 도구*
> *인 '자유의 실천'이 된다."*
>
> *제인 톰슨*

> *"사회는 스스로가 안정적이라고 추정하지만 예술가가 반드시 알아야 하고*
> *우리에게 알려주어야 하는 것은 하늘 아래에 안정적인 것은 아무것도 없다*
> *는 것이다."*
>
> *제임스 볼드윈*

세 명의 가장 중요한 교육 철학자들인 플라톤, 루소, 듀이에 따르면 가르침의 목적은 개인의 정신과 사회의 화합을 향상시킴으로써 인류를 발전시키는 데 있다.

플라톤은 모든 이들을 철학자로 만들고 싶어 했다. 플라톤의 논리에 대한 강조를 존경하고 그의 발자취를 따르려 노력하는 오늘날과 미래의 교사들은 또한 상상력을 존중하고 학생들에게 창의적이 되라고 격려할 것이다.

루소는 모든 이들을 사랑이 많은 자유로운 영혼으로 만들고 싶어 했다. 그는 학생을 향한 교사의 의무 중 하나는 '감정에 의해 논리를 완벽하게 하기' 위해 노력하는 것이라고 주장하였다. (에밀, IV)

듀이는 모든 이들을 과학자로 만들고 싶어 했으며 변화는 현실의 불가피한 본질이고, 어떤 시스템에서 요소의 다양성이 클수록 전체로서 그 시스템이 변화를 무질서로 이해하지 않고 그에 맞추는 것을 더 잘할 수 있을 것이라고 말하였다. (청 주앙 왕 & 커 홍 황)

"간단하게 말하자면 학습에 관해서 두 가지의 주된 사고방식이 있다. 그중 하나는 '행동주의'이고 나머지 하나는 '구성주의'이다. 학습에 대한 다양한 사고방식들이 있으나 이들은 모두 위의 사고방식 중 하나에 속한다. 행동주의는 사람들이 훈련에 의해 배운다고 한다. 사람들은 글을 쓸 수 있는 종이나 무언가를 담을 수 있는 그릇이다. 한 명의 교사가 강의하고 학생들은 듣고 많은 연습을 통해 지식을 습득한다. 이것이 가장 널리 수용된 이론이다. 구성주의는 사람들이 모든 것, 심지어 전혀 모르는 주제에 대해서도 생각한다고 본다. 우리의 정신은 생각하는 것을 멈추지 않는다. 채워야 할 그릇은 없지만 교사가 말

하는 것에 간섭하는 생각을 가진 그릇이 있다. 그렇다면 교사가 할 일은 학생들과 생각을 나누는 것이다. 그들에게 그들이 생각하는 바를 물어보고 거기에 대해 생각해보게 하며 지식을 쌓게 한다. 지식은 어떤 과목이나 사물속에 있지 않고 그 사이에 있다. 지식은 능동적인 실천이지 수동적인 것이 아니다.

패트리샤 콘더 린스 E 실바

학습을 이해하는 것은 지난 몇 년간 학술적 기술과 내용학습을 넘어서 어린이들이 평생학습자가 될 수 있는 능력에 필수적인 기술들을 발전시키는 데 대한 보다 전체론적 시각으로 확대되어왔다.

"슬프다는 것에 대해 가장 좋은 점은 무언가를 배운다는 것이다. 그것이야 말고 결코 실패하지 않는 유일한 것이다. 늙어가며 당신의 몸은 두려움에 떨겠지만, 밤에 깬 채로 누워서 정맥의 불규칙함에 귀 기울이거나, 당신의 유일한 사랑을 그리워하거나, 악랄한 미치광이들에 의해 주변 세상이 파괴당하는 것을 보고 있거나, 비열한 사람들의 수채통 속에 당신의 명예가 짓밟혔다는 것을 알수도 있을 것이다. 그것에 대비하기 위해 당신이 할 일은 한가지, 바로 배우는 것뿐이다. 왜 세상이 흔들리고 무엇이 그것을 흔드는지 배워라. 그것은 정신을 절대 고갈시키지도, 떼어놓지도, 고통스럽게 하지도 않으며, 두려워하거나 불신하거나 후회하는 것을 꿈꾸게 하지 않는다."

신비로운 마술사 멀린이 아직 왕이 되지 않은 젊은 아서에게 주는 조언
- 과거와 미래의 왕 / T.H. 화이트 / 1958

교육에서 더 많은 창의성의 필요성

비판적 사고, 협업, 사회적 능력과 의사소통을 제외하고 정보화시대에 학생들이 자신들의 직업에서 성공하기 위해서 반드시 가져야 하는 유명한 21세기의 능력 중 하나는 바로 창의성이다. 창의성은 유연한 용어이다. 정치인들과 전문가들이 사용하는 수사법에서 창의성은 종종 현재의 시장의 기대를 충족시키기 위한 경제적 성장의 근본적인 원천으로 간주된다. 창의성을 이렇게 수단화하는 것은 사람들로 하여금 흥미롭고 만족스러운 삶을 살게 하는 창의성의 넓은 가능성과 대조된다. 이미 더 많은 노력이 진행되고 있다. 전세계의 15세 학생들의 수학, 과학, 읽고 쓰기 능력을 테스트하는 것 이외에도 2021년 OECD는 교과과정에서 예술과 창의성의 지위와 청소년들의 창의적 사고 능력에 관한 데이터를 수집하여 국제 학생평가 프로그램인 PISA를 새롭게 전개할 계획이다. 이러한 능력들은 아이디어의 발생, 평가, 개선에 생산적으로 관여하는 능력으로 독창적이고 효과적인 해결책과 지식에 있어서의 선구적 역할, 영향력 있는 상상력의 표현에 이르게 한다. 시험 그 자체는 '실제 세계와 일상생활 속의 창의적 사고의 본질'을 측정하고 반영하도록 고안되었으며 정책입안자들에게 유효하고 신뢰할 수 있으며 실행가능한 측정 도구를 제공한다. 이는 그들에게 증거에 입각한 결정을 내리고 교육 시스템에게 어떻게 권한을 부여하여 아이들 각자가 창의적이고, 적극적으로 참여하고 평생 배우는 사람들이 될 수 있는 가능성을 실현시키고 개발할 수 있게 할 수 있는지 이해하는 데 도움을 줄 도구들이다.

"창의성은 변화하는 교육에서 중요한 역할을 하며 어린이들과 교사들이 성장하고 능력을 마음껏 펼칠 수 있는 환경을 만들 수 있다. 배움에 대해 창의적이고 미학적인 이해를 교실 안으로 들여오면, 교육 자체가 예술적 경험으로 변하는 '감탄사를 내게 하는 요소'를 창조해 낼 수 있을 것이다."   앤 뱀포드 교수

"어린이들이 가진 창의성은 아이디어를 내거나 새로운 방식으로 문제를 해결하는 능력으로 생각될 수 있다. 그것은 적어도 작은 규모에서는 의미를 갖는다. 따라서 아이들의 창의성은 지속적인 탐구와 호기심, 그리고 세상에 대해 배우는 것을 뒷받침해 줄 수 있는 긍정적인 감정과 본질적인 동기를 부여한다."

CoC 플레이풀 마인즈

창의성은 독창적이고 가치 있는 무언가를 생산해내는 상상의 의도적인 표현이며, 종종 새로운 아이디어나 개념을 떠올리는 것, 기존의 아이디어나 개념들 사이의 새로운 연관성, 또는 단순히 창의적으로 생각할 수 있는 능력과 연관을 짓는 능력을 관련시키는 정신적인 과정으로 정의된다.

"모든 것은 결국 다 이어진다, 사람도, 아이디어도, 사물들도…이어짐의 자질이 그 자질 자체의 핵심이다."   찰스 임스

"하나의 과정으로서 연합적 사고는 어린 시절 놀이에서 생동감 넘치는 부분이며 많은 예술가들이 그것이 예술적인 과정에서 가장 중요한 요소 중 하나라고 언급한 것은 흥미로운 사실이다."   리사 피이로넨

창의적 사고의 가치에서 어린이들의 창의적 사고방식 예를 들면, 세상과 일상의 문제들을 대할 때 호기심과 탐구적이고 장난기 있는 태도를 가지는 것 의 육성으로 인식의 변화가 생기고 있다. 교사들과 가이드들, 중재자들은 아이들의 창의성 수준에 맞추어야 하며 그들이 필요로 하는 바에 따라 지원해주어야 한다.

"창의성을 연구하는 학자들은 어린이들은 자신들의 창의적 사고 능력을 다양한 유형의 놀이들 통해서 표현하고 향상시킨다는 시각을 제시해오고 있다. 예를 들면 가상놀이와 사물을 가지고 놀 때 자신들의 상상력을 이용하거나 경험에서 얻은 요소들을 새로운 상황과 행동에 결합시키는 '결합을 통한 상상력'을 통해서 놀이를 발전시키는 것이다." 러스 & 피오렐리 / 화이트브레드

"창의성은 인간 본성의 일부이다. 배우지 않고 터득할 수밖에 없다."

아이 웨이웨이

"산업 전체가 '창의성' 연구에 몰두하고 있다. 여기서 산업이란 자기개발서 저자들부터 인지와 신경학 연구 분야까지 모든 분야를 아우른다. 창의성에 대한 몇몇 논의들은 흥미로울 뿐 아니라 심지어 유용한 것처럼 보인다. 대부분은 쉽고 단순해 보이지만 예술적인 작업을 가르치는 것이 관련되면 가르쳐질 수 있는 어떤 대상으로서 '창의성'은 아주 큰 문제가 된다. 그 이유는 창의성이 가면 갈수록 예술작품 활동을 그 작업의 중심에 두는 대체품으로서 표현되기 때문이다. 학생을 가르치는 예술가들은 매체를 실제로 배우는 데 필요한 시간과 장소는 '학생들에게 창의적으로 생각하는 것을 가르치는 것'에 부차적이라는 말

을 듣는다. 하지만 창의성이 별개의 어떤 것으로 존재한다면 그것은 오직 창의

적인 활동의 맥락 속에서만 존재한다.”

가르치는 예술가들의 안내서/편집자 - 닉 제프

“상상력과 순순함은 창의적이 되는 데 필요한 유일한 도구이다.”

로버트 필리우

“창의성을 정의하면 예상 불가능하고 비과학적인 활동이다. 그것은 실험실 환

경에서 복제될 수 없다. 하나의 아이디어의 뿌리는 종종 불확실한 채로 남는

다. 관찰은 가능하지만 요청을 받았을 때 반복하거나 예상할 수 없다. 부적응

하는 무정부주의적 다크호스이다. 창의성은 사랑과 마찬가지로 이성적인 이

해가 불가능하다.”

루카스 퍼베이

“창의적 활동은 교사와 학생들이 동일한 개인 속에 놓이는 일종의 학습 과정으

로 묘사할 수 있다.”

아서 쾨슬러

“일본은 더 깊이 있는 학습을 격려하기 위해 교과과정 내용의 30%를 없앰으

로써 암기 중심의 학습 시스템을 바꾸었다.”

독일의 데이터 과학자이자 OECD 국제학업성취도평가를 이끄는 교육국장
안드레아스 슐라이허

필자는 위 인용문의 내용의 비하인드스토리를 찾기 위해 그리고 창

의성을 더 강조하는 시스템의 변화가 실제로 가능한지 알아보기 위해 좀

더 조사를 해보았다.

서양의 교육 시스템은 종종 지식과 기술을 전수하는 교육 시스템의 혼합체이나 그와 동등하게 어떤 면에서는 일종의 '비즈니스'가 되었다. 일본은 제대로 된 기본 학업 기술을 가지고 있었으므로 서양인들이 가지고 있는 기본 학업 기술에 더 개인주의적인 면들을 추가하는 것이 핵심이었다.

2002년 일본 어린이들에게 '여유의 교육'을 제공하기 위한 국가 교과과정이 도입되었다. '여유의 교육'이란 어린이들에게 '성장할 수 있는 공간'을 허락하는 교육을 의미한다. 이 정책의 일부로 토요일 오전 수업이 없어지고 교과과정 내용의 30%가 선택적으로 줄어들었다. 이 정책은 교육부에서 당시 교육 시스템의 스트레스와 경직성의 문제에 대처하려는 조치였다. 피곤한 머릿속에 산더미 같은 정보를 밀어 넣는 대신 학생들은 '삶의 열정'을 발달시키는 것과 스스로를 위해 생각하는 것을 권장 받는다. 더 많은 자유와 창의성을 학생뿐 아니라 교사들에게 주기 위해 '통합 학습'이라는 새로운 시대가 초등 고학년과 중학생들에게 소개되었다. 정책입안자들은 두 가지 목표의 성취를 기대했는데 첫째는 따돌림, 만성적인 무단결석, 자살과 같은 낡고 강압적인 시스템과 관련된 사회악을 제거하는 것이었고 두 번째는 학생들 더 나아가 미래의 노동자들을 더 창의적이고 스스로 생각하게 만들어 점점 더 글로벌 해지는 일본의 탈공업화 경제를 부양하게 하는 것이었다. 당시 학교 정책의 변화는 학생들의 스트레스를 줄이려는 의도였지만 곧 이 '게으른 세대'가 보여준 근면함의 부재에 실망한 교사진들과 열정적인 부모들, 정치가들, 그리고 다수의 고용주로부터 비판을 받는다.

이 제도가 효과를 내기에 시간이 짧았고 시행이 원활하지 않았다는 것을 고려하면 이러한 비판의 많은 부분은 부적절했다. 2003년 PISA국제학업성취도평가에서 일본의 15세 학생들의 국제순위가 갑자기 떨어졌을 때의 충격은 정책의 합리성을 약화시켰고 정부로 하여금 보수적인, 기준 중심의 의제를 밀어붙이는 진보적인 아이디어에 불편함을 내비치게 하였다. 또다른 제도적 취약함의 신호는 교육부가 여유의 교육 시스템을 결국 예전의 시스템으로 되돌리도록 강요를 받았을 때였다. 이후 2000년 중반에 그 정책은 폐지되었고 '원래대로 돌아가자'라는 정책으로 바뀌어서 학생들은 더 많은 시간 공부하고 더 짧은 쉬는 시간을 가지게 되었고 특별활동들이 정규 과목으로 바뀌게 되었다. 새 정책에 대한 불만은 또한 첫 '여유의 세대'가 졸업 후 사회에 진출했을 때 사업가들에게 퍼져 나갔다. 산업 전반에 걸쳐 작가들과 컨설턴트들이 나타나서 경영진들에게 '여유의 세대'들을 어떻게 다루어야 하는지 조언을 하기 시작했다. 학교에서 지나치게 칭찬받고 경쟁에서 보호를 받은 이 세대들은 게으르고 비판을 받으면 발끈한다고 알려져 있다. 이들의 직업에 대한 태도에 대해서는 더 큰 사회적 변화가 더 많은 설명을 해줄 수 있을 것이다. '여유의 세대'를 대변하는 몇 안 되는 사람 중 하나인 전前 교육부 고위 관리는 많은 일본회사가 가진 경직되고 구식 경영 스타일은 오늘날의 젊은이들에게는 잘 맞지 않는다고 말한다. 그에 따르면, 지난 세대들은 순종적이고 충성스러웠는데 그들은 평생직장과 꾸준히 오르는 연봉으로 보상받는 것을 기대했기 때문이다. 하지만 오늘날 그런 약속을 할 수 있는 회사들은 거의 없으며 젊은 노동자들은 보수 없이 야근을 하고 여가 시간에 상사와 함께 술을 마시거나 골프를 칠 이유가 없다. 그는 "'여유의 교육'은 21세기에 적합하다"라고 말한다. "하지만 일본의 회사를 경영하는 나이 든 사람들 구식이 된 20세기의 사고를 가지고 있다."(조나단 소블/도쿄 Jonathan Soble / Tokyo)

필자는 일본 학생들의 다음 PISA 성적을 기다리고 있다. 특히 그들의 창의성 사고 능력 시험 결과가 궁금하다.

보완적 교사 교육 프로그램/ABC - 여름학교

이글의 마지막 부분은 진행 중인 ABC의 사례에 초점을 둔다. 이 사례는 지난 몇 년 간 교육현장에서 얻은 경험에서 발전시킨 것이다. 우리의 기준 작업 프로그램의 중요한 부분은 영감을 주는 프로젝트와 교사 육성 학교들과 함께한 협업이다. 우리 하우스에 1일 방문으로 이 학교들의 학생들은 우리의 상호교류적 작업 방식에 대해 배우고 문화와 예술 교육에 관한 책이 12,000권이 넘는 우리의 연구 도서관과 자료를 접하게 된다. 프로젝트 주간은 그들에게 연구하고 놀이하고 우리의 창의적 자료 센터에서 다분야를 연결하는 시간과 기회를 더 많이 제공한다. 몇몇 신입생들이 놀라울 정도로 수준이 낮아서 놀라기도 했지만 우리의 비평은 학교들 자체의 교수 사고방식과 프로그램의 틀로 옮겨갔다. 학생들의 창의성을 고무시키기 위해서 사용하는 지나치게 많은 교과과정, 지나치게 이론

중심의 준비과정과 평가 구조, 그리고 매우 학술적인 접근방식은 우리의 작업 철학과 점점 더 많이 충돌하게 되었다.

이러한 협력은 우리에게 더 이상 성장의 가능성을 주지 않는다는 생각과 무엇이 더 나은가에 대한 인정하는 것은 또한 변화를 위해 행동을 취해야 하는 책임감을 주었다. 우리는 영감을 주고 교실에서 더 흥미로운 교사를 육성하는 것을 돕기 위해 우리만의 '보완적 교사 교육 프로그램'을 개발하기로 결정하였다.

"나는 파울로 프레이리와 같은 입장이다. 당신이 지식이나 혜안을 지니고 있다면 그것을 사람들과 공유해야 할 책임이 있다. 당신에게 확신이 있다면 그러한 확신에 따라 행동해야 할 책임이 있다."
                                                                    마일스 호튼

교사를 육성하는 교육 기관들은 주로 자신들의 전공과목에서는 전문가이지만 실제 세상에서의 경험이 없고 예술적으로 가르치는 방법과 창의적인 롤모델이 되는 데 대한 세심하고 상황적인 인식이 충분치 않은 학생들을 배출한다. 우리의 목표는 창의적인 사고를 지닌 포부가 큰 교사들의 자질을 풍부하게 하고 그들의 인격 개발과 자기반성, 비판적 사고, 변화하려는 바람에 대한 능력을 고무시키는 것이다.

"ABC-여름학교'라는 가제로 첫 번째 준비 프로젝트가 2021년 7월과 8월에 우리의 창의적 자료 모음과 연계하여 조직될 예정이며 다음을 주요 내용으로 구성될 것이다.

예술과 교육

대안적 교육 방식, 교육 철학과 직업윤리 / 예술 통합적 교과과정 / 창의적 교육과 학습 / 예술적 연구 접근법과 발견을 보조하기 / 창의적 스토리텔링 속 미학

디자인&건축

학교 건축과 창의적 학습 환경 / 다기능 수업 인테리어와 이동식 DIY 가구 / 제3의 교사로서 공간과 참여 위주 디자인 과정 / 시각적 글 읽기 및 쓰기 능력과 교육적 그래픽 디자인 / 장난감과 교육 자료 디자인

몸과 마음

아이들과 함께 아이들을 위한 채식주의 요리하기 / 교과과정이 통합된 학교 정원 가꾸기 / 춤 표현과 동작 / 셀프 마사지, 지압과 요가 / 어린이, 학생, 교사를 위한 침묵, 명상, 휴식의 기술

"특징이 없는 공간에서 어떻게 세상에 대해 배울 수 있겠는가?" 알렉산드라 랭

우리의 주요 내용의 두 번째 부분에서 언급했듯이, 이미 지어진 학교 환경과 건설된 인테리어의 질은 우리 조직의 작업에서 중요한 부분이다. 교실 디자인은 아이들로 하여금 창의성을 권장하는 환경에서 자신

들이 상상한 아이디어를 마음껏 표현하도록 충분히 융통성이 있어야 한다. 더 예술적인 연구 접근 방식을 고무시키고 지지하기 위해 우리는 학교 수업을 위한 새로운 이동식 연구 모듈을 개발하였다. 이 다기능 유닛은 일반적인 수업용 도서관으로 실제 연구 주제와 관련된 특정한 참고 도서를 전시할 수 있고 시각적 도구를 사용할 수 있는 자석 칠판 또는 코르크 보드와 호기심 상자 캐비닛, 간접 조명, 다양한 크기의 보관 옵션들을 갖춘 곳이다.

여기서 다시 영감을 주는 몇몇 인용문들을 소개하고자 한다. 천 번째 부분은 교육자이자 시민운동의 창시자인 마일스 호튼과 브라질의 교육자이자 철학자인 파울로 프레이리가 '교육과 사회 변화를 위한 대화/우리가 걸어가면 길이 됩니다'에서 발췌하였다.

"교사는 물론 한 명의 예술가이다. 하지만 예술가인 것은 그 또는 그녀가 프로파일을 만들고 학생들을 형성한다는 의미가 아니다. 교육자가 가르칠 때 하는 일은 학생들로 하여금 자신들 스스로가 되는 것을 가능하게 하는 것이다."

"내게 있어 교과과정을 짜는 과정에서 학생들이 어느 정도로 참여하는가는 항상 정치적인 질문이지 교육적인 질문에 국한되는 것이 아니었다."

"나는 교육자들이 확실하고 능력이 있으며, 사랑과 호기심을 수용할 여유가 있다는 것은 무조건 필수적이라고 생각한다."

"하지만 형성을 주말이나 학기 중에 하는 일이 아니라 영구적인 과정이자 연습으로 이해하는 것이 우리가 하는 일에 대한 중대한 이해이다."

"진보적인 교육자로서 우리 안에서 우리가 창조해야 할 덕목 중 하나는 겸손이다."

마일스 호튼의 말

"무엇이 내가 생각하기에 좋은 교육, 좋은 급진주의적 교육이 손꼽아야 한다면, 방식이나 기술에 관한 것이 아니라 첫째로는 사람을 사랑하는 것이다."
"내가 다른 사람들로부터 얻는 아이디어에 대해 나는 아무런 문제가 없다. 그 아이디어가 쓸모 있다면, 그것에 바로 익숙해져서 내 것으로 만들 것이다."
"나는 아이디어를 이론화해서 내 생각을 행동으로 옮기는 것보다 아이디어를 행동에 바로 적용하는 것을 더 잘한다. 나는 생각을 이론화한 후 행동에 옮기지 않는다. 나는 잠정적인 아이디어를 가지고 실험을 하고 그 실험이 진행 중

인 가운데, 마지막으로는 내가 생각하기에 옳은 방식에 대해 결론을 내린다."

"무엇을 해야 할지 모르겠다. 뭘 해야 할지 알았다면, 말도 꺼내지 않았을 것이다. 왜냐하면 오늘 내가 당신에게 말해주어야 한다면, 나는 내일 말해주어야 할 것이고 내가 떠났을 때 당신은 말해줄 다른 누군가를 찾아야 할 것이다."

프로젝트와 연관된 영감을 주는 인용문들

"나는 1일 수업을 믿지 않는다. 나는 때때로 학생들에게 이렇게 말했다. '내가 아는 모든 것을 너희에게 말해 줄 수 있다. 하루나 이틀 내에 내가 얘기하려고 생각하는 모든 것을 말이다. 하지만 그렇게 한다고 달라지는 것은 없을 것이다. 왜냐하면 너희들은 내가 말하는 모든 단어를 이해하고 받아 적을 것이고 그 모든 것이 말이 되겠지만 너희에게는 전혀 쓸모없을 것이다. 너희가 해야 할 일은 그것을 행동으로 옮기는 것이다. 나는 말하고 너희는 행동하는 것이다. 2년이나 3년, 혹은 4년 후에 너희들은 '아, 선생님께서 하신 말씀의 뜻을 이제야 알겠어요'라고 말할 것이다. 학생들은 그 순간을 스스로 찾아야 한다."

마이클 크레이그-마틴

"행동과 상상력의 유연함, 그리고 개인적 선택을 통해 배우는 것, 하고있는 일이 그 자체로 즐거움이 될 때 힘든 일에서 얻는 기쁨을 배우는 것, 개인적 성취에서 얻는 만족감을 통해 배우는 것 - 이 모든 것이 예술 활동이 가장 잘 가르치는 것이며 젊은이들이 자신들이 무엇을 하든지 현대 세상에서 번성하고 성취감을 주는 삶을 이끌기 위해 필요한 자질이라는 것을 우리 모두가 알

고 있다."

마이클 크레이그-마틴

"공립학교 교사로 시작했고 천천히, 가르치는 일을 계속하면서, 나는 자살을 해야 하지 않는 한 가르치는 것을 예술처럼 만들어야 한다고 생각했다."

마이클 크레이그-마틴

"사람들에게 가보라. 그들에게서 배우라. 그들과 함께 지내면서 그들이 아는 것부터 시작하라. 그들이 가진 것으로 지어라. 하지만 최고 지도자의 일이 끝나고 일이 완수되었을 때 사람들은 '우리가 그 일을 우리 스스로 다하였다'라고 말할 것이다."

B.C.604년 노자

"영감은 시인이나 예술가에게만 국한된 특권이 아니다. 영감이 찾아오는 어떤 무리의 사람들이 있다. 그 무리는 의식적으로 자신들의 진로를 선택하고 애정과 상상력을 가지고 자신들의 일을 하는 사람들이다. 그 무리에는 의사도 있을 수도 있고 교사나 정원사도 있을 것이다 - 나는 여기에 100개 의상의 직업을 나열할 수 있다. 그들의 일은 그들이 새로운 과제를 계속해서 발견할 수 있을 때 하나의 끊임없이 이어지는 모험이 된다. 어려움과 방해물들은 그들의 호기심을 억누르지 못한다. 그들이 문제를 풀 때마다 새로운 질문이 쏟아진다. 영감이 무엇이든, 그것은 끊임없이 이어지는 "모르겠다'에서 나온다."

비슬라바 쉼보르스카

2부
지역성

지역, 지역성, 지역문화

이순욱

부산대학교 사범대학 국어교육과 · 대학원 예술 · 문화와 영상매체 협동과정 교수

1.

오늘날 '지역'은 새롭게 발견되는 삶의 장소이자 중요한 정책적 의제다. 지역은 가치 개념인 동시에 하나의 제도로서 이해되기도 한다. 지역을 규정하는 방식이 다양한 까닭에 일종의 레토릭에 가까운 개념으로 치부할 수도 있겠다. 그만큼 모호하다는 뜻이다. 문제는 이러한 모호성을 성찰 없이 확대 재생산함으로써 우리 삶의 곳곳에서 '지역'이 무차별적으로 소비되거나 호출된다는 데 있다. 지역은 정치논리에 따라 정책을 통해서나 선거 국면에서 양적인 확대를 거듭하면서 강조되어 왔던 것이 사실이다. 그런데도 결과적으로 질적 변화가 부족했다는 측면에서 지역의 소외나 배제는 여전히 극복되지 못하고 있다. 수도권의 인구가 천만을 넘어섰다는 얘기 또한 필연적으로 한국사회가 철저하게 지역을 배제하는 방향으로 발전해 왔다는 사실을 환기한다. 이러한 점에서 오히려 지역이 무엇인가라는 개념을 적극적으로 정의하기보다는 한국의 사회 역사적 맥락에서 지역이 어떻게 배제되어 왔으며, 그 과정에서 지역이라는 개념이 어떻게 형성되었는가에 주목하는 편이 훨씬 생산적일 지도 모르겠다.

지역이라는 개념은 여전히 복잡하고 모호하다. 지리학에서 지역은 대체로 공간적 하위영역을 지칭한다. 실재공간의 영역에서 여러 종류의 지역을 상정할 수 있다. 글로벌 Global, 리저널 regional, 내셔널 national, 로컬 local 이라는 위계가 가능하다면, 글로벌은 지구적 차원, 리저널은 지역적 차원, 내셔널은 국가적 차원, 로컬은 국가 차원보다 더 작은 지역적 단위를 말한다.[1] 가령, "동아시아—한국—부산"이라는 공간적 영역은 "리저널—내셔널—로컬"에 해당할 수 있다. 그러나 글로벌화는 이러한 구분 자체를 의미 없게 만든다. 즉 글로벌리제이션 globalization 에 의해 형성된 하나의 독자적인 사회 단위에 주목할 때 리저널이나 내셔널, 로컬은 지리적인 측면에서 이해하기 어렵다. 글로벌리제이션이라는 큰 범주에서 보면, 어느 공간이든 지역적 성격을 지니기 때문이다.

지리학적 접근과는 달리 인문학에서 지역을 일컫는 용어는 여럿이다. 지방과 향토가 대표적이며, 최근 유행하는 로컬이라는 용어가 바로 그것이다. 우선, 지방이나 향토라는 말로 지역을 사유하는 방식은 가장 오랜 역사성을 지니고 있다. 여기에는 공통적으로 중앙집권적인 의미가 짙게 드리워져 있다. 지방은 중앙/지방이라는 이분법적 위계에 따라 중앙과 달리 소외된 공간을 지칭한다. 향토 또한 마찬가지 개념이다. 경향각지 京鄕各地 라는 말이 좋은 본보기다. 왕도 王都 가 위치하는 공간으로서의 '경'은 그렇지 않은 '향'과 구분되는 공간이다. 즉, 향은 지방을 지칭하는 말이다. 전근대사회에서는 국가의 지역을 경과 향으로 분할했던 것이다.

지역문화를 활성화하기 위한 고민은 이른 시기부터 존재했다. 특히

---

1   리저널과 로컬은 둘다 '지역'이라는 용어로 번역하지만, 지역은 대지역, 중지역, 소지역에 이르기까지 여러 종류로 세분할 수 있다. 논자에 따라 리저널과 로컬은 각각의 단위를 일컫는 다른 이름이라 볼 수 있다.

문화의 지역적 재편을 촉발한 한국전쟁은 부산의 문화지형을 가파르게 재편했다. 비록 일시적인 현상이라 하더라도, 이를 계기로 부산은 지역적 특수성을 넘어 보편성을 획득할 수 있었다. 영주동 판자촌에 깃든 피란민의 생존을 향한 고투나 영도다리 난간에 아프게 끝없이 펄럭이던 이산 離散 의 아픔은 새로운 도시정체성을 만들어내었다. 그러나 정전협정의 체결과 환도 還都 이후 부산 문화계는 공백과 적막이라는 비극적 인식에서 좀체 헤어나지 못하고 있었다. 이러한 상황에서 1953년 12월 8일 국제신보사 회의실에서 개최된 「향토문화의 정담」은 환도 후 부산의 지역문화를 재건하기 위한 방편을 모색하고 있는 좌담회다. 당시 국제신보사 문화부장을 맡고 있던 시인 정진업이 사회를 맡았으며, 이주홍, 김정한, 조향이 패널로 참석했다.

이주홍　그런데 향토문화라는 것을 어떻게 규정하느냐는 문제가 먼저 토의되어야 할 일이 아닐까요?

조　향　향토문화라는 것은 어디까지든지 공간적·지역적인 문제이지 문화 자체의 수준 문제는 아닐 게라고 생각합니다.

김정한　그러나 그것이 지금까지는 그렇게 해석되고 있지 않습니까?

이주홍　그게 딱한 일이죠.

조　향　우리나라처럼 후진성이 농후한 데서는 당분간 모든 정치, 경제, 문화가 중앙 중심주의이기 때문에 할 수 없을는지는 모르지만 미국의 '포一크너어' 같은 작가는 평생 자기 고향에서 떠나잖아도 세계적인 작가가 되었다는 데에 상도 想到 할 때 작가가 살고 있는 지역이라든가 이런 것은 크게 문제될 것이 아니라고 생각합니다.

김정한 그런 점도 있겠지만 향토문화라고 하면 전全 한국적인 것이 아닌 가령 영남지방에만 있을 수 있는 어떠한 생활감정이라든가 통속적인 면에 관한 것을 취급하는 것을 의미하는 것이 아닐까요?

사 회 여태까지 우리가 개념槪念 해 온 향토문화란 방금 김 선생이 이야기한 그런 것에 가까운 것이 아닐까요?

조 향 그런 문제도 있겠지만 역시 나의 입장으로서는 좀 더 현실적인 일반타당성이 있는 것을 취급함으로써 향토라는 말의 의미를 그렇게 고정시키고 싶지는 않습니다. 서울도 하나의 향토인데 서울 중심의 문화가 전 한국적인 것을 대표한다고 할 수 있을까요?[2]

이 좌담회에서 주목할 사항은 지역문화의 개념 규정이다. 두루 알다시피 향토란 중앙에 맞서는 대타적 개념이다. 중앙중심주의에서 벗어나기 위해 끌고 온 개념이 바로 향토문화다. 조향의 말대로 지역문화向土문화는 공간적 · 지역적 문제이지 문화 자체의 수준 문제는 아니다. 그러나 "문화의 표준은 그대로 중앙에만 치중된 채 기타 지방은 이름과 같이 주류에서 동떨어진 지역으로 남아 있"[3]는 것이 현실이다. 그런 까닭에 작가가 살고 있는 지역을 문제 삼거나 지역문화를 중앙의 격조 높은 문화에 견주어 질 낮은 특수문화로 취급하는 것이다. 조향의 논의는 경京/향鄕, 중앙/변두리, 보편성/특수성을 맞세워 지역을 종속적 위치로 전락시키는 중앙패권주의를 극복하기 위한 방편으로서 향토문화를 정의한 것이

---

2   「향토문화의 정담」 하, 「국제신보」, 1953.12.16, 2면.

3   정창범, 「지방문화의 의의」, 「민주신보」, 1954.11.7, 4면.

다. 서울도 "하나의 향토"다. 그의 말대로 향토는 중앙/지방의 위계에서 비롯된 개념이 아니다. 조향의 인식은 지역을 이해하는 이즈음의 지배적인 시각과 맞닿아 있다. 즉, 지역은 "고정"된 개념이 아니라 끊임없이 생성 변화하는 개념이다. 그러나 향토문화를 "특정 지역에만 있을 수 있는 생활감정이나 통속적인 면을 취급하는 것"이라 규정한 요산 김정한의 견해는 향토성에 천착한 접근이다. 단순히 향토색을 띤 과거의 문화적 재현이 선전은 될 수 있어도 지역문화의 향상에 도움이 되지 않는다는 사실은 자명하다. 따라서 중앙/지방 향토라는 수직적 위계를 벗어나 지역과 지역민의 삶에 주목할 필요가 있는 것이다.

'지역'이라는 용어는 중앙/지방이라는 논리를 근원적으로 성찰한다는 점에서 다분히 이데올로기적이다. 이는 인식의 문제이기도 하다. 과거에는 지역을 지방/향토로 인식했다면, 오늘날에는 중앙/지방 또는 향토의 분할 구도를 해체하여 '지역'이라는 개념으로 사유하는 관점이 지배적이다. 서울 역시 하나의 지역임을 인식하는 것, 우월하고 특권적 위상을 지닌 중앙과 달리 지방은 열등하다는 인식에서 벗어나 지역적 삶의 의미에 주목하는 것, 이것이야말로 지방/향토 대신에 지역이라는 용어를 사용하는 이유다.

지역과 마찬가지로 '지역성'을 간명하게 규정하기란 쉽지 않다. 지역성은 단일한 의미로 규정할 수 없을 만큼 다양성을 지닌다. 지역에는 고정된 그 무엇이 존재한다는 생각은 일종의 강박관념에 가깝다. 흔히 향토의식이니 향토성이라는 말을 자주 쓴다. 그러나 향토성은 중앙 중심주의에서 벗어나기 위해 지역적 성격을 과도하게 부풀리고 지역사랑이나 지역가치를 강조한다는 측면에서 경계해야 할 태도다. 지역우월의식은 대체로 이러한 태도에서 비롯된다. 김해나 양산과 다른 부산의 지역성이 무엇인가를 쉽게 말할 수 있을까. 지역이 다양한 집단과 세대의 이해관계가 충돌하면서도 공존하는 공간이라는 점에서 지역성의 실체를 단일하게 규정할 수 없을 것이다.

2.

그렇다면 지역 문화예술교육은 어떻게 이해할 것인가? 문화예술의 생산과 향유의 측면에서도 지역은 끝없이 강조되어 왔다. 한국문화예술교육진흥원에서는 지역기반구축사업으로 '지역특성화 문화예술교육' 사업을 지원하고 있으며, 공모 단계에서 여전히 '지역' 또는 '지역성'에 주목할 것을 요구한다. 부산문화예술교육지원센터 개소 이후 부산문화재단에서도 매년 다양한 지역특성화 문화예술교육을 실시해 왔다. 2010년부터 10년간 170개에 이르는 프로그램, 즉 2010년 19개, 2011년 16개, 2012년 14개, 2013년 19개, 2014년 18개, 2015년 17개, 2016년 17개, 2017년 16개, 2018년 17개, 2019년 17개 프로그램을 지원·운영해 왔다. 지역 문화예술교육의 본령은 문화예술교육을 매개로 지역의 문제에 접근하는 데 있다. 이는 단순한 지역성의 확인이거나 강조가 아니다. 그렇다면 문화예술교육은 지역 또는 지역성을 어떻게 담아낼 수 있을까? 지역을 새롭게 이해하고 지역의 정체성을 재구성할 수 있는 방법은 없을까?

첫째, '지역'의 역사성에 주목하는 것이다. 지식나눔공동체 이마고

의 매축지 주민프로그램 '세대공감 그림책'과 '인형극단 프로젝트' 2014
~2016, 온누리 오페라단의 기장 일대 해녀들을 위한 오페라 문화예술교
육 프로그램 2014~2015 이 대표적이다. 전자가 식민지시대 일본군 군마
를 관리하던 마구간이 있었던 매축지에서 한국전쟁기 마구간을 개조해
고단한 삶을 살았던 피란민들의 역사를 담아내었다면, 후자는 기장 해녀
들의 삶을 오페라로 공연했다는 점에서 부산의 근현대 역사적 경험을 반
영하고 있는 것이다. 특정 지역에서 체득할 수 있는 삶의 유형을 문화예
술교육의 대상으로 삼은 것은 역사적 시간성 속에서 드러나는 부산의 지
역가치를 발굴한 작업이라 말할 수 있다. 지역 문화예술교육의 생명력은
지역에 대한 깊은 이해와 인식으로부터 오롯이 유지될 수 있는 것이다.
이는 지역의 역사적 전통을 문화예술교육이라는 기제로 지역민과 복원
하고 공유하는 방식이기도 하다.

둘째, 지역의 장소성에 대한 탐구도 지역가치가 발현되는 거점이다.
인간은 특정 장소에서 태어나 장소에 깃들어 의미를 쌓아간다. 장소는
인간 삶의 정체성을 형성하는 중요한 원천이다. 이즈음 도시재개발의 광
풍 속에서 삶의 내력이 켜켜이 쌓인 장소가 추방당하거나 해체되고 있
다. 이러한 장소상실은 지역적 삶의 철거이거나 지역이 오랫동안 축적해
온 의미의 훼손이다. 도시화와 산업화는 장소성의 상실을 가파르게 추동
했다. 이제 장소의 기억만이 도시를 느리게 배회한다.

산에 올라

아득히 눈 아래 펼쳐진 서울 시가지를 내려다보면

때로 그곳은 물굽이 일렁이는 부산 앞바다,

나는 그 위를 유유히 흐르는 한 마리

갈매기가 된다.

20년 전까지,

30여 년을 부산에 살면서도

나는 한 번도 갈매기가 되어본 일이 없었는데

서울 바닥에서 이렇게 날자, 날자, 날자, 하며

갈매기를 꿈꾸는 것은

어쩌면 내 혈관 속에 피톨처럼 떠날 수 없는

부산 사람 본색이 가득 스미어 있기 때문일까,

아니면

나를 끝없이 밀어내는 서글픈 현실에서

이리도 날고 싶은 일이 많아서일까.

머얼리 높고 낮은 도시의 지붕들을

나는 파도라 부르면서

떠난다,

저 폐를 부풀리는 태종대, 오륙도 바다를 지나

숨찬 하늘 가까이에 머물러 있기를 바라며.

이수익, 「부산 갈매기」 전문[4]

---

4   「부산을 쓴다」, 부산작가회의, 2008, 130쪽.

한 개인에게 장소란 무엇인가. 삶의 원천이다. 자신을 "끝없이 밀어내는 서글픈 현실"에서 "부산"이라는 지역은 단지 지도 위에 그려진 하나의 점으로만 존재하지 않는다. "서울"은 벗어나야 할 공간이며, "갈매기"가 되어 떠나는 부산은 원형적 공간이다. "갈매기를 꿈꾸는 것"은 "부산 사람의 본색이 가득 스미어 있기 때문"이다.

지역의 공간을 새롭게 재편하기 위해서는 무엇보다도 지역정체성과 지역가치를 확보해야 한다. 지역의 문화자산에 주목하는 것은 지역성을 반영하는 효과적인 방법이다. 문화예술교육에서 지역성을 담아내기 위해서는 지역의 자연경관과 인문경관, 사회경제적 관계, 지역사, 음식, 예술문화, 인물 등의 문화적 요소에 대한 접근이 필요하다. 이를 통해 오랜 세월 지역의 시간을 통해 담금질한 지역의 특수성을 인식할 수 있는 것이다.

계몽주의 시대 유럽 지식인들의 성지 순례처럼 각 지역의 역사경관을 순례 형식으로 방문하는 일은 오랜 전통이다. 1990년대 이후 지방자치제가 뿌리를 내리면서 자치단체가 경쟁적으로 나서 지역 문화유산을 관광자원으로 활용하고 있다. 지역문화의 개발이 자치단체의 재정을 확보하기 위한 방편이라는 느낌을 지울 수 없지만, 관광레저문화의 일상화와 대중들의 문화적 욕구 상승이 이러한 현상을 가속화시킨 셈이다. 이러한 관심을 반영하듯이, 학계의 역사민속학적·고고학적 관심에서 촉발된 전문적인 현장연구를 비롯하여 일반 대중들의 교양체험이나 답사 형식을 띤 여행기나 탐방기, 순례기, 문화유산답사기가 폭넓게 발간되었다. 언론사나 방송국의 주도로 이루어지는 문화탐방이 대중들의 관심을 끄는 것은 이즈음 흔히 접할 수 있는 문화적 풍경이다. 지역 문화예술교육도 이러한 장소성에 대한 탐구로부터 지역의 속살에 접근하는 정당성을 확보할 수 있는 것이다. 가령, 범어사의 심상지리를 살펴보자. 근대 부산의 도시 형성 과정에서 동래는 공간구조의 변화를 덜 겪은 지역이다. 식민지시대에도 도시 공간의 재구축과 재편성에서 비교적 자유로웠다. '동래—부산'으로 명명되던 도시의 위상이 '부산—동래'로 서서히 옮아간 시기는 개항 이후부터다. 금정구와 동래구로 행정구역 재편이 있기까지 범어사는 '동래'의 역사성을 상징하는 문화공간으로서 기능하였다. 행정편의주의의 발상에 기대 금정구에 귀속되었다 하더라도 동래의 문화공간을 이야기할 때 온천장과 더불어 범어사를 빼놓을 수 없는 일이다. 무엇보다도 범어사는 이 지역의 정체성과 지역가치, 지역사랑의 매개로 작용하는 문화적 공간이다.

셋째, 근대 국민국가의 발전과정에서 국가라는 폭력적이고 단일한 기준에 따른 표준화 작업이 진행됨으로써 지역 자체가 지니고 있는 개별성이나 역동성은 철저하게 배제되어 왔다. 지역 문화예술교육은 지역 안쪽의 주변화된 공간과 거기에 깃든 지역민들과의 소통이자 어울림이다. 지역특성화 문화예술교육 사업이 문화복지를 표방하지 않지만 주변적 위치에 머물러 있는 이웃들에게 따뜻한 손을 내미는 것은 바로 이 때문이다. 노인, 여성, 장애인, 이주민, 탈북민 들의 사회적 소수자나 문화적으로 취약한 계층이나 지역에 각별한 관심을 두었다. 이러한 점에서 지역 문화예술교육은 타자성, 다양성, 포용성을 지향한다. 현대무용가 강미희의 미야美野아트댄스컴퍼니는 2011년부터 2016년까지 위기에 처한 여성들, 혹은 그 여성들을 도와주는 또 다른 여성들을 위한 지역 문화예술교육을 진행함으로써 문화예술교육의 지향점을 분명히 보여준 단체라 할 수 있다.

'지역'과 '문화예술교육'은 어떤 방식으로 만날 수 있을까. 지역성이란 한 지역의 자연적 역사적 환경에서 구축된 자기정체성을 이른다. 그것은 사람과 장소, 지역의 역사 경험 속에서 형성된 공동성, 문화적 전통 속에서 형성된다. 지역성이란 고정 개념이 아니라 가변적이고 유동적인 개념이다. 만약 부산만의 삶의 양식이나 가치가 있고 과거와 현재, 미래의 시간 속에서 지속적으로 발현된다면, 그것이 곧 부산의 지역성이라 말할 수 있을 것이다. 국민국가가 강요한 획일성 속에서 배제된 지역의 문화적 다양성을 회복하는 일이야말로 지역 문화예술교육의 본질이다.

지역문화자원을 활용한 문화예술교육

김해성

부산여자대학교 아동체육무용과 교수 · 부산광역시 문화재위원

'역사문화자원'이 주목받는 시대

21세기를 일컫는 다양한 용어 중에서 '문화의 세기' 또는 '문화의 시대' 등과 같이 '문화'라는 키워드를 빼놓을 수 없다. 지난 20세기가 산업의 성장과 발전에 주력한 '경제의 시대'였다면 21세기의 인류 화두는 단연코 '문화'라고 할 수 있다. 이처럼 21세기 들어서 특별히 '문화'가 회자되는 이유는 지식기반사회를 지나 창조경제의 패러다임으로 접어든 우리 사회에서 창조성을 바탕으로 한 문화영역이 감성 중심의 새 시대를 이끄는 '드림 소사이어티 dream society' 즉 새 시대를 주도해 나가는 원천으로 작용하기 때문이다.

과거 경제 또는 정치가 우선시되던 시대를 거쳐 이제 인류는 존재 방식, 삶의 질 문제에 더욱 관심을 가지게 되었다. 물질적 측면의 확보에 관한 문제가 어느 정도 해소되면서 사람들은 여가나 문화의 향유에 보다 중요한 의미를 두기 시작한 것이다. 문화는 인간이 자유의지 실현을 통해 스스로 창조한 모든 것을 의미하므로 근본적으로 창조적 속성을 가진다. 그런데 오늘날 문화는 인간에게 본래 제공했던 창조의 기쁨만을 주는 것이 아니라, 창조를 통해 높은 부가가치를 생산해 내고 국가 경쟁력을 높

여 주는 산업적 가치를 획득하면서 새롭게 재조명되고 있다.[1]

문화체육관광부에서는 2020년 '한류협력위원회'를 출범하고 한류콘텐츠의 다양화와 한류 활용 소비재·서비스산업 수출지원 방안 등을 포괄한 '신한류 진흥정책 추진계획'을 발표하고 전세계적으로 한류확산에 노력하고 있다. 또한 한류 기반조성을 위한 '세종학당 200개소 돌파' 등의 한국어 확산에 주력하고, 문화재청에서는 우리 문화유산의 우수성을 세계에 알리는 'K-무형유산 페스티벌'과 한국의 세계유산을 주제로 디자이너와 협업한 문화상품 개발에 이르기까지 안 밖으로 우리 문화를 홍보하고 수출하는데 힘쓰고 있다. 이와 같이 21세기를 대표하는 '문화' 키워드는 창조경제와 연결되어 문화산업으로서 경제성장과 더불어 국가 브랜드 이미지 형성에까지 영향을 끼치는 광범위한 스펙트럼으로서 활용되고 있다. 특히 우리가 살고 있는 지역 고유의 문화자원은 성장산업의 하나인 문화콘텐츠로서 육성됨에 따라서 지역의 '역사문화자원'이 주목받는 시대가 되었고, 이것은 전통의 발굴과 현대적 활용이라는 패러다임과 함께 차세대를 위한 '문화예술교육' 콘텐츠로서의 가치를 지닌다.

'문화예술교육'은 현대사회에서 지역과 사회, 국가의 경쟁력을 강화시키기 위한 중요한 역할과 개인과 사회의 문화역량을 높이는데 필요한 교육이다. 따라서 우리사회는 청소년들이 문화예술교육을 통해 창조성을 체험하고 새 시대를 주도해 나갈 수 있도록 문화예술교육을 진흥하고

---

1   최연구, 문화콘텐츠란 무엇인가, 2006 : 홍종열, 창조경제 시대의 문화 전략,
      2014. 4. 15, 네이버 지식백과 재인용.

정책적으로 지원할 필요가 있다. 이러한 문화의 시대에 국가발전의 원동력이 될 문화예술교육을 지역사회의 문화예술기반인 '역사문화자원'을 통해 발전시켜 나갈 수 있는 다양한 접근법들이 시도되어야 할 것이다. 이에 필자는 지역문화자원을 토대로 한 문화예술교육의 접근 방법을 부산지역의 무형문화재 사례를 중심으로 풀어보고자 한다.

문화예술교육 콘텐츠로서 지역의 역사문화자원

지역의 역사문화자원 중에 국가와 시·도 차원에서 보호·보존되어온 것을 우리는 '문화재'라고 한다. 문화재청[2]에 따르면 일반적으로 문화적 자산은 '문화재 〈 문화유산 〈 문화자원' 순으로 범주화되어 진다고 하였다. 즉, 문화재는 가장 협소한 범주로, 국가 또는 지방자치단체에 의해서 지정된 문화적 자산이며, 문화자원은 문화재와 문화유산의 외연을 둘러싼 가장 광의의 문화적 자산을 의미한다.

따라서 지역의 역사문화자원에는 문화유산 뿐 아니라 문화양식, 역사적 사건, 자연자원, 생활풍습 등 역사적 가치를 지닌 문화자원들을 포함하고 있다.

'지역 역사문화자원'을 구체적으로 이해하기 위하여 '지역문화'와 '문화자원'에 대한 의미를 먼저 살펴보자면, '지역문화'란 지방자치단체 행정구역 또는 공통의 역사적·문화적 정체성을 이루고 있는 지역을 기

---

2   문화재청, 문화재활용가이드북, 1, 2007.

반으로 하는 문화유산, 문화예술, 생활문화, 문화산업 및 이와 관련된 유형·무형의 문화적 활동을 말한다.[3] 또한 '문화자원 Cultural Resource' 은 1970년대 초반 미국에서 처음 사용된 용어로서 1981년 미국의 「문화자원관리지침 Cultural Resource Management Guidelines」에 제시된 바로는 "문화자원에 유적·유구·유물·역사지구, 그리고 역사기록물 등이 포함된다."[4]고 하였다.

따라서 지역문화자원은 지역을 기반으로 하는 문화유산, 문화예술, 생활문화, 문화산업 및 이와 관련된 유형·무형의 문화적 활동에 필요한 유적·유구·유물·역사지구, 그리고 역사기록물 등을 포함한 것으로 종합해 볼 수 있다. 이러한 지역문화자원은 어릴 때부터 교육을 통하여 활용되어지고 향유되어 질 때 가치가 있으며, 그 결과 지역경쟁력 제고와 문화산업의 부가가치를 창출하고 국가 경쟁력을 높일 수 있는 원동력이 될 수 있다.

이러한 맥락에서 볼 때 '지역 역사문화자원'은 지방자치단체의 행정구역 또는 공통의 역사적·문화적 정체성을 이루고 있는 지역을 기반으로 하는 문화재와 문화유산뿐만 아니라 문화재로 보호되거나 문화콘텐츠로 활용될 잠재적 가능성이 있는 인적·공간적·시간적 자원을 포괄하는 것으로 볼 수 있다. 인적 자원은 해당 지역의 구성원, 구성원 간의 관계, 공동체로서 지역의 독자성과 역사성을 드러낸다. 공간적 자원은 자연지리가 포함되며, 해당 지역의 역사문화가 투영된 공간이다. 시간적

---

3   지역문화진흥법 법률 제17719호 제2조 「지방자치법」에 따른 내용임(일부개정 2020. 12. 22.).

4   천연기념물이란? https://blog.naver.com/hsbct/70005301713

자원은 해당 지역의 역사와 문화가 형성, 변화, 발전하는 과정을 보여주는 기록 자원과 유무형자원을 말한다.[5] 지역 역사문화자원은 역사문화콘텐츠의 다양한 소재가 될 수 있다. 출판·인쇄, 영화·드라마, 공연·전시, 만화·게임, 축제·관광, 체험·교육활동, 행사·이벤트, 인터넷·모바일 등의 다양한 콘텐츠에 지역의 역사문화자원이 활용될 수 있다는 것이다.

또한 지역 역사문화콘텐츠는 지역 역사문화자원 가치의 재인식, 재창조와 같은 가치 확산을 가져올 수 있다. 지역 역사문화자원의 가치가 재인식되기 위해서는 역사문화예술교육 등을 통한 인식의 확장과 다양한 문화자원을 새롭게 해석하여 가치를 활용하는 노력이 필요하다. 이러한 노력들이 결국 새로운 문화유산으로 거듭날 수 있는 여건을 마련하는 밑그림이 된다. 또한 지역 역사문화자원이 다방면적인 학문의 영역으로 해석되어 콘텐츠로서의 가치를 높이고 장르간의 융복합을 통해 새로운 문화로서 재창조 되는 성과를 기대할 수 있을 것이다. 지역 역사문화자원은 문화다양성의 시대에 차세대 성장산업의 하나인 문화콘텐츠로서 전통의 발굴과 현대적 활용이라는 패러다임과 함께 차세대를 위한 '문화예술교육' 콘텐츠로서의 가치가 있으며, 앞으로 이에 대한 다양한 교육들이 시도될 필요가 있다.

5　　박미선, 지역 역사문화자원의 유형과 활용방안. 지역과 문화, 5(4), 2018, 87쪽.

학교문화예술교육과 지역문화자원의 활용

학교문화예술교육이란?

'문화예술'이란 문학, 미술 응용미술 포함, 음악, 무용, 연극, 영화, 연예 演藝, 국악, 사진, 건축, 어문 語文, 출판 및 만화를 일컫는 용어이다.[6] '문화예술교육'은 문화예술 및 문화산업, 문화재를 교육내용으로 하거나 교육과정에 활용하는 교육을 말하며, 학교문화예술교육과 사회문화예술교육으로 세분되어진다. 학교문화예술교육은 어린이집, 유치원과 학교에서 교육과정의 일환으로 행하여지는 문화예술교육을 의미하며 사회문화예술교육은 문화예술교육시설 및 문화예술교육단체와 각종 시설 및 단체 등에서 행하는 학교문화예술교육 외의 모든 형태의 문화예술교육을 의미한다.[7]

학교는 현재 시행되는 교육과정에 맞추어 창의성·인성에 초점을 둔 문화예술교육을 하는 곳으로서 문화예술 발전에 필요한 직접적이며 간접적인 문화향유자와 예술가를 양성하는 곳이기도 하다. 그리고 학교는 제도권 안에서 이루어지는 교육현장으로 정규교육과정 이외에 특별활동, 재량활동, 행사활동, 동아리, 봉사활동 등을 통하여 합리적인 문화예술교육이 가능한 곳이다. 무엇보다도 학교는 사회적, 경제적, 생활환경적인 이유로 인해 문화예술교육에서 소외되는 것이 아닌 모든 학생들이

---

6   문화예술진흥법 법률 제17710호 일부개정 2020.12.22. (제2조).

7   문화예술교육 지원법 법률 제17592호 일부개정 2020.12.08. (제2조).

정책에 의하여 질 높은 문화예술교육의 혜택을 받을 수 있는 장소이다.[8]

이러한 학교를 중심으로 이루어지는 학교문화예술교육은 요즘 청소년들이 겪고 있는 학교생활 부적응문제, 학교폭력문제, 게임중독 등과 같은 제반문제들을 해결하기 위한 교육적 역할과 학생들의 정서함양, 창의적 사고, 각종 사회현상과 연계된 문제해결 능력 등을 길러주고 학생들 스스로 해쳐나갈 수 있는 교육으로서 가치가 있다. 문화예술교육의 목적은 문화의 시대를 살아가는 청소년들이 창조적이고 사회변화에 적응하는 균형 잡힌 인간으로 성장하는 전인교육을 완성하는데 있을 것이다. 학교는 학생들이 창의적인 사고를 하며, 자기주도적인 학습능력을 갖추고 긍정적인 자아를 형성할 수 있는 도전정신을 지닌 문화인으로 성장할 수 있도록 타 교과와 융복합 한 통합적 예술교육 프로그램을 지속적으로 개발할 필요가 있다.

지금까지 학교문화예술교육이 교과로서 혹은 특별활동과 동아리활동 등으로 교육되어졌다면 앞으로는 학교와 지역사회가 함께 협력할 수 있는 문화예술교육시스템이 마련되어 공동체교육으로서 폭을 넓힐 필요가 있다. 예를 들어서 지역을 기반으로 한 전통문화예술교육은 지역의 역사를 이해하고 지금까지 내려오는 소중한 문화를 향유하며, 새로운 문화를 수용하는 자세를 길러주는 지역공동체 교육의 기반이 될 수 있다. 학교 안팎에서 청소년들이 문화예술활동을 경험할 수 있도록 제도적인 시스템 지원과 이를 통한 지역과 연계한 다양한 지역사회 문화자원 프로

8   김영순, 전영은, 학교 문화예술교육 정책의 내용 계열성에 관한 연구, 문화예술교육연구, 6(4), 2011, 89-90쪽.

그램들이 제공된다면 미래 국가의 문화예술발전에 초석이 될 인재양성과 함께 지역·국가·세계 공동체로서 요구되는 가치와 태도를 지닌 국가경쟁력을 이끌 미래 인재양성에도 도움이 될 것이다.

지역문화자원을 활용한 학교문화예술교육[9]

오늘날 OECD 주요 선진국은 창조적·협력적 학교예술교육 기회 확대를 통해 학생들의 창의성 및 공감 능력 함양을 강조하고 있다. 이에 우리 교육부에서도 2016년, 학교예술교육 활성화 추진계획안을 제시하고 지역사회 예술교육 인프라 구축과 재능기부 등 다양한 예술교육 관련 자원과의 적극적 연계 필요성을 제기하게 되었다.

그간 '학교예술교육 활성화 지원사업'을 통해 학생들의 조화로운 인성 함양과 학교의 변화 등과 같은 긍정적인 사례에도 불구하고, 예술 교육에 대한 중요성 인식은 여전히 미흡한 측면이 있다. 게다가 학생들의 예술 활동 및 학교예술교육 활성화를 위한 지역사회의 지속적인 참여를 담보하는 지원·협력 체계 또한 아직까지 부족한 실정이다.

이에 교육부는 학생 누구나 즐겨 참여하는 학교예술교육을 위해 학교예술교육을 내실 있게 운영하고, 예술활동 참여 기회를 확대하며, 체계적 지원체계 구축 및 지역 사회와 협력 강화라는 정책목표를 수립하게

---

9   지역문화자원을 활용한 학교문화예술교육 부분은 필자가 책임연구원이었던 부산문화재단의 2017 꿈다락 토요문화학교 운영 기획사업의 '2017 지역전통문화예술교육 프로그램 개발'의 일부 내용을 수정 보완한 것이다(7-9쪽).

되었다. 구체적으로 도전적 꿈과 감성적 끼가 자라는 행복한 학교를 목표로 학교예술교육 내실화, 1학생 1예술 활동 활성화, 지역연계 예술교육 확대라는 추진 목표를 설정하게 된 것이다.[10]

이러한 교육부의 학교예술교육지원사업 활성화 계획과 2015 개정 교육과정에서 공통적으로 요구하고 있는 실행 과제가 지역사회와 함께하는 학교교육을 지향한다는 점이다. 학교예술교육지원사업에서는 다양한 지역예술교육 인프라를 활용하여 지역사회 예술교육자원과 연계 및 공유를 추진하고 있다. 지역 예술교육 유관기관 간 유기적 협력 체제 구축을 통해 지역사회와 함께하는 학교예술교육기반을 마련하고 관내, 학교의 예술교육 수요조사를 바탕으로 지역 유관기관 문화예술프로그램을 매칭하고 있다. 예로서 현재, 부산문화재단에서는 지역의 민속예술보존협회와 초등학교를 매칭하고 무형문화재 연희 종목들을 문화재 전문가들에게 수업 받는 사업을 진행하고 있다.

지역의 역사문화자원인 문화재는 '국가적·민족적 또는 세계적 유산으로서 역사적·예술적·학술적 또는 경관적 가치가 큰' 것[11]을 말한다. 문화재는 국가와 지방자치단체가 지정한 유형문화재, 무형문화재, 기념물, 민속문화재 등이 있으며[12], 현재시점에서 대상물이 갖는 희소성과 보존가치가 있다고 판단된 것으로서 그 '가치성'이 인정되는 것을 의미한다[13].

---

10   교육부, 2016년 학교예술교육 활성화 추진계획(안), 2016, 5-6쪽.

11   문화재보호법 제2조, 15.

12   이승규 외, 문화재 지정·분류체계 개선 기초연구, 2016, 11-13쪽.

13   박미선. 전게서, 93쪽

우리나라 교육에서 초등학교의 사회과에서는 우리 문화재에 대한 조사 및 탐구를 학습 과제로 부과하는 현상이 현재는 일반화되어 있다. 초등교육에 있어 전통문화교육은 단순 체험보다는 통합교육을 통해 초등학생들에게 한국인으로서 자긍심과 정체성을 함양하는 교육이다. 또한 지역의 문화재와 같은 전통문화 자원을 활용한 협력과 연대를 통한 교육으로 우리 문화에 대한 이해를 높이고 예술적 감성을 키울 수 있는 종목이다. 이러한 초등교육에서 우리문화에 대한 이해와 예술적 감성[14]을 함께 기를 수 있는 전통문화예술교육에 대한 교수학습방법 및 적절한 수업교재 개발은 오늘날 우리 교육이 해결해야 할 과제이기도 하다.

현재 전국 초등학교에서 사용되고 있는 교과서에 제시된 전통문화 관련 학습은 각각의 과목이 갖는 특성도 있지만 과목 간에 연계성을 띠며 활동할 수 있는 통합교육적인 측면도 가지고 있다. 사회교과서에 수록된 전통문화 관련 내용 중에서 민속놀이에 속하는 농악은 체육교과의 민속표현활동으로서 과목 간 연계가 가능하며 우리고유의 장단과 소리는 음악시간에 가능한 수업으로서 통합수업이 가능하다. 이러한 패러다임의 형성은 2015 개정 교육과정에서 더욱 뚜렷하게 제시되고 있다.

2015 개정 교육과정은 핵심역량의 함양과 학생중심의 수업, 학습의 과정을 중시하는 평가 등을 강조하여 핵심개념을 기반으로 한 교과 내 및 교과 간 통합·융합교육, 구성주의 학습을 바탕으로 한 교육과정 및 수업, 평가 등에 대한 패러다임 변화, 학생의 개별성과 성장을 중요시하는

---

14   이화진, 초등학생 대상 전통문화교육 실태에 관한 연구, 2013, 14쪽.

교육과정이다.[15] 지역 역사자원 중 특히 문화재 종목에 대한 문화예술교육은 학생 개개인이 우리 문화재를 익힐 수 있는 개인의 역량강화가 이루어진다. 또한 탈춤과 같은 연희종목들은 무용, 음악, 미술 교과 간 통합·융합을 실천할 수 있는 교육재료가 되어 이를 학습한 학생들이 문화적 소양을 지니고 세계와 소통하는 더불어 사는 사람으로 성장가능하게 만들어 줄 것이다.

이처럼 지역 역사문화자원을 활용한 문화예술교육은 우리 민족 문화에 대한 교수·학습의 의의를 증대시키고 나아가 국제화시대에 발맞추어 타문화 이해를 비롯한 국제적 이해력을 갖춘 창의적인 글로벌 인재로서의 역량을 갖추는데 의의가 있다. 따라서 이어지는 내용에서는 현재 부산문화재단에서 실시하고 있는 어린이무형문화재교실의 운영사례를 통해 지역문화자원을 토대로 한 문화예술교육의 접근방법에 대해 이야기하고자 한다.

지역문화자원을 활용한 문화예술교육 사례

지역문화자원을 활용한 교육은 무엇보다 지역사회와의 상호작용이 중요하며 특히 지역사회의 역사문화자원과 연관된 교육은 과거와 현재를 연결해 미래로 나아갈 길을 설정하는 등대로서 역할을 한다. 지역의

---

15   권현정, 2015 개정 음악과 교육과정에 따른 초등 생활화 영역의 국악 교수·학습 및 평가방안, 2017, 5쪽.

문화재 교육을 학교수업에서 활용하는 것은 전통의 보존과 창조적 계승을 위해 매우 가치 있는 일로서 앞으로 지역의 발전을 지속하고 정체성을 찾는 작업이자 미래 유산의 현재적 활용이라는 실질적인 목적을 띠고 있다. 특히 무형문화재 종목들은 오랜 시간 축적되어온 지역민의 생활문화로서 역사성, 가치성, 심미성과 맥락성을 가지고 존속해 왔다. 이들은 문화적 또는 공공재적 요소만으로도 충분한 가치를 인정받고 있지만, 근대에 들어서는 경제적 또는 산업적인 부가가치에 대해서도 새롭게 각광받고 있다. 특히 연행종목들은 지역민들이 삶의 현장에서 느꼈던 희노애락을 예술로 승화시킨 무형의 유산들로서 공연예술의 생동성과 현장성이 융합하여 무한한 가치를 생산하는 종목이자 국제사회에서 문화강국임을 입증하는 가장 빠른 요소들이기도 하다.

이러한 무형문화재 종목의 체험과 활용을 학교교육과 접목하여 콘텐츠로서 재창조한 곳이 바로 부산문화재단이다. 부산문화재단의 학교·지역 역사문화자원 연계 사례인 어린이무형문화재교실은 지역 역사문화자원을 문화예술교육에 활용한 결과물이자 시대가 요구하는 지역과 학교 간 융합을 실천한 문화적으로 부가가치가 높은 교육의 산물이라 할 수 있다. 현재까지 부산문화재단은 부산지역의 무형문화재 연희종목 중에서 6종목을 선정하여 문화재 전수자들이 직접 악·가·무·희를 초등학교 학생들에게 전수하고 체험하게 하는 수업을 10여 년간 실천해오고 있다. 지금부터는 부산의 무형문화재 종목들이 어린이들에게 필요한 지역 역사문화자원 연계 문화예술교육으로서 어떠한 특성과 가치가 있는지 파악하고 이들 종목에 대한 실제 교육운영사례에 대해 살펴볼 것이다.

지역 전통문화예술교육으로서 부산지역 무형문화재의 가치

부산을 소재지로 하는 무형문화재 종목 중에서 미술이나 공예와 관련된 문화
재를 제외한 춤·연희 종목의 무형문화재는 국가가 지정한 국가무형문화재와
부산광역시에서 지정한 시도무형문화재로 나눌 수 있다.

부산지역 춤·연희종목 무형문화재[16]

구 분	종 류	구 분	종 류
국 가 무 형 문 화 재	제18호 동래야류 제43호 수영야류 제45호 대금산조(강백천류) 제62호 좌수영어방놀이 제82-가호 동해안별신굿	시 도 무 형 문 화 재	제2호 수영농청놀이 제3호 동래학춤 제4호 동래지신밟기 제6호 부산농악 제7호 다대포후리소리 제8호 가야금산조(강태홍류) 제9호 부산영산재 제10호 동래고무 제11호 구덕망깨소리 제14호 동래한량춤 제16호 아쟁산조 제18호 부산 고분도리걸립 제22호 수영지신밟기 제23호 부산 기장 오구굿

위의 표에서와 같이 부산지역의 국가무형문화재로는 제18호 동래야

---

16 소희원, 부산 지역 무형문화재와 연계한 국악 수업 지도 방안, 2016, 14쪽.

류, 제43호 수영야류, 제62호 좌수영어방놀이, 제82-가호 동해안별신굿 등이 있다. 시도무형문화재는 제2호 수영농청놀이, 제3호 동래학춤, 제 4호 동래지신밟기, 제6호 부산농악, 제7호 다대포후리소리, 제8호 가야 금산조 강태홍류, 제9호 부산영산재, 제10호 동래고무, 제11호 구덕망깨소 리, 제14호 동래한량춤, 제16호 아쟁산조, 제18호 부산고분도걸립, 제22 호 수영지신밟기, 제23호 부산 기장 오구굿을 들 수 있다. 대부분의 연희 종목들은 지역에 따라서 역사적 가치를 지니며 보존되어 왔다. 동래지역 은 동래야류와 그 기금 마련을 위한 동래지신밟기, 정월대보름날 동래야 류나 줄다리기를 할 때 추어졌던 동래학춤 그리고 한량들에 의해 추어져 온 동래한량춤과 동래 권번을 중심으로 한 동래고무 등의 춤과 관련된 문 화재가 다수 있다. 다음으로 수영지역을 중심으로 한 수영야류, 수영지 신밟기 그리고 어업과 관련한 좌수영어방놀이, 농업과 관련한 수영농청 놀이가 있다. 부산 서구를 중심으로 한 부산농악, 구덕망깨소리, 부산고 분도리걸립, 마지막으로 사하구의 다대포후리소리가 있다.[17]

부산 지역은 오랜 역사 속에서 특수한 지리적 배경을 바탕으로 고유 한 문화를 형성해 왔고, 특히 국가와 시에서 지정한 다수의 무형문화재 는 이러한 부산의 역사와 문화를 오롯이 담고 있다. 많은 무형문화재 가 운데 교육적으로 실행가치가 큰 춤, 연희 종목의 무형문화재를 위주로 분 류[18]해 보면 아래 그림과 같다.

---

17   전게서. 15쪽.

18   위의 그림은 소희원(2016)의 '부산 지역 음악관련 무형문화재 분류'(16쪽)를 참고하여 본문에 맞 게 수정 사용하였다.

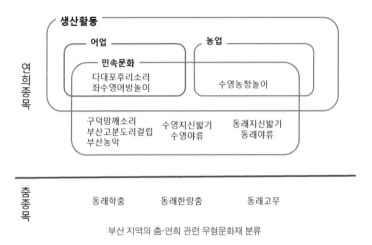

부산 지역의 춤·연희 관련 무형문화재 분류

그림에서와 같이 부산의 무형문화재 중에서 연희종목은 생산활동 위주의 민속문화로서 어업과 연관된 다대포후리소리, 좌수영어방놀이와 농업과 관련된 수영농청놀이 종목들이 있다. 또한 공동체의식, 민속놀이 등의 민속문화와 관련된 종목들에는 구덕망깨소리, 부산고분도리걸립, 부산농악과 수영지신밟기, 수영야류, 동래지신밟기, 동래야류 등이 있으며, 춤과 관련된 종목에는 동래학춤, 동래한량춤, 동래고무 등이 있다.

이들 종목 중에서 부산문화재단에서 실시하는 어린이무형문화재교실의 교육종목에는 부산농악, 수영야류, 부산고분도리걸립, 수영지신밟기, 다대포후리소리의 연희종목과 동래학춤의 춤종목이 합쳐진 총 6종이 있다. 부산농악과 다대포후리소리는 악과 소리에 해당되며, 수영야류는 연극, 수영지신밟기와 부산고분도리걸립은 민속놀이와 민속연희에 해당되는 종목들이다. 동래학춤은 춤 종목으로서 어린이들이 다양한 문화재들을 체험할 수 있도록 구성되어져 있다.

이 중에서 부산농악은 부산 서구 아미동 일대의 풍물장단을 익힘으로써 걸립농악의 특징을 이해하고, 현대음악과의 차이점을 통한 우리 장단의 가치를 알 수 있는 종목이다. 수영야류는 등장하는 인물을 통하여 대사와 춤, 연기 등을 익힘으로써 수영지역문화에 대한 긍지와 애착심을 가지는데 교육적 가치가 있다. 동래학춤은 학이 춤추는 모습을 표현함으로써 창조성과 즉흥성, 상징성을 학습하게 되고 경상도 특유의 덧배기춤의 특징을 파악하는 교육적 가치가 있다.

다대포후리소리는 어로요 즉 어업 노동와 관련된 무형문화재로서 향토 고유의 정서를 간직하고 있는 소리와 노동동작을 익히는데 교육적인 가치가 있다. 부산고분도리걸립은 부산 서구 대신동을 중심으로 전해지고 있는 지신밟기의 세시풍속을 놀이로 재현한 지역의 민속놀이로서의 교육적 가치가 있고, 수영지신밟기는 전문 악사 뿐 아니라 마을 사람들 모두가 참여한 일종의 대동놀이인 공동체의식들로서 교육적인 가치가 있다고 하겠다. 이들 연희 종목들은 전문예인들에 의해 발달한 분야가 아닌 일반적인 농민과 어민들의 삶 속에서 노동활동과 관련되거나 지역의 민속문화로서 공동체의식, 민속놀이, 음악적인 측면에서 어린이들에게 교육적인 가치가 큰 문화재 종목이라 할 수 있으며, 춤 종목인 동래학춤은 동래지역의 한량들이 추었던 춤을 추어봄으로써 지역의 멋과 흥을 맛볼 수 있는 예술교육으로서 가치가 있다. 마지막으로 무형문화재 종목들은 그 지역의 역사와 고유성을 담고 있고 원형을 잘 간직하고 있기에 지역 역사문화자원으로서 교육적가치가 클 뿐 아니라 이를 재창조하고 활용함에 있어서도 문화콘텐츠로서 가치와 활용도가 높다고 하겠다.

부산문화재단의 어린이무형문화재교실 운영 사례

어린이무형문화재교실은 문화적으로 소외되기 쉬운 서민층, 저소득층 어린이들에게 문화예술교육을 실시함으로써 사회 양극화 해소와 어린이들의 잠재된 문화적 소양 계발을 위해 2011년부터 2020까지 10년간 부산문화재단에서 지속해온 사업이다. 특히 문화예술교육 중에서 서구화, 도시화로 사라져가는 전통문화예술을 생활 속에서 향유할 수 있도록 어린이들에게 부산의 우수한 무형문화재를 보급하고 지역전통문화예술을 기반으로 한 특색 있는 교육콘텐츠 개발을 통해 부산문화예술교육의 브랜드화를 도모하기 위한 목적으로서 사업이 시작되었다.

10년간 사업이 지속되어 오면서 시대의 변화에 맞추어 사업내용도 2011년부터 2015년까지는 소외계층 초등학생을 대상으로 방과 후 문화예술교실 어린이무형문화재교실로 운영되었으며, 2016년부터 현재까지는 지역전통 문화재 관련 기관과 연계한 초등학생대상 무형문화재 프로그램 지원사업 어린이무형문화재교실로 발전되었다. 교육과정은 2011년부터 2017년까지는 음악에 부산농악, 연극에 수영야류, 무용에 동래학춤의 3종목이 진행되어왔고, 2018년부터는 지역전통문화예술의 활성화 및 문화예술교육의 저변확대를 위해 민속음악에 부산농악, 다대포후리소리, 민속극에 수영야류, 민속무용에 동래학춤, 민속연희에 부산고분도리걸립 그리고 민속놀이에 수영지신밟기 등의 6종목으로 확대 운영되었다.

그동안 어린이무형문화재교실에 참여한 연도 별 학생수는 2011년 330명에서 2019년 978명으로 3배 가까이 늘어났다. 사업을 신청한 전체

학교의 80%에 가까운 학교가 1지망에 선정되어 만족도를 높였다. 또한 매년 50% 이상의 신규학교들을 선정하여 가능한 많은 학생들에게 어린이무형문화재교실의 혜택이 돌아갈 수 있도록 노력해오고 있다.

어린이무형문화재교실은 지금까지 지역사회와 연관된 학교예술교육 기반을 마련하고 지역의 민속예술보존협회와 초등학교를 연결하는 매개자의 역할을 하였다. 따라서 이 사업은 학생들이 문화재 전승자들로부터 양질의 무형문화재 예능 종목들을 수업 받을 수 있는 기회이자 부산문화재단의 독점사업으로서 자리매김하고 있다.

문화예술교육으로서 지역 문화재의 미래

앞서 부산문화재단의 어린이무형문화재교실 사례에서와 같이 지역의 문화재는 지역 주민들의 삶의 질을 향상시키고 지역발전에 중요한 역할을 할 수 있는 우수한 문화콘텐츠이다. 또한 지역의 문화재는 어린이들에게 역사교육의 장이자 자기문화를 이해하는 소중한 문화체험 교재이기도 하다. 우리가 살고 있는 고장에 대한 자부심을 고취시킬 수 있고 자아 정체성을 확립하는데 필요한 매개체가 될 수도 있다. 따라서 지역의 문화재를 학습하는 것은 우리 지역의 문화정보를 익힐 수 있는 계기가 되고, 나아가 지역 문화의 우수성을 알리는 문화전달자로 거듭 날 수 있는 교육적인 효과도 가져볼 수 있다.

지역의 문화재를 문화예술교육적인 측면으로 접근해 본다면 다양한 교육 자료로서 활용가치가 있을 것이다. 부산의 문화재만 하더라도 건축물·서적 등의 유형문화재와 연극·음악·무용·공예 등의 무형문화재, 사적지 패총. 고분 등·동물·식물 등의 기념물 그리고 의·식·주와 생활습관 같은 민속자료에 이르기까지 여러 분류의 문화재들이 존재한다. 이들 문화재들을 교육 자료로 활용한다면, 사적 등과 같은 향토문화재를 활용한 역사문화예술교육이라든지, 천연기념물과 같은 지역사회 자연문화재를 활용한 문화예술교육 그리고 국보나 보물 등의 문화재 감상을 통한 통합미술교육 등이 있을 수 있다. 또한 무형문화재 중에서 기능종목들인 주성장 금속범종제작, 사기장 백자제작, 불화장 전통불화제작, 화혜장 전통신발제작 등을 활용한 공예체험교육과 같은 다양한 역사 지역문화자원을 활용한 문화예술교육의 접근이 가능할 것이다.

특히 무형문화재 중에서 연행예술 종목들은 국제사회에 우리 문화재의 우수성을 보여줄 수 있는 가치 산물로서의 기능과 한류문화의 선두주자로서 문화산업 콘텐츠를 통한 창조적 부가가치를 생산하는 촉매재로서 역할을 할 수 있다. 이렇듯 전통의 현대적 활용은 차세대를 위한 문화예술교육 콘텐츠로서의 가치 또한 크다고 할 수 있겠다.

지역의 문화재 종목들은 다양한 문화콘텐츠의 아이콘으로서 신 한류를 주도할 자원임과 동시에 이를 경험한 학생들 중에서 창조경제를 이끌 리더를 배출하는데 원동력이 될 것으로 기대된다. 또한 문화재를 통해 국민행복 증진은 물론 문화국가로서 대한민국이 세계 속에 우뚝 서게 될 것이라고 기대한다.

참고문헌

교육부, 2016년 학교예술교육 활성화 추진계획(안), 2016.

권현정, 2015 개정 음악과 교육과정에 따른 초등 생활화 영역의 국악 교수·학습 및 평가 방안, 국악교육연구, 11(1), 2017, 5 - 35쪽.

김영순, 전영은, 학교 문화예술교육 정책의 내용 계열성에 관한 연구, 문화예술교육연구, 6(4), 2011, 87 - 110쪽.

문화재청, 문화재활용가이드북, 2007.

박미선, 지역 역사문화자원의 유형과 활용방안, 지역과 문화, 5(4), 2018, 87 - 112쪽.

부산문화재단, 지역전통문화예술교육 프로그램개발, 2017.

소희원, 부산 지역 무형문화재와 연계한 국악 수업 지도 방안, 한국교원대학교 대학원 석사 학위논문, 2016.

이승규 외, 문화재 지정 · 분류체계 개선 기초연구, 문화재청, 2016.

이화진, 초등학생 대상 전통문화교육 실태에 관한 연구, 성신여자대학교 석사학위논문, 2013.

최연구,『문화콘텐츠란 무엇인가』, 살림, 2006.

네이버지식백과 :
창조경제 시대의 문화 전략(창조경제란무엇인가, 2014. 4. 15., 홍종열) (https://terms.naver. com/ entry.nhn?docId =2275619&cid=42219&categoryId=51193)
천연기념물이란?(https://blog.naver.com/hsbct/70005301713)

3부
공공성

문화예술교육의 핵심가치와 사례 : 공공성

조대현

경상대학교 사범대학 음악교육과 교수

웰빙 well-being 과 웰다잉 well-dying 을 추구하는 현대사회에서 인간 삶의 질을 결정하는 요인은 매우 다양하다. 최근 이러한 다양함 중에 사회 구성원 누구나 누릴 수 있는 문화예술교육의 필요성, 즉 문화예술의 일상화가 논의되고 있다. 이미 문화예술이 인간의 삶을 풍요롭게 한다는 사실은 보편적 명제로 인식되고 있다. 그리고 이는 우리나라 문화정책의 기본 개념이기도 하다. 우리는 이를 문화복지 차원에서 '문화권cultural right', 즉 문화에 대한 권리라고 말한다.

정갑영2007 에 의하면, 문화권은 인권의 관점에서 문화의 범주에 속하는 영역들에 대한 구체적 권리를 의미하는 것으로써, 크게 자유권적 문화권과 사회권적 문화권으로 구분된다. 이때 사회권적 문화권은 문화적 접근에 대한 사회적으로 보장하는 평등한 권리를 의미하고 문화복지의 중요한 이론적 배경으로서 본 장에서 다루고자 하는 문화예술교육의 공공성을 강조하는 개념이다. 이러한 배경에서 본 장에서는 다음의 내용을 중심으로 문화예술교육의 공공성과 그 내용을 살펴보고자 한다.

학문적 관점에서 보는 문화예술교육의 공적 가치

해외 사례를 통해 보는 문화예술교육의 공공성

우리나라의 문화예술교육 정책과 사례

1. 학문적 관점에서 보는 문화예술교육의 공적 가치

① 문화예술교육의 의미

'문화예술교육'은 용어의 구성에서 알 수 있듯이 '문화'와 '예술', 그리고 '교육'으로 이루어진 합성어이다. 따라서 문화예술교육에 대한 바른 이해를 위해서는 먼저 합성어의 구성 요소인 문화-예술-교육에 대한 각각의 의미를 파악하고 이를 총체적으로 통합하는 과정이 요구된다.

저자는 이러한 개념의 이해를 위해 '본질'에 대한 사전적 의미를 찾아보았다. 이때 본질은 다음과 같이 크게 세 가지 형태로 정의된다.

첫째, 본질이란, 본디부터 갖고 있는 사물 스스로의 성질이나 모습을 말한다.

둘째, 본질이란, 사물이나 현상을 성립시키는 근본적인 성질이다.

셋째, 본질이란, 실존에 상대되는 말로 어떤 존재에 관해 '그 무엇'이라고 정의할 수 있는 성질이다.

예를 들어, 핸드폰의 경우를 생각해보자. 핸드폰은 그림1 과 같이 다양한 재료와 요소로 구성되어 있다. 만약 우리가 핸드폰을 분해해 본다면, 과연 언제까지, 그리고 어디까지를 핸드폰이라고 말할 수 있을지에 대해 생각해보자!

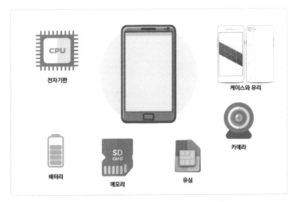

그림 1. 핸드폰의 구성 요소(조대현, 2019)

핸드폰의 분해 과정을 위에서 살펴본 '본질'의 세 가지 정의에 대입해 보면 다음과 같다.

첫째, 본디부터 갖고 있는 사물 스스로의 성질이나 모습으로 정의하는 경우, 핸드폰의 본질은 플라스틱, 유리, 배터리 등 핸드폰을 구성하는 부품들로 생각할 수 있다. 그러나 이러한 본질에 대한 접근은 한계가 있다. 왜냐하면, 분명 플라스틱이나 유리 또한 제품으로 만들어지기 이전 단계인 원료 상태의 과정이 있기 때문이다. 그렇다면 첫 번째 정의만으로는 우리가 찾는 본질에 대한 설명이 부족하다.

둘째, 본질을 사물이나 현상을 성립시키는 근본적인 성질로 보는 정의는 적어도 핸드폰에 적용할 수 있는 정의이다. 다양한 부품과 부속으로 구성된 핸드폰은 이러한 구성 요소에 의해 완성된 산물이라고 할 수 있다. 그러나 시중에 다양한 핸드폰 제품이 나와 있고, 또한 핸드폰의 기능을 대신할 수 있는 또 다른 대체품이 있다는 점에서 근본적인 성질로 보기에는 어려움이 있다. 즉, 두 번째 정의 또한 본질을 설명하는 완벽한 정의라고 보기에는 부족함이 있다. 이에 대한 내용적 보충이 바로 다음의 세 번째 정의이다.

셋째, 실존에 상대되는 말로 어떤 존재에 관해 '그 무엇'을 본질로 보는 정의는 사전 지식으로 인한 고착 fixation: Roediger, 1991 이 일어나지 않은, 그래서 실존하는 물리적 그 자체가 아닌 그 이면의, 상상할 수 있는, 기대하는 '그 무엇', 즉 우리에게 의미부여 된 그 무엇을 의미한다. 이는 단지 물리적인 본질뿐만 아니라 인지적 관점에서의 본질, 즉 인지 주체의 관점까지 고려하는 관점으로 여러 재료와 요소들을 통합하여 지금까지 존재하지 않던, 혹은 실존에 상대되는 '핸드폰'이라는 결과물을 도출한 원인이라 할 수 있다.

같은 맥락에서 문화예술교육 또한 정의된다. 민경훈 2017 은 문화예술교육의 정의에 있어서 문화예술교육이라는 개념이 주요 요소의 병렬적 나열만으로 이루어진 것이 아니므로 단지 요소 각각의 개별의미를 파악하는 것만으로는 부족하고, 나아가 이를 녹여 자연스럽게 융합된 형태의 고유한 특성으로의 발전이 필요하다고 주장한다.

즉, 문화적 속성, 예술적 속성, 교육적 속성들이 하나의 특정한 형태를 이루고 이 형태가 독립된 기능 아래 목적하는 바를 위해 뚜렷한 지향성, 또는 특정한 관점을 통한 '그 무엇'으로 보는 의미 부여가 될 때 문화예술교육으로서의 모습을 갖추게 되는 것이다 그림 2. 이러한 관점에서 문화예술교육의 정의는 다음과 같다 민경훈, 2017.

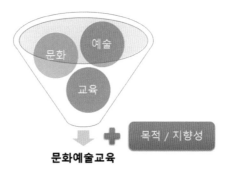

그림 2. 문화예술교육 개념의 이해

문화예술교육이란,

- 지식을 기반으로 한 문화 성장을 목적하는 예술 활동이

- 자연스럽게 삶 속에 스며들어 하나의 생활양식으로 굳어진 형태문화로서,

- 이 형태는 생활 속에서 예술적 잠재력을 발견하고 능력을 발전시켜 꿈과 끼를 키워주고,

- 궁극적으로는 민주 시민으로서 조화로운 인격을 형성하게 하는 교육이다.

목표 / 관점 / 의미 부여

결과적으로 문화예술교육은 우리의 자연스러운 삶과 이러한 삶이 녹아든 문화를 기본으로 하기에 모든 이에게 자연스럽고 모든 이에게 향유의 권리가 있는 공적 차원의 교육행위라고 할 수 있다. 이러한 이유에서 문화예술교육은 개개인의 창의적인 사고와 예술 지식의 이해 및 활용, 다양한 예술적 창작 경험 등을 목표하는 한편, 자연스러운 의사소통을 기반으로 한 문화와 역사에 대한 이해, 예술을 활용한 통합, 예술에 대한 소통 박중길, 2017 등과 같은 공동체성 또한 강조하고 있다.

② 문화예술교육의 목적

이미 서두에서 언급한 바와 같이 인간에게 있어 문화예술 활동은 하나의 권리라고 할 수 있다. 자신을 표현하고 자아를 충족하며 발전시키고자 하는 행위로 정의되는 문화예술 활동은 인간의 생태적 본성에서 기인한다. 이는 개인적 차이는 있으나 누구나 예술적 잠재력g-factor[1]:C. Spearman, 1927; multiple intelligence[2]: H. Gardner, 1985, Gruhn, 2008에서 재인용 을 갖고 있고, 따라서 이에 기반 한 문화예술 활동의 권리를 행사할 수 있음을 뜻한다. 사람들은 흔히 이를 예술적 정서라고 말하며, 인간이 가진 인지적 영역과 감성적 영역이 어우러진 고등 정신 활동의 결과물로 설명한다.

이러한 생각은 일찍이 고대 그리스 초기국가에서부터 발견된다. 당시 사회적 인식을 선도했던 철학자들은 인간 지성의 발달을 위해 수사학이 필요하다고 생각하였고, 건강한 신체 발달을 위해서는 체육, 그리고 온전한 정신 발달을 위해서 예술의 중요성을 강조하였다. 이러한 생각은 오늘날 예술을 학교 교육에 있어 중요한 기본 교과로 지정되게 하는 중요한 이유가 되었고, 이를 통해 예술적 차원의 성장뿐 아니라 교육적 차원의 성장, 예를 들면 사적으로는 개개인의 정신 및 정서발달과 안정을 꾀하고, 공적으로는 도덕과 윤리를 바탕으로 한 사회적 의식 강화를 목

---

[1]   인간 능력의 기본구조를 만들어 주는 요인(general factor)으로 외부 환경에 반응하여 발전하는 선천적인 준비된 구조를 말한다.

[2]   개념적으로는 g-factor와 같으나, 모든 외부 환경에 작용하는 일반적 구조와 달리 개인적 차이가 있는 고유한 지적 프로필에 기초한 선천적으로 준비된 구조이다. 따라서 고유한 지적 프로필에 따라 영역별 준비된 정도에 차이가 있다.

표하고 있다. 궁극적으로는 사회 구성원의 건강한 성장과 발달, 그리고 화합을 목적하는 것이다.

이러한 배경에서 문화예술교육은,

- 사회 구성원 모두를 대상으로 하여,　　　　　　⇒ **공공성**

- 선천적으로 타고난 예술적 잠재력을 발휘하고

자유롭게 꿈과 끼를 발산하게 함으로써,　　　　⇒ **개인적 의미**

- 사회 구성원 모두의 행복한 삶을

영위하게 하는 데 목적이 있다.　　　　　　　　⇒ **사회적 의미**

이는 문화예술교육이 한편으로는 매우 개인적인 반면, 다른 한편으로는 매우 사회적인 면 또한 지니고 있음을 의미하는 것으로서, 개개인의 정서함양을 기본으로 한 미적 감수성, 창의성 계발 등과 함께 인격 도야 및 소통과 같은 공동체성 함양을 위한 통합적 교육임을 나타내고 있다.

③ 문화예술교육의 성격

오늘날 문화예술교육은 문화예술의 사회적 역할을 확대하는 데 매우 중요한 장치로 작동한다. 이러한 이유에서 정부와 기업이 문화예술교육을 중요한 정책, 또는 사회적 책임 CSR 의 하나로 인식하고 있으며 윤지영, 2016, 이를 통해 기존 예술의 틀을 뛰어넘는 장르 간 통합. 문화 간 통합, 개인 간, 또는 기관 간 연합, 그리고 중앙과 지방 간 협력 등 여러 영역에

서의 다양한 시도가 진행되고 있다. 특이한 점은, 이러한 문화예술교육
의 결과물이 그 어떤 정해진 교육과정에 의해서가 아니라 의도하지 못했
던 새로운 모습으로 나타난다는 것이다 김형숙, 2017. 의도했던 교육과정
에 따른 문화예술교육 프로그램의 참여자들은 자연스럽고 적극적인 참
여를 통해 어느 순간 단지 문화예술 활동으로서뿐만 아니라, 나름의 의
미가 부여된 활동이자 놀이, 전시·발표회 및 축제 등 다양한 개인 및 공
동체적 활동으로 발전하고 있다. 이는 단순히 어느 한 편에서만 이루어
지는 일방향적 지원과 수혜 given 가 아니라, 양방향, 혹은 다 방향적인 연
계와 협력, 그리고 공유를 뜻한다. 이는 문화예술교육이 지닌 자연스러
운 사회 교육적 성격을 보여주는 것으로써 시사하는 바가 매우 크다고
할 수 있다.

　일반적으로 교육 서비스는 '공공재 public goods'와 '가치재 merit goods'
로 구분된다. 흔히 의무교육이라고 불리는 초·중등교육은 정부가 제공
하는 일종의 교육 서비스로써 공공재라고 할 수 있다. 그러나 다른 한편
으로는 이러한 공공재를 국민의 세금을 투입하여 제공하는 이유는 그것
이 또한 가치재이기 때문이다 한국교육개발원, 2014. 가치재는 소득수준과 상
관없이 사회가 요구하는 재화로 교육, 주거, 의료, 문화 등이 있고, 경제
적 기능이 가능하지만 바람직한 수준의 거래가 어렵거나 질적 만족도가
낮고 수요와 공급이 충분치 않을 때 정부의 적극적인 개입을 통해 제공
된다 이정만, 2012. 그러므로 문화예술교육은 이에 따른 경제적 효과와 상
관없이 모든 국민에게 제공되어야 한다는 점에서 공공재이자 동시에 가
치재이고, 이러한 조작적 규정을 통해 정부나 지역 자치단체, 그리고 앞
에서 언급한 사회적 책임을 지닌 기업 등의 개입과 지원 아래 구현될 필

요성이 있다 홍애령·박재홍, 2018에서 재인용. Brooks & Wiggan 2009은 이러한 문화예술교육의 성격을 '공적 가치 public value' 라고 정의한다.

전통적 개념의 공적 가치의 실현은 생산자 또는 공급자 가 공공서비스에 대한 가치를 규정하고 책정하여 대중에게 돌아가는 가치를 극대화하는 과정을 통해 구현되었다. 그러나 오늘날 현대적 관점에서의 공적 가치는 이미 서두에서 언급한 바와 같이 누군가 생산자나 공급자, 또는 정책입안자 에 의해 주어지는 것 given 이 아니라, 참여자 스스로에 의해 만들어지는 것 made 으로 변화하고 있다 유정애, 2015. 즉, 문화예술 활동에 참여하는 모두가 행위의 주체이고, 주체로서의 요구와 목적의식, 그리고 세부적으로 목표하는 바를 갖고 적극적으로 임하게 되는 것이다. 이때 간과하지 말아야 할 것은 공동체 차원에서 이루어지는 이러한 활동에 있어서 사회적으로 요구되는 역할에 따른 규율 준수이다 홍애령·박재홍, 2018. 다시 말하면, 주어진 환경 문화/관습/예절/규칙/법 등 안에서 이루어지는 자유롭고 적극적인 주체적 활동과 그 결과물이 바로 문화예술교육이 추구하는 바이며, 문화예술교육의 본질, 즉 공동체적 성격이라고 할 수 있다. 우리는 이러한 공동체 활동의 결과물을 '문화'라고 일컬으며, 이러한 문화를 통해 우리의 삶을 유지하고 발전시킨다. 궁극적으로 문화예술교육은 문화예술 활동에 대한 개개인의 의미 부여를 통한 '생활화'[3]를 지향하고, 이러한 생활화는 누구에게나 필요하고 적용되며, 나아가 함께 발전시켜 나가야 하는 공동의 과제라 할 것이다. 그리고 이러한 과제는 다시 한번 문화예술교육이 지닌 공적 가치 구현의 당위성을 보여준다.

---

3   서두에서는 일상화라는 말로 표현하고 있으나 현재 학교 교육과정에서는 생활화라는 표현을 사용하고 있다.

2. 해외 사례를 통해 보는 문화예술교육의 공공성

문화예술교육의 공적 가치인 공공성에 대한 인식과 행위적 시도는 여러 나라의 사례를 통해 찾아볼 수 있다. 다음에 제시된 나라별 세부 내용을 살펴봄으로써 현대사회에 있어 문화예술교육이 갖는 공적 가치와 필요성에 대해 숙고해 보는 기회가 되기를 바란다. 이를 위해 본 장에서는 문화예술교육이 활발하게 이루어지고 있는 8개국의 의미 있는 사례를 제시하였으며[4], 이때 공적 가치에 대한 주요 내용에 대해 밑줄을 사용하여 강조하였다.

① 프랑스의 문화예술교육

❶ 문화예술프로젝트 교실 Classes à PAC : Projetaristiqueetculturel : 문화예술프로젝트 교실은 프랑스 문화예술교육의 기본원칙을 교실에 적용한 프로젝트이다. 이는 유치원부터 고등학교까지 정규교육과정에서의 문화예술 활동을 보장한다. 사업의 흐름은 첫째, 문화예술과 다른 지식을 배울 수 있는 입문 과정, 둘째, 교육자와 예술가, 기획자, 문화 학예사, 연구원 등의 인력과의 문화예술 활동, 셋째, 관객이나 다른 사람들 앞에서 본인이 배워 할 수 있는 예술 행위를 펼치는 발표행위 등으로 구성되어 있다. 이 프로젝트는 연 8~20시간의 예술 경험을 제공하고, 공교육을 받

---

4   한국문화예술교육진흥원(2020) 보고서 자료를 재구성하여 제시함.

는 기간 동안 전체 4회의 프로젝트에 참여하게 함으로써 예술에 소외되는 아동이 없도록 하고 있다 박지은, 2013; 주프랑스 한국문화원, 2016.

❷ 특별편성반 Classe à horaires aménagés : 초등학생과 중학생을 대상으로 하는 심화예술교육과정으로 예술의 개별 역량을 높이는 목적으로 운영하며, 학교에서는 주제별 특별편성반을 구성하여 지역 음악원, 무용원, 연극원 등 지역 내 전문예술기관과 공동으로 운영한다. 특별편성반은 희망하는 학생이면 누구나 참가할 수 있고 프로그램 또한 자유롭게 선택할 수 있다.

2️⃣ 노르웨이

❶ 문화배낭 Cultural Rucksack : 문화배낭 프로그램은 공연예술, 시각예술, 영화 등 여러 분야의 예술 전문가가 참여하여 학생들에게 고급 예술 및 전문적인 표현 활동의 기회를 제공하는 프로그램이다. 이 프로그램은 초, 중등 학생을 대상으로 우수한 예술 작품 향유의 기회를 주고, 이후 다양한 문화 표현의 기능을 발현하고 이해력을 높여 학생들의 문화적 표현을 다양하게 만드는 데 목적이 있다. 문화배낭 프로그램의 성취도 평가는 프로그램의 지속성, 평등한 참여 기회 제공, 커리큘럼 목표 성취도를 기준으로 한다 윤주, 2017; 조현성, 2016; 오숙현, 2015.

❷ 시앙세 예술센터 Seanse Art Center : 시앙세 예술센터는 문화배낭 프

로그램을 위해 예술가들의 창작과 교육프로그램 개발을 돕는 단체로써, 예술가들의 창작, 표현, 프로그램 개발을 위한 장소를 지원한다. 시앙세 예술센터는 예술가에게 많은 창의적 예술교육을 위한 지원을 하고 있으며, 예술가들이 센터를 통해 창의적으로 개발한 프로그램들을 학교로 환원하고 있다. 문화광장의 프로그램은 지역 및 학교가 예술가를 만나는 좋은 창구가 되고 있으며, 학생과 지역주민들이 예술가를 자연스럽게 알게 되고 함께 예술을 공유하게 된다. 예술가들의 존재는 프로그램 설명회를 통해 지역의 교사들에게 알려지며, 지역 대학과 연계하여 예술가 레지던시를 운영하고, 예술가는 창의적 프로그램을 보완하고 발전시켜 학교에서 학생들을 만난다. 교육강사들은 학생에게 귀 기울이고 연구하는 자기반성적 태도를 갖고 활동하게 된다 윤주, 2017 ; Aasheim, 2015.

③ 스웨덴

❶ 스톡홀름 현대미술관 : 스톡홀름 현대 미술관은 20세기 미술을 위한 미술관으로 개관하여 세계적으로 유명한 현대 미술관으로서, 다양한 현대미술 작품을 전시하면서 시민을 대상으로 하는 교육프로그램을 진행하고 있다. 1998년 '미술관 친구들 The Friend of Modena'을 시작으로 10대를 위한 '존 모데나 Zon Moderna' 프로젝트 등 시민을 대상으로 문화예술 교육프로그램을 운영하고 있다 이동욱, 2009. 12. 7.

❷ 서커스 시르쾨르 : 서커스 시르쾨르는 1995년 타이틀 Tilde Bjorfors

에 의해 설립된 스토리텔링을 결합한 컨템퍼러리 서커스 단체로서, 전문 아티스트들이 청소년과 어린아이들을 대상으로 교육하고 있다. 학교 장소를 활용하여 밤에는 강사 트레이닝, 낮에는 학생들에게 아크로바틱, 공중그네 등의 교육을 하고 있으며, 서커스를 활용하여 학교와 사회 문화예술교육을 성공적으로 수행하고 있다. 서커스 시르쾨르는 중요한 세 가지 가치를 가지고 있는데, 첫 번째는 개성을 가지고 예술 활동에 참여하되 그룹과 통합되고 동기화되는 '공동체적 개인주의 Collective Individualism', 두 번째는 예술과 교육을 서커스로 결합할 수 있다는 '거만한 열정 Cocky commitment', 세 번째는 예술로서 최선을 다하는 열정을 표현하는 '수준 있는 광기 Qualitative Madness'이다. 또한, 노인과 장애인을 대상으로 서커스와 신체 표현 수위를 조절한 교육프로그램도 운영하여 교육복지 측면에서 의미 있는 일을 하고 있다 곽덕주 외, 2017.

④ 핀란드

❶ 헬싱키 시립도서관 : 헬싱키 시립도서관은 1860년에 개관되어 1981년부터 공공 도서관으로서 모든 시민에게 다양한 복합 문화 활동을 제공하고 있다. 현재 헬싱키 시는 총 37개의 도서관을 운영하고 있으며, 그중 '도서관 10'은 가장 다양한 음악, 영화, IT, 만화책을 소장하고 대여한다. 도서관은 지역의 문화공동체 역할을 맡으며, 미팅 포인트는 멀티미디어 활동이 가능한 소규모 방과 큰 규모의 방을 운영하고 사람들이 모임을 할 수 있도록 돕는다. 또한, 상설 문화공연과 방송을 활용하여 시

민들과 문화예술가가 만날 수 있는 소통의 기회를 제공한다 홍보국제협력팀, 2010; 한상헌, 윤설민, 2019.

❷ 아난딸로 아트센터 : 핀란드를 대표하는 공공 문화예술기관으로, 모든 학생에게 차별 없이 질 높은 교육을 제공하겠다는 목표를 가지고 있는 정부 지원 예술교육 단체이다. 3세부터 18세까지 모두를 위한 다양한 프로그램을 기획 진행하고, 가족, 어린이집, 학교를 대상으로 하는 체험 위주 예술 수업을 지향하며, 그림, 비디오, 애니메이션, 춤, 언어 등 예술 전 분야에 걸쳐 50여 명의 전문 예술가가 활동하고 있다. 아난딸로 아트센터는 핀란드의 800여 개의 아트센터 중 하나이다. 각각의 아트센터는 예산, 인력, 도시의 참여 인원 및 규모에 따라 개별 프로그램을 진행한다. 아난딸로 아트센터의 프로그램은 학생의 참여와 성장에 목적을 두고 있다. 별도의 인증서를 발급하거나 증명하는 것에 크게 의미를 두지 않고, 학생들이 자발적으로 프로그램에 참여하고 만족할 수 있는 환경을 구성하는데 관심을 갖는다 곽덕주 외, 2017; 석문주 외, 2010.

⑤ 네덜란드

❶ 암스테르담 문화교육전문센터 MOCCA : 암스테르담 문화교육전문센터는 암스테르담에 있는 모든 어린이에게 문화예술교육을 제공하기 위해 2006년에 설립된 단체로서, 학교와 문화단체들을 연결하고 어린이들의 창의적인 탐구 활동을 하고 무용, 연극, 음악 등 예술을 통해 풍요

로운 삶을 누릴 수 있게 돕는 데 그 목적이 있다 윤주, 2017 . 암스테르담 문
화교육전문센터는 교육프로그램을 개발하고 다양한 코스를 발굴하여 학
교와 문화단체를 위한 지원에 힘쓰고 있으며, 워크숍과 행사를 기획 진
행하면서 각 행사의 지식과 노하우를 축적하고 데이터베이스를 운영한
다 권재현 외, 2018.

❷ 문화버스-보트 Over de Cultuubus and - boat ： 문화버스 - 보트 이하 문화버
스는 암스테르담시에서 지원하는 프로젝트로 개별 초등학교에서 암스테
르담의 문화기관까지 무료로 운행하는 버스를 말한다. 이를 통하여 학생
들은 박물관이나 극장에 쉽고 편리하게 방문하여 프로그램에 참여할 수
있다 윤주, 2017 . 문화버스는 초등학생들이 교육의 사각지대에 놓이지 않
도록 모든 아이에게 교육의 기회 제공을 목적으로 한다.

⑥ 영국

❶ 국립 미술·디자인 토요 클럽 New National Art&Design Saturday Clubs
과 이스트 코스트 칼리지 주말 클럽 The East Coast College Saturday Club ： 국
립 미술·디자인 토요 클럽은 영국 교육부가 2012년부터 2015년까지 진
행한 교육프로그램으로서 2009년부터 소럴재단 Sorrell Foundation 의 주
도로 진행해온 프로그램을 모태로 한다 주영국한국문화원, 2016 ; 백경희, 2019
; 박세미, 2014.10.27. 이스트 코스트 칼리지 주말클럽 또한, 국립 미술·디
자인 클럽을 주도한 소럴 재단이 관계하는 프로그램으로, 그레이트 야

머스Great Yarmouth 지역의 문화예술교육 거점기관인 시간과 흐름 박물관Time & Tide Museum 이 후원하여 진행하는 토요 프로그램이다. 이들이 '창의적 충돌Creative Collisions'이라는 네트워크를 구성하여 토요일마다 지역의 청소년에게 다양한 소규모 예술 프로젝트를 제공한다. '국립 미술·디자인 토요 클럽'은 지역사회 미술, 디자인 관련 단체들을 섭외하고 이 네트워크를 정리 및 연계하여 어린이와 청소년에게 미술 관련 활동에 다양한 기회를 주고 있으며, 학생들에게 제한적 상황과 창의적인 해결을 유도하는 형태의 예술교육 프로그램을 특색 있게 운영한다박세미, 2014. 창의적 충돌 프로그램은 국립 미술·디자인 토요 클럽과 달리 지역에서 자생적으로 운영하는 토요 프로그램이며 조금 더 전문성 교육을 위주로 하고, 지역의 여러 예술가가 참여하여 여러 공간 체험 프로그램을 제공한다.

❷ 로열 오페라 하우스 : 로열 오페라 하우스는 런던에 위치한 극장으로 1858년에 재건되어 2000년대 영국의 대표적인 창의교육 프로그램인 크리에이티브 파트너십Creative Partnership 의 참여 기관으로 사업을 운영한 단체이다. 크리에이티브 파트너십은 창의성을 주제로 하여 2000년대에 매우 활발하게 이뤄진 영국의 예술프로그램이며, 이 프로그램을 통하여 영국의 문화예술교육은 산업 디자인과 결합하고 큰 발달을 이루게 되었다Sorrell, J., Henley, D., & Roberts, P., 2015. 2011년 사업이 종료된 이후에도 노하우를 바탕으로 브릿지 오거니제이션Bridge Organisatioin 으로 통합 예술교육 프로그램을 이끌어 오고 있다. 영국은 예술교육을 위한 예산확보의 노력과 동시에 예술과 산업을 결합할 방법을 찾고 있으며, 그 가운

데 로열 오페라 하우스 프로그램은 영국의 막대한 공적 자본이 투입된 이후 새로운 예술교육 변화의 성공 모델이라 할 수 있다 최보연, 2016. 로열 오페라 하우스의 프로그램은 대부분 국가와 런던시에서 예산을 확보하여 진행하나 일부 프로그램은 수요자 부담으로 운영하고 있으며, 교사 연수는 보편성 교육을 중심으로 하며 학생 교육은 전문성 교육에 초점을 두고 있다. 또한, 지역의 공연장에서 네트워크 프로그램을 활발하게 운영함으로써 지역 내 문화예술교육을 위한 허브의 역할을 하고 있다.

7 미국

에이플러스 스쿨스 A+ Schools 와 키 러닝 커뮤니티 Key Learning Community : 에이플러스 스쿨스는 미국 내 사립학교에서 하워드 가드너의 다중지능이론을 적용한 교육과정 재구성을 시행하고 있으며, 문화예술교육을 중심으로 한 통합교육 커리큘럼을 노스캐롤라이나, 오크라호마, 아칸소, 루이지애나주에서 운영하고 있다. 에이플러스 스쿨은 무용, 연극, 음악, 글쓰기, 디자인을 통합하며 지역의 대학, 예술센터가 협력하여 학교 커리큘럼의 수립에서부터 함께 참여한다. 에이플러스 스쿨스의 하나인 키러닝 커뮤니티는 인디애나에서 운영하는 프로그램으로서 학교에 예술가가 방문하거나 지역 센터에 학생들이 참가하는 형태로 운영되며, 시험을 보지 않고 각 학생의 잘하는 점과 부족한 점에 맞춰 개별 교육을 제공하고 있다 에이플러스, https://www.ncarts.org/aplus- schools.

⑧ 독일

쿨투어 프로젝트 베를린 Kultur Projekte Berlin : 쿨투어 프로젝트 베를린 은 베를린 주에서 기획하고 추진하는 문화예술 진흥 프로그램으로, 문화 예술교육 및 기회의 제공을 위한 네트워크를 확립하고 시민들에게 가까 이 다가가기 위함을 목적으로 한다. 베를린에 있는 박물관, 전시회장, 공 연장과 연계하여 공동으로 프로그램을 개발하고 전체가 연관된 행사를 기획한다. 관련 강사들의 창의적 참가를 위해 지원금을 지급하기도 하 고, 지역 내 정치, 사회, 경제 전문가들이 협의회의 구성원으로 참가하여 지원하고 있다 쿨투어프로젝트베를린, https://www.kulturprojekte.berlin.

3. 우리나라의 문화예술교육 정책과 사례

① 우리나라 문화예술교육 정책의 시작과 발달

국내 문화예술교육에 대한 정책적 관심과 논의는 1980년대부터 시 작된다 홍애령·송미숙, 2015; 박민하·이병민, 2016. 이는 문화정책의 대상과 영역 을 예술이라는 전문가 영역에서 국민 모두의 영역으로 확대하고, 중앙 에 몰려있는 문화적 시설과 사업을 여러 지역으로 확장하는 데 목적이 있었다.

1990년대 중반 '문화복지'이념이 우리나라 문화정책의 핵심가치로 부각되면서 문화예술이 문화복지 차원에서 중요하게 다루어지기 시작하였다.

문화예술교육이 하나의 독립적인 영역으로 공식 정부 문서에 등장한 것은 2003년 7월 「지역사회문화 기반시설과 학교 간 연계체제 구축을 통한 문화예술교육 활성화 추진계획」의 제안서이고 문화체육관광부·한국문화관광연구원, 2014, 본격적인 문화예술교육 정책은 2004년 문화관광부가 발표한 「창의 한국: 21세기 새로운 문화비전」, 「예술의 힘 : 새로운 한국의 예술정책 2004 2008 」을 통해 활성화되었다 황연주·정연희, 2004. 특히 일반 학교와 지역 공공시설 등 사회 전반의 문화예술교육 활성화를 위한 체계적인 정책 방향의 제시는 2004년 11월 25일 문화관광부와 교육인적자원부가 발표한 「문화예술교육 활성화 종합계획」을 통해 이루어졌다.

이를 토대로 2005년에 이르러 「문화예술교육지원법」이 제정되면서 구체적인 정책적 토대가 구축, 영역적으로 크게 학교문화예술교육과 사회문화예술교육으로 구분, 시행되었다.

이때 중요한 역할을 한 것이 바로 한국문화예술교육진흥원의 설치이다. 2005년 2월 설립된 한국문화예술교육진흥원은 각종 사업의 기획과 실행 및 평가, 그리고 각 역할 주체 간 네트워킹 지원 등을 담당하였으며, 현재까지 학교와 학교 밖 문화예술교육 사업의 전면에서 그 역할을 다하고 있다.

2007년에는 정책사업 실행 초기 3년의 경험과 시행착오, 정책 현장의 반응을 종합적으로 검토하여 「문화예술교육 활성화 중장기 전략 2007~2011 」을 수립하였고, 2008년부터는 이에 대한 실행에 중점을 두었다.

2009년에는 그동안 이루어진 관계부처 및 기관과의 협력을 더욱 강화하는데 집중하여 학교 및 사회문화예술 분야에서 다양한 성과를 거두게 된다. 이때 교육과학기술부와 보건복지가족부 간 사업협력 강화를 대표 사례로 들 수 있으며, 이를 통해 16개 시·도의 92개 시설에서 아동·청소년 1,253명을 대상으로 한 문화예술교육이 지원되었다 문화체육관광부, 한국문화관광연구원, 2014.

2010년 5월에는 '2010 유네스코 세계문화예술교육대회'가 서울에서 개최되었다. 이때 '서울 어젠다 Seoul Agenda'가 채택되었으며, 이를 계기로 우리나라의 문화예술교육은 더욱 활성화되어 오늘에 이르고 있다.

② 우리나라 문화예술교육 정책의 특징

우리나라 문화예술교육 정책과 그 내용을 살펴보면 다음과 같은 특징과 변화가 발견된다 박민하·이병민, 2016에서 재인용. 첫째, 문화예술교육은 사실상 사회적 취약계층을 대상으로 추진되었기 때문에 문화복지와 깊은 관련성을 맺으면서 문화예술에 대한 접근성을 강화하고자 하는 데 가치를 둔 정책적 개념이라 할 수 있다. 학력, 소득, 나이, 성별, 장애 등의 이유로 사회의 계층구조 상에서 낮은 위치를 차지하고 있는 사회취약계층 social disadvantaged group 이 곧바로 문화취약계층 cultural disadvantaged group 으로 전락함으로서 문화적으로 소외되는 현상이 나타났기 때문이다. 둘째, 문화예술교육 정책은 문화복지와 교육목적의 실현을 위해 문화예술교육을 행하기 위한 지침이라 할 수 있다. 그리고 이러한 지침에서 선택된 행동방안을 달성 또는 집행하기 위해 취해지는 단일 결정, 또는 결정의 집합을 말한다고 할 수 있다. 셋째, 문화예술교육 정책은 기존의 정책처럼 공공지원 정책과 민간지원 정책으로 구분되는 것이 아니라, 공공지원 정책과 민간지원 정책이 융합된 것으로서 문화예술교육 수요자와 공급자에 대한 정책이라 하겠다. 문화예술에 대한 공공지원 정책은 '문화복지의 실현을 통한 삶의 질 향상'이라는 목적 아래 정부가 지속적으로 시행하는 것이다. 그러나 문화예술지원 정책의 방향이 점차 예술 공급자 중심에서 소비자 중심으로 향하고 있는 상황에서 예술 소비자 중심의 지원 정책을 예술 공급자 중심의 지원 정책과 접점에 이를 수 있도록 하는 정책이 바로 오늘날의 문화예술교육이 지향할 바라고 할 수 있다.

③ 우리나라 문화예술교육의 변화 - 문화복지에서 문화공유로

문화예술교육 지원법 제3조는 문화예술교육의 기본원칙으로서 '문화예술교육은 모든 국민의 문화예술 향유와 창조력 함양을 위한 교육을 지향한다. 문화예술교육은 모든 국민의 나이, 성별, 장애, 사회적 신분, 경제적 여건, 신체적 조건, 거주지역 등과 관계없이 자신의 관심과 적성에 따라 평생에 걸쳐 문화예술을 체계적으로 학습하고 교육받을 기회를 균등하게 보장받는다.'라고 명시하고 있다 한국문화예술교육진흥원, 2015. 이처럼 문화예술교육 지원법에 명시된 문화예술교육은 모든 국민의 권리로서 문화예술교육을 인정하고 평생교육으로서의 기회 보장을 의미하고 있다. 그러나 이러한 정책적 체계는 문화복지로서 문화예술교육의 대중성에는 크게 유효했으나 문화예술 공급자 교육자, 예술가 와 수요자 국민를 구분함으로써 문화예술교육이 수혜적인 관점에서 이루어지는 문제점을 야기하고 있다 홍애령·박재홍, 2018.

우리나라에서의 문화복지는 1980년대 초 선진국 진입을 목표하며 복지를 강조하던 제5공화국에서부터 시작된다. 당시 문화복지 차원의 사업은 문화적 환경조성, 문화예술교육 지원, 문화예술프로그램 제공 지원, 문화복지 전달체계 구축, 문화복지 매개전문인력 양성사업 등, 주로 중앙정부가 민간에 지원하는 top-down 방식으로 이루어졌다 양혜원·이성태·도경민·조지영, 2012. 즉, 그간의 문화예술교육은 중앙정부 부처로부터의 시혜 施惠 적 개념 아래 시행된 것이다. 이러한 초기 문화복지로서의 문화예술교육은 문화예술교육의 세를 확장하는 데 있어 매우 효과적이었으나, 도약과 성장을 위한 현 시점에서는 그 한계가 나타나고 있다. 이에 오늘날 문화예술교육은 단지 복지가 아닌 공유의 차원에서 논의되고 있으며, 이때 '문화의 민주화'에서 '문화 민주주의'로의 변화[5]가 요구된다. 즉, 문화복지 차원의 일방적 행위가 양방향, 또는 다방향 차원의 문화공유로 변화하는 것이다. 이는 문화예술에 대한 요구와 행위 자체에 있어서 모든 국민이 주체임을 의미하는 것으로써 본 장에서 강조하고자 하는 문화예술교육의 공적 가치의 구현이라고 할 수 있다.

---

5   문화 민주화가 19세기 중반부터 20세기 초반 소위 엘리트 중심의 고급문화를 대중들에게 확산하는 것을 목표로 한 지원 활동인 반면, 문화 민주주의는 문화 다양성을 기반으로 대중들이 문화예술의 창작과 소비에 주체로 참여하는 것을 지향하는 개념이다. 문화 민주화가 전문가와 이들에 의해 생산되는 문화에 중심을 두었다면, 문화 민주주의는 아마추어가 소비뿐만 아니라 문화의 생산에도 직접 참여하는 데 중점을 둔다. 존 랑스테드(Jorn Langsted)는 문화 민주화를 '모든 사람을 위한 문화(culture for everybody)', '문화민주주의'는 '모든 사람에 의한 문화(culture by everybody)'로 구분하며 문화수용자의 주체적 측면을 강조하였다(Langsted, 1990 : 홍애령·박재홍, 2018에서 재인용).

④ 우리나라 문화예술교육의 주요 사례

앞에서 언급한 문화예술교육의 공적 가치 실현을 목표하는 우리나라 문화예술교육의 사례는 매우 다양하게 발견된다. 예를 들어 우리나라 문화예술교육을 주도해 온 한국문화예술교육진흥원의 '예술꽃 씨앗학교'와 '예술강사 지원사업', '꿈의 오케스트라' 등이 대표적이며, 교육부 주도의 '예술드림거점학교', '예술중점학교', '예술이음학교', '악기교육 지원사업'과 한국과학창의재단의 문화예술 관련한 '교육기부사업' 역시 큰 성과를 도출한 의미 있는 사업이다. 또한, 사회적 책임이라는 공감 아래 유수의 기업들이 주도하는 문화예술교육 사업 역시 간과할 수 없는 주요 사례이다. 그러나 이미 언급한 바와 같이 이러한 사업들은 아직 문화예술교육의 저변확대와 복지의 개념 아래 대상의 수혜적 차원에서 시행되고 있다. 이에 본 장에서는 문화복지에서 문화공유로의 개념으로 변화를 시도하고 있는 예술꽃 씨앗학교의 사례 한국문화예술교육진흥원, 2020 를 소개함으로써 문화예술교육이 갖는 공공성의 의미를 다시 한번 강조하고자 한다. 다음은 2020년 저자가 한국문화예술교육진흥원의 위탁을 받아 책임연구자로 진행한 예술꽃 씨앗학교 신규 운영모델 개발의 내용을 중심으로 한다[6].

---

6   한국문화예술교육진흥원(2020) 보고서 자료를 재구성하여 제시함.

예술꽃 씨앗학교의 개념

예술꽃 씨앗학교는 문화체육관광부 지원과 한국문화예술교육진흥원 주도로 2008년부터 소외지역 단위학교의 문화예술교육 지원사업으로 추진됐다. 농·산·어촌 소규모 학교 전교생의 문화예술 향유 기회 확대와 문화 감수성 및 문화 소양 증진을 위하여 문화예술교육과 교육과정을 연계하고 운영 환경을 조성하여 지역 내 문화예술교육 거점학교를 육성하는 데 목적을 두고 있다. 예술꽃 씨앗학교의 특징은 문화예술 소외지역에 속하는 전교생 400명 이하 소규모 학교 그림3 에 4년간 전교생 대상의 문화예술교육을 시행하고 지역사회와 연계를 통해 지역 문화예술의 거점 역할을 수행하는 데 있다.

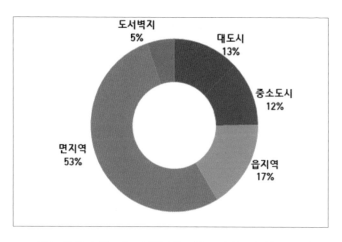

그림 3. 예술꽃 씨앗학교의 도시 유형별 분포 (한국문화예술교육진흥원, 2020)

예술꽃 씨앗학교 사업 현황

예술꽃 씨앗학교 사업은 2008년부터 문화예술교육의 운영 의지가 높은 학교를 선정하고 다양한 분야 국악, 서양악, 영화, 연극, 뮤지컬, 디자인, 공예 등의 문화예술교육이 이루어질 수 있도록 교육환경 기반을 마련하였다. 또한, 사업을 담당하는 교사와 강사 간의 역량 강화와 문화예술교육 네트워크 중심 거점학교로의 성장을 지원하고 있다. 예술꽃 씨앗학교는 2020년까지 총 11기수 학교를 선발하여 현재 총 누적 133개교의 문화예술교육을 지원해오고 있다. 현재 2019년에 새로 선발한 학교들을 포함하여 총 45개교의 문화예술교육을 지원 중이며, 총 88개교의 문화예술교육 지원을 완료하였다.

예술꽃 씨앗학교는 기본 지원 3년과 추가 지원 1년, 총 4년의 기간 동안 문화예술교육을 지원하고 있으며, 문화예술교육의 결과는 2011년부터 '어울림 뜨락', 2014년 '꿈을 먹는 하루', 2015 이후 '예술이 꽃피는 숲' 등을 통해 공유되고 있다. 2018년부터 지역 중심의 문화예술교육 확대라는 추진 목적에 따라 '마을 축제형 성과발표회'를 개최하여 지역주민들과 함께 공유하고 공감하는 축제를 시행하고 있다. 예술꽃 씨앗학교 사업 운영을 위한 기수별 특징적 연력과 그 변화를 살펴보면 〈표1〉과 같다.

년도	예술꽃 씨앗학교	주요 운영내용
2008	1기 10개 예술꽃 씨앗학교 선정	시범운영시기 자체심사 선정 학교당 연 1억원 4년 지원 제1회 성과 박람회 〈어울림 뜨락〉 개최
2011	2기 16개 예술꽃 씨앗학교 선정	공모제 선정 서울-인천을 제외한 전국 문화예술 소외지역 학교 선정 학교당 연 1억원 지원 성과평가 연구 시작
2012	3기 10개 예술꽃 씨앗학교 선정 예술꽃 새싹학교 3개교 선정	연차별 차등 금액 지원 시작 씨앗가꿈이 채용 시작 기업 참여 시작-국민은행 후원 예술꽃 씨앗학교 주제발표 학술 포럼 〈예술꽃 이야기 마당〉 개최
2013	4기 4개 예술꽃 씨앗학교 선정 예술꽃 새싹학교 3개교 선정	안정적 운영 환경 조성 선정 대상 학교의 교장 임기 2년 이상 확보 요건 추가 기업 참여-국민은행 후원
2014	5기 13개 예술꽃 씨앗학교 선정	초등학교 외 중·고교로 범위 확대 컨설팅 평가단 운영 시작 중장기 사업 전력 발표 제2회 성과발표회 〈꿈을 먹는 하루〉 개최
2015	6기 20개 예술꽃 씨앗학교 선정 예술꽃 새싹학교 9개교 선정	운영모델연구 타 부처 유사 사업 참여 학교 제외 기업참여-신한은행 후원 제3회 성과공유회 〈예술이 꽃피는 숲〉 개최
2016	7기 14개 예술꽃 씨앗학교 선정 예술꽃 새싹학교 7개교 선정	권역별 컨설팅 시작-전국 4개 권역 역량 가꿈 워크숍 도입 선정 대상 학교의 담당교사 임기 2년 이상 확보 요건 추가 기업참여-신한은행 후원 제4회 성과공유회 〈예술이 꽃피는 숲〉 개최
2017	8기 8개 예술꽃 씨앗학교 선정 예술꽃 새싹학교 3개교 선정	컨설팅 전국 4개 권역 조정 기업참여-신한은행 후원 제5회 성과공유회 〈예술이 꽃피는 숲〉 개최
2018	9기 8개 예술꽃 씨앗학교 선정 예술꽃 새싹학교 9개교 선정	성과 분석 및 발전 방안 연구 기업참여-신한은행 후원 사업 10주년 기념 콘퍼런스 개최 제6회 마을축제형 성과공유회 〈예술이 꽃피는 마을〉 개최
2019	10기 15개 예술꽃 씨앗학교 선정 예술꽃 새싹학교 10개교 선정	내실화와 개선을 위한 연구 기업참여-신한은행 후원 제7회 마을축제형 성과공유회 〈예술이 꽃피는 마을〉 개최
2020	11기 15개 예술꽃 씨앗학교 선정 예술꽃 새싹학교 6개교 선정	예술꽃 씨앗학교 분포 구글맵 개발 예술꽃 씨앗학교 운영가이드 배포 기업참여-신한은행 후원 신규 운영모델 개발 연구

표 1. 예술꽃 씨앗학교 2008~2020년 연혁
정문성 외, 2013; 정문성 외, 2014; 정문성 외, 2015; 정민룡, 2014; 이경진 외, 2018
: 한국문화예술교육진흥원, 2020에서 재인용

예술꽃 씨앗학교 신규 운영모델 개발

① 연구의 목적 및 내용

예술꽃 씨앗학교 신규 운영모델 개발 연구는 지난 12년의 역사를 통해 학교 문화예술교육의 정착과 활성화에 이바지해 온 예술꽃 씨앗학교의 사업 정체성 강화와 자립화 방안을 목표로 하였으며, <표 2>의 내용을 중심으로 진행되었다.

❶ 연구의 필요성 및 목적

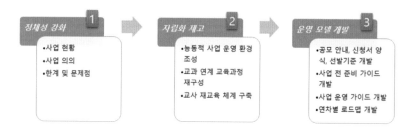

❷ 연구내용

❸ 선행연구분석

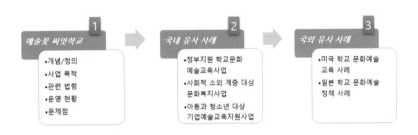

❹ 연구방법

❺ 기대효과

표 2. 예술꽃 씨앗학교 신규 운영모델 개발 내용 및 과정

② 연구 결과

예술꽃 씨앗학교의 사업 정체성 강화와 자립화 방안을 목표로 한 예술꽃 씨앗학교 신규 운영모델 개발 연구를 통해 도출된 결과는 다음과 같다.

❶ 예술꽃 씨앗학교 신청 대상 확대의 필요성
보편적 문화예술교육의 차원에서 전국 문화예술 소외지역의 초, 중, 고 모든 학교로의 확대

❷ 준비된 예술꽃 씨앗학교 선정의 필요성
충분한 사업 준비 기간 확보와 예비학교에 대한 지원 확대

❸ 예술꽃 씨앗학교와 타 유사 사업의 차별화 확보의 필요성
주요 수혜자로 학교 전교생 및 전체 교사로 확대, 교사의 문화예술교육 역량 강화를 통한 자립화 시도

❹ 예술꽃 씨앗학교 공동체성 및 문화예술교육 전문성 강화의 필요성
교사의 문화예술교육 역할 확대, 지역 및 지역 예술가와의 연계 추구

❺ 예술꽃 씨앗학교의 효율적 운영을 위한 지원 및 평가 강화의 필요성
예술꽃 씨앗학교 운영부 신설 및 연구부와의 협업체계 구축을 통한 운영체계 강화, 운영 주체 및 연차별 로드맵 제시를 통한 운영 방법 일반화, 평가 강화를 통한 학교별 문화예술교육 수준 평준화 강조

위의 제시한 결과 중 밑줄로 표시된 내용을 보면 보편적 문화예술교육, 문화예술교육 기회의 확대, 학교 문화예술교육의 자립화와 보편화를 위한 교사의 문화예술교육 역량 강화, 효과적인 문화예술교육 체계 및 환경구축을 위한 학교 운영체계의 변화, 학교별 문화예술교육 수준 평준화를 위한 평가 강화 등 예술꽃 씨앗학교의 공적 가치를 극대화하는 방안과 내용으로 정리되어 있다. 즉 예술꽃 씨앗학교 신규 운영모델은 정규 학교 교육에 문화예술교육을 접목한 자립화 모델로서, 보편적 문화예술교육의 구현을 위한 공교육에서의 문화예술교육과 일정 수준 이상의 내용적 일반화와 평준화를 목적하며, 이를 위해 학교 교사의 문화예술교육 역량 강화와 학교별 특성화 및 지역 연계 전략 수립을 주요 과제로 제시하고 있다.

그림 4. 예술꽃 씨앗학교 신규 운영모델의 사업목적과 운영과정

4. 마무리하며

본 장의 서두에 웰빙 well-being 과 웰다잉 well-dying 을 추구하는 현대사회에서 문화에 대한 권리인 문화권의 중요성에 대해 언급하였다. 또한, 이러한 문화예술에 대한 요구와 그에 대한 당위성은 이미 우리 사회에서 보편적 명제로 인식되고 있음을 강조하였다. 그러나 이러한 인식에도 불구하고, 또한 이러한 인식을 통한 정책적 실행에도 불구하고 현실에는 많은 약점과 문제들이 존재함을 깨닫게 된다. 글을 마무리하며 이러한 약점과 문제들이 우리에게 시사하는 바를 한재훈 2014 의 글을 통해 고민해보고자 한다. 결국, 이러한 고민에 대한 부단한 노력의 흔적이 우리에게 문화예술을 통한 풍요로운 삶을 담보하기 때문이다. 우리는 이러한 노력을 통해 세상을 익히게 習 된다.

"익힐 습 習은 깃 우 羽와 흰 백 白이 합쳐진 글자로서 '날개가 하얗다'고 해석할 수 있습니다. 날개가 하얗다는 것은 어린 새가 공중에 자기 몸을 던져서 날개가 하얗게 보일 정도로 매우 빨리 움직이는 모습을 의미합니다. 새로운 것을 배우는 일도 어린 새처럼 날기 위해 낯설고 위험한 상황에 기꺼이 몸을 던지는 용기와 죽기 살기로 몸부림치는 날갯짓의 절실함을 가져야 합니다. 그런 용기와 절실함 없이 그저 바라기만 해서는 결코 변화와 성장이 이루어질 리가 만무합니다." 한재훈, 2014.

참고문헌

곽덕주, 남인우, 임미혜, 『유럽에서 만난 예술교육』, 커뮤니케이션북스, 2017.

교육부, 2017 악기지원사업 운영 계획, 2017.

교육부, 2020년 학교예술교육 활성화 기본 계획, 2020.

김형숙·(사)한국예술교육학회, 예술의 사회적 현상과 문화예술교육, 『문화예술교육 개론』, 레인보우북스, 2017, 89-105쪽.

문화체육관광부·한국문화관광연구원, 2013 문화예술정책백서, 2014.

민경훈·(사)한국예술교육학회, 문화예술교육의 사회적 배경, 『문화예술교육 개론』, 레인보우북스, 2017, 21-32쪽.

박민하, 이병민, 문화예술교육 일상화의 개념적 확장과 적용, 인문콘텐츠, 41, 2016, 285-305쪽.

박중길·(사)한국예술교육학회, 문화예술교육의 개념과 의의, 『문화예술교육 개론』, 레인보우북스, 2017, 33-48쪽.

박지은, 국가별 학교문화예술교육 정책 자료집 : 프랑스, 한국문화예술교육진흥원, 2013.

석문주, 최은식, 최미영, 외국의 문화예술교육 프로그램에 대한 분석 연구 : 미국, 영국, 핀란드, 일본을 중심으로, 예술교육연구, 8(2), 2010, 1-19쪽.

양혜원, 이성태, 도경민, 조지영, 문화복지 정책의 사회·경제적 가치 추정과 정책 방향, 한국문화관광연구원, 2012.

유정애, 스포츠교육학의 공적 가치 의미와 기능 탐색, 체육과학연구, 26(2), 2015, 329-341쪽.

윤주, 세계교육정책 인포메이션6 : 노르웨이 및 네덜란드의 문화예술교육사례가 한국에 주는 시사점(CP2017-01-06), 한국교육개발원, 2017.

윤지영, 기업의 메세나 활동을 통한 공간 복지 활성화, 부산발전포럼, 160, 2016, 24-31쪽.

이경석, 조아영, 정현혜, 예술꽃 씨앗학교 지원 사업 개선을 위한 학교문화예술 교육현황 조사 결과보고서, 한국문화예술교육진흥원, 2019.

임남숙·(사)한국예술교육학회, 문화예술교육의 특성과 효과, 『문화예술교육 개론』, 레인보우북스, 2017, 151-160쪽.

정갑영, 문화복지법제화방안연구, 한국문화관광연구원, 2007.

조대현, 『융합적 사고에 기초한 음악교육의 이해』, 학지사, 2019.

조현성, 문화예술교육정책 중장기 추진방향, 한국문화관광연구원, 2016.

주스웨덴문화홍보관, 스웨덴 학교 예술교육 조사 결과, 해외문화홍보원, 2016.

주영국한국문화원, 영국 정규 교육과정 내외 문화예술교육 정책, 해외문화홍보원, 2016.

주프랑스한국문화원, 프랑스 학교 정규교육과정 내 문화예술교육 제도, 해외문화홍보원, 2016.

최나영, 강주희, 박은영, 2018 예술꽃 씨앗학교 지원 사업 성과분석 및 발전방안 연구 (KACES-1970-R002), 한국문화예술교육진흥원, 2018.

최보연, 국가별 학교문화예술교육 정책 자료집 : 영국, 한국문화예술교육진흥원, 2013.

한경훈, 4차 산업혁명 기술기반을 활용한 한국의 문화예술교육 방향성, 2020.

한국문화예술교육진흥원, 한국문화예술교육진흥원 10년, 2015.

한국문화예술교육진흥원, 예술꽃 씨앗학교 신규 운영모델 개발(KACES-2070-R001), 2020.

한재훈, 서당공부 오래된 인문학의 길, 갈라파고스, 2014.

황연주, 정연희, 문화예술교육 정책의 분석과 전망, 미술교육논총, 18(3), 004, 1-27쪽.

홍애령, 박재홍, 문화예술교육의 수혜적 관점과 향유적 관점:문화복지에서 문화공유로의 전환, 한국무용과학회지, 35-2, 2018, 81-95쪽.

홍애령, 송미숙, 문화예술교육 정책 분석을 통한 문화예술교육의 발전방향. 한국무용연구, 33-1, 2015, 167-190쪽.

Brooks, S., & Wiggan, J., Reflecting the public value of sport. Public Management Review, 11(4), 2009, 401-420쪽.

Gruhn, W., 2008, 아이들은 음악이 필요합니다, 조대현 역(원본발간 2003), 도서출판 DanSing.

Roediger III, H. L., Recall as a Self-limiting Process. Memory & Cognition . 6, 1991, 54-63쪽.

문화예술교육으로 채우는 공간이야기

이욱상

신라대학교 창의예술학부 겸임교수·오픈스페이스 배 교육팀장

공간은 아무것도 없는 빈 곳에서 출발하여 철학적 입장에서는 시간과 함께 세계를 성립시키는 기본형식, 물리학에서는 물질이 존재하고 여러 현상이 생기는 장場을 말하며 수학적으로는 유클리드 삼차원 공간을 말한다. 건축가들은 도시의 공간은 그 지역의 수준, 인식, 상상력을 볼 수 있다고 말한다. 그만큼 도시의 공간은 많은 것을 포함하고 있다. 문화예술교육은 인간의 삶에 긍정적 영향을 미치는 교육적 활동이다. 나다움의 발견, 정신과 육체에 쉼과 충전을 통해 상상력을 만들고 일상생활의 설렘과 안정 그리고 소통과 공감을 이끌어내는 가치지향적 활동이다. 문화예술교육과 공간과의 결합은 학습공간의 제공과 같은 기능적 물리적 관계를 넘어 철학과 가치를 담아야 한다.

광장은 넓은 구조를 기본으로 사람들의 만남을 통한 소통을 위해 형성된다. 권력을 위한 일방적 전달을 목적으로 한 광장을 우리는 문화예술적이라고 말하지 않는다. 골목과 빌딩에서 나와 하늘과 다양한 문화 공연을 볼 수 있으며 다양한 계층의 사람들의 여러 생각을 소통할 수 있어야 한다. 놀이터는 오르고 내리고 도망가고 잡고 쌓고 허물고 웃고 소리 지를 수 있어야 한다. 학교와 아파트 단지의 행정적 준공 허가와 안전만을 위한 지루하고 도전할 것 없는 일률적인 놀이터는 사람이 살지 않는 집처럼 고요하고 수시로 안전 펜스 속에서 수리하는 모습을 보여준다.

몇 년 전 프랑스 니스의 마세나 광장과 함께 연결된 놀이터에서 문화예술교육과 공간의 사례를 보았다. 광장은 중앙역과 근현대미술관, 해변, 관공서로 연결된다. 축제와 공연은 물론이고 역사와 신화를 담은 포세이돈 조각, 분홍색으로 통일된 오래된 건물들, 지역문화센터에서 실시하는 프로그램으로 아이들은 광장 건물 유리창의 구조를 찾아다니며 서로 사진을 찍는 조형 놀이 프로그램이 한창이다. 대륙을 상징하는 일곱 개의 인물조각상은 높은 파이프 기둥 위에서 다양한 자세로 앉아서 지중해를 겸손하게 바라보는 하우메 플랜자의 조각 조형물은 사람들의 동선을 방해하지 않는다. 광장의 바닥은 자전거와 서행하는 차가 다니는 길, 사람이 다니는 길, 트램이 다니는 길, 거울 분수 광장, 친환경 나무와 밧줄로 만든 놀이터의 공간은 불규칙한 체스 문양 블록, 잔디, 물, 모래로 공간의 용도에 따라 재료와 디자인만 다를 뿐 턱과 높이의 변화 없이 수평을 이룬다. 어린이도 노인도 휠체어도 자동차도 평등해 보인다.

마세나 광장에는 문화예술교육적 반전이 있다. 밤이 되면 다양한 색의 빛으로 변하는 하우메의 인물조형물. 단순한 분수 공간으로 알았던 거울 분수는 물이 멈추면 바닥엔 하늘과 사람들 니스의 모습이 거울처럼 바닥에 반영된다. 그리고 다시 많은 바닥의 노즐은 물 대신 뿌연 물안개를 뿜어내 어느새 사람들은 거대한 안개 속에서 찾고 웃고 한여름의 더위를 식힌다. 내가 주목한 문화 예술적 공간은 놀이터의 아이와 부모의 거리, 회전하는 의자의 구조이다. 나무로 만든 고래의 등을 오르던 한 아이가 바닥에 떨어져 울며 엄마를 찾는다. 50미터가 넘는 반대편 위치의 벤치에서 이웃과 이야기를 나누던 아이의 엄마는 아이를 향해 천천히 걸어간다. 멀리서 오는 엄마를 기다리다 아이는 울음을 멈추고 옆의 문어 구조물의 줄을 타고 오른다. 아이의 엄마는 다시 의자로 돌아와 아이가 있는 방향으로 의자를 돌려 앉아 이웃과 이야기를 나눈다. 친환경적 재료, 도전과 모험, 스스로의 문제해결, 지켜보고 바라보지만 아이와의 거리두기를 통한 간섭하지 않는 공공 디자인, 나는 이곳에서 몇 가지 문화예술교육의 몇 가지 키워드를 발견했다.

공간은 인간의 삶과 관계한다.

문화예술교육에 종사하는 기획자를 포함한 예술 강사는 공간에 대한 통찰력과 비판적 사고를 정립해야 한다. 지리적 공간적인 조건이 사람의 생각과 문화에 영향을 미친다. 개인의 자유를 억압하고 극단적으로 집단의 이익만을 강조하는 전체주의적 공간에서 성장하고 생애를 보내는 사람들은 자신도 모르는 상황에서 점진적으로 정신적 파괴가 이루어진다. 문화예술교육자는 공간의 이해에서 나아가 발전적 비판을 해야 한다.

고대 신전이 주는 높고 근엄한 신의 위상은 중세의 고딕으로 인간의 경쟁의식과 허영을 부추긴다. 그리스의 아고라 광장은 토론을 통한 소통에 대한 노력을 보여주고 로마 이후의 대부분의 광장들은 신과 절대자의 위엄과 업적을 알리기 위한 권위적 공간으로 조성되었다. 지배구조의 효율성을 높이기 위한 방편으로 과거의 공간들은 기하학을 적용하여 절대적 비례를 이용한 완결된 형태의 공간을 창출하여 시민 개개인 생각의 자유를 무의식적으로 통제했다. 19세기 말 이어진 자유주의 물결과 민주시민 의식은 과거의 통제적 공간을 인간적 관점의 공간으로의 변화를 갈구했다. 단순히 기능성과 권위적 형태의 공간에서 기억과 경험이 있는 장소성을 찾고자 했다. 신을 찬양했던 높은 고딕 성당은 현재의 우리에겐 명상의 공간, 사랑하는 이에게 사랑을 고백한 장소로 전환되기도 한다. 건축물의 경우 시설물로서의 공간을 넘어 공간 속에서 살아가는 사람들의 가치와 철학을 표현한다.

학교 교사를 30년 넘게 한 필자로서는 학생 시절을 포함한 40년 전의 학교 공간과 지금의 학교 공간의 변함없는 정체성에 대해 깊은 의문을 가지게 되었다. 넓고 휑한 운동장은 전체 조례와 많은 스포츠 활동 중 축구 경기를 위한 공간으로 굳어졌고, 운동장 가장자리를 둘러싼 적당한 나무와 식물이 심겨져 있는 공간으로 고착화 되었다. 교장 선생님의 훈화는 사라졌지만 여전히 조례대는 학교 공간의 필수 시설물로 아직도 존재한다. 현관과 계단, 복도를 통한 교실은 양계장을 연상시킨다. 학교의 공간은 학생 지도의 효율성과 통제를 위한 최적화된 구조를 발전시켜 왔다. 학교는 다양성을 인정하지 않는다고 우리의 학교 공간은 이야기하고 있는지 모른다. 현재의 우리나라 국민 대다수는 이러한 학교의 공간에서 어린 시절과 청소년기의 대부분을 지내왔다. 획일적 공간은 전체주의적 사고를 만들고 배려보다는 경쟁심을, 나만의 가치와 자존감보다는 주변 동료에게 왕따를 시키는 기형적 문화현상으로 나타나고 있다.

대표적 거주공간인 아파트의 생활은 나와 가족의 보금자리로서의 공간을 넘어 크기와 가격으로 비교당하는 삶의 지표로 나타나고 있다. 이탈리아 출신의 미디어 활동가 프랑코 베라르디는 한국의 모습을 일상의 사막화, 생활리듬의 초가속화, 극단적 이기주의를 통한 끝없는 경쟁주의로 지적한다. 한국인들은 엄청난 가난의 상황에서 벗어났기 때문에 그들의 새로운 현상에 반대하는 것은 생각할 수 없는 일이 되었다. 이러한 태도는 '10만 명당 28명의 사람들의 성공이지만, 더 많은 사람들이 실패하는 유산이다.' (프랑코 베라르디 : 한반도의 풍경-서울로의 여행, http://blog.daum.net/nanomat/1089 참고)

획일적 공간을 활용한 경쟁교육은 야만이다. 이 지점에서 자신과의 관계, 타인과의 관계를 통한 공동체 교육, 자연과 공간과의 관계를 지향하는 문화예술교육이 갖는 가치와 태도는 우리 사회의 교육적 태도에 변화를 주고 있다.

교육 기회는 평등해야 한다. 다름을 통한 다양성을 인정하는 공간 활용의 변화에 적극적 태도를 보여야 한다. 최근 들어 우리의 교육 현장에서도 공간 혁신을 통한 창의력과 다양성을 적용한 공간 사업을 전국적 학교를 대상으로 시행되고 있다. 하지만 유휴공간을 활용한 발표, 토론, 커뮤니티를 유도하는 공간 혁신 사업은 그 취지에도 불구하고 건축가의 아이디어에 머무는 경향을 보인다. 교사와 학생의 인식의 고착화로 인해 새로운 공간을 생활 속에서 받아들이지 못하고 새로운 관리 대상으로 나타나곤 한다. 초등학교의 벽면을 관념적 색채로 칠하는 것만으로 만족되기보다 살뜰한 공간에 대한 교육적 인식이 적용되어야 한다. 아이들의 학습에 대한 능동성과 자발성, 긴 시간 아동기와 청소년기를 보내는 삶의 공간으로서의 편안함을 유도할 수 있는 교육적 공간이 지금의 우리에게 필요한 숙제이며 문화예술교육이 깊게 관계 맺기를 해야 하는 이유이다.

2019년 필자는 기본교과과정이 아닌 심화선택과정에 해당하는 고3 미술창작 수업을 맡았다. 대입수능시험을 눈앞에 둔 입시생을 데리고 미술수업을 열심히 하기도 대충하기도 난감한 교육적 현실에 직면했다. 대입 전형의 다양화로 교과에 따라 학생 개개인의 성적 반영 과목이 다르다. 진학에 반영되지 않는 교과목 시간에 주요 과목 공부를 요구하는 학생과 아예 잠자는 학생이 생각보다 많다. 문득 학교 운동장 펜스의 쪽문

만 열면 펼쳐지는 쌈지공원의 숲 그늘 공간과 문화예술공간 재생의 모범으로 알려진 런던의 데이트 모던 미술관의 터빈홀에서 전시된 세계적 개념미술가인 올라퍼 엘리아슨의 〈weather project〉 작품과 입시의 부담감과 입시제도와 고교 수업과의 현실적 괴리에서 무력하고 지친 잠을 자는 고3학생을 위한 숲속 힐링 프로젝트 수업을 구상했다. 개인당 하나씩 해먹 40개를 사기 위해 교장선생님을 협박에 가까운 설득을 했다. "미술이 뭐라고 생각하세요?" 난데없는 미술교사의 질문에 머뭇거리는 교장선생님에게 나는 "아름다움입니다. 공간의 이해와 경험이며 미술은 기록이고, 중세엔 하나님의 말씀이고 잘못된 시대엔 저항이고 고발이기도 합니다." 라고 말하면서 엘리아슨의 작품을 보여주며 세계 최고의 미술관에서 전시한 세계적 작품의 설명을 통해 교장선생님의 미소와 함께 허락을 받았다.

〈weather project〉는 2003년 영국의 미술관 테이트 모던 Tate Modern 에 설치되었는데, 당시 관람객들로부터 열광적인 반응을 얻었다. 날씨가 좋지 않기로 세계적으로 유명한 런던에서, 태양을 연상시키는 큰 조명이 설치된 미술관은 쉼의 공간으로 바뀌었다. 사람들은 아무도 시키지 않았는데도 자연스럽게 조명아래 바닥에 마치 일광욕을 즐기는 사람처럼 누웠다. 스모그의 주범인 화력발전소의 심장부인 터빈홀에서 작품을 관람하고 미술에 대한 대화가 오가는 미술관의 바닥에 눕는다는 것을 사람들은 감히 상상이나 했을까? 예술은 미적 감각을 자극하고 비어있는 감수성을 채워주기도 하지만, 때로는 공간을 낯설게 만들고 다르게 보면서 기존의 생각들을 비워내게 만들기도 한다. 그런 의미에서 쉼은 버리고 아까운 시간이 아니라 알차고 새로 바꿔 넣는 시간이다. '쉼'은 마치 우리들에게 버리는 시간처럼 보인다. 하지만 쉼은 우리에게 새로운 일상과 생각의 전환을 가져다준다.

올라퍼 엘리아슨 (weather project, Olarfur Eliasson, Tate modern, 2003)

해먹과 함께하는 미술수업 〈미술은 쉼이다〉는 자연공간에 개인별 해먹을 직접 설치하고 쉼을 경험하는 수업이다. 이번 시간의 수업 목표는 '완전한 쉼'이다. 입시 준비에 지친 고3 아이들은 나무에 설치된 해먹에서 자유롭게 휴식을 취한다. 누군가는 잠을 자고, 누군가는 책을 읽고, 누군가는 시쳇말로, 멍 때리기도 한다. 수업이 마친 후 학교에 와서 가장 행복한 시간이었다고, 새소리 바람 소리가 좋았다고, 스스로 위로받는 휴식이었다고 그리고 학교 바로 옆에 이렇게 멋진 숲이 있는지를 3년 동안 몰랐다고 아이들은 이야기한다. 쉼과 자연공간의 경험을 알려준 이 수업은 니스의 마세나 광장의 의자처럼 아무런 간섭도 하지 않지만 학교 옆 공간과 동시대 미술, 그리고 지친 고3을 위한 삶을 위로하기 위해서 결합한 내가 기획한 많은 사회문화예술교육 프로그램과 학교 수업 중 가장 잘한 일이라고 스스로 평가한다.

공간의 특성을 이용한 프로그램

최근 부산문화재단이 공모한 문화예술프로그램에는 공간과의 연계를 통한 프로그램들이 많이 보인다. 〈자연과 함께하는 통합예술여행〉, 〈역사의 향기를 찾아서 내 고장 문화지도 만들기 〉, 〈꿈꾸는 다락방〉, 〈수영,GOGO 考古 동네발굴단⑵: 아이들, 마음을 디자인하다!〉, 〈도로로 나온 명랑 김삿갓, 꾸욱! 눌러 새긴 역사탐험-마을지도 만들기 위기탈 Talk〉, 〈동네 책방 가는 길에서도 우리는 자란다〉, 〈통통 시장통 예술학교〉, 〈토.토.즐! 놀이터프로젝트〉, 〈예술 나들이, 미술아 놀자!〉, 〈동해남부선일광 '찍GO' 보물프로젝트〉, 〈예술로 헤엄치는 바다놀이터〉, 〈꽃마을 어디까지 가봤니? 우리 동네 보물찾기〉, 〈우리 동네 마을 놀이터 만들기〉, 〈찰칵! 그림자 섬 조각 탐험대〉, 〈2020 천마꽃마을 프로젝트〉, 〈기장야화발굴대〉, 〈도시재생으로 만난 문화예술 산책자들〉, 〈마을방송국 동래 TV〉처럼 지역의 공간을 매개로 역사와 자연 그리고 삶의 이야기를 다양한 프로그램 제목으로 다루고 있다. 2006년 필자가 학교 교육이 아닌 사회문화예술교육을 처음 접했을 때 대부분의 문화예술교육단체들의 프로그램은 지역성, 사람들의 삶과 연계한 커뮤니티 기반 공간 결합형프로그램보다 전통적 예술교육에 충실한 기능 위주, 결과 위주의 프로그램이 대다수였다. 그동안 문화예술교육의 인식변화와 양적 질적 변화를 통해 발전되어 왔다. 특히 지역성을 기반으로 공간 활용 프로그램이 유독 많아지고 있다.

15년간 필자가 기획하고 경험한 프로그램을 통해 공간연계 문화예술교육의 방향성과 가능성에 대해 생각해보자. 그동안 '오픈스페이스 배' 교육팀장으로 모두가 예술을 즐기는 문화를 위해 산복도로 마을과 맨발 동무 도서관, 달맞이길, 국립부산과학관에서 공간과 이해와 상상, 소통을 위한 커뮤니티형 프로그램을 진행했다. 여러 프로그램이 진행되면서 예술이란 결코 솜씨 좋은 몇몇 사람들의 전유물이 아닌 우리 생활과 자연 그리고 세상 공간 연관이 있다는 사실을 느낄 수 있도록 진행하였다.

묻고, 찾고, 알아가는 과정 속에서 한 명, 한 명이 가진 세계와 만나고 그것을 이해하고 영향을 주고 영향을 받는다는 것은 참 어려운 일이다. 열악한 지역의 한계 안에서 때론 실패하고 지역주민과 소통하면서 진행한 프로그램이다. 이러한 사례를 통해 우리는 문화예술교육과 공간과의 연계에 대한 방향과 성찰에 대해 생각하는 매개가 되리라 생각된다. 2006~2007년 진행된 자체프로그램인 〈숲속미술관〉은 다양한 체험을 통해 자연공간을 이해하는 폭을 넓히기 위해 마련되었다.

"자연과 삶의 조화, 혹은 자연 속에서 얻은 즐거움은 인간이 살아가면서 느끼는 아름다움의 근원이자 기쁨입니다. 우리 생활의 터전인 세상이 바로 미술관입니다. 나무며 들판이며 하늘, 산이며 강, 길이며 시장, 집 등 우리 주변의 자연과 생활공간은 모든 예술작품의 근원입니다. 이번 프로그램을 통해 어린이 여러분이 풀이며 나무며 하늘과 바다와 같은 자연을 새롭게 보는 눈을 갖게 되길 기대합니다."

2006년 참가 어린이를 모집하기 위해 쓴 나의 첫 번째 프로그램 홍보 안내 글이다. 지금 보면 다소 관념적이고 추상적이나 큰틀의 생각의 변화는 없다. 당시 일광 달음산 속 배 밭으로 둘러싸인 오픈스페이스 배는 숲 오솔길, 대나무 숲, 작은 저수지, 계절마다 다른 모습을 보여주는 배 과수원, 초등학교 폐교에서 가져온 시멘트로 만든 동물 조형물, 입주 작가들의 작업실들이 있어 숲 프로그램에는 최적의 장소였다. 그 길속에는 흥미로운 미술 이야기가 숨겨 두었고 숲 영상 전시실, 작가들의 작품 동행한 가족들과 함께 보물찾기를 하듯 숲과 미술을 체험하게 하였다.

독일 발도르프 교육과정을 이수한 강사선생님을 초빙해서 숲에 대한 이해를 높였으며 비닐캔버스그리기를 개발하여 자신의 그림 배경 공간을 실제의 공간을 사진으로 촬영하여 어떻게 하면 공간적 상상력을 이끌어내고 남들과 다른 사고를 유도하고 그리기 기술에 관한 것이 아닌 관찰과 상상력에 관한 접근이 되도록 했다. 스스로가 만들어낸 인물을 배밭과 어우러진 자연 속에 겹쳐놓음으로써 배경이 만들어내는 이야기를 직접 경험하여 다층적이고 공간적인 시각적 경험을 할 수 있도록 나름 세심한 프로그램을 디자인하였다. 자체 프로그램의 경험을 기반으로 2007년부터 2010년까지 사회문화예술교육 지원사업에 공모해 수정동, 초량, 안창마을의 부산산복도로를 중심으로 〈우리동네미술관〉프로그램을 진행했다.

미술이란 뭘까? 세상을 아름답게 만드는 것, 그래서 아름다운 세상에 안겨서 풍요롭게 살아 갈 수 있게 하는 것일까? 아니면 남들은 느끼지 못하지만 미세한 차이를 발견함으로써 나다움을 발견하는 것일까? 빠르게 변화하는 현대 사회의 속도에서 정서적으로 적응하면서 시대를 앞서가는 행위일까? 아름다움, 차이, 속도, 소통, 진행 등을 내포한 미술을 우리 아이들에게 어떻게 접근하고 지도해야 할까? 특히 마을을 중심으로 한 부산의 산복도로 달동네의 아이들에게 미술은 어떻게 다가가야 할까? 이러한 고민에서 출발한 〈우리 동네 미술관 미술아 놀자!〉 는 잘 그리고 잘 만드는 기능 위주의 미술 교육에서 탈피하여 미술매체를 통해 마을공간을 알고 자신을 느끼게 하며 지역 공간의 기본원리를 체득하고 가족과 동네의 소중함을 생각하게 하는 방향으로 진행하였다. 골목에 숨어있는 시간의 흔적들을 찾고 이름 모를 낙서와 엉킨 전기 줄, 양지바른 담벽 밑에서 쉬고 계시는 동네 할아버지 할머니의 모습, 막다른 골목길로 인해 한참을 돌아가야 하는 동네의 구조를 알게 하는 것 그리하여 마을의 역사와 할머니를 위한 경로당의 필요성, 잘못된 구조로 인한 불편함 등을 마을 지도 그리기를 통해 알게 하고자 하였다.

소리 작업을 하는 정만영 작가와 협업으로 우리 마을 속에 숨어있는 독특한 소리가 나는 곳, 우리 마을에서만 볼 수 있는 장소를 찾아 바닥에 표시하는 사운드 포인트, 뷰포인트 찾기 수업도 진행하였다. 자신의 동네를 사랑할 수 있는 아동이 나아가 국가와 세계에 대한 올바른 가치관을 가지지 않을까? 우리 아이들의 눈과 손으로 그린 우리 마을 지도는 그래서 소중하다. 디지털카메라로 본 세상은 지도 그리기의 연장선에서 사진이 가진 특성 즉 말이나 글로 표현할 수 없는 그림과는 또 다른 즉발적이고 사실적인 것을 담아내는 쾌감을 느끼게 했다. 산복도로의 골목이 얼마나 아름다운가(…) 천천히 기다리다 찍고 때론 허락을 구하기도 하고 졸졸 따라 다니기도 했다. 멀리, 아주 가까이, 틈새로 보이는 세상을 볼 수 있는 눈을 가질 수 있는 사회인으로 성장하길 기대하는 마음을 담았다. 동네 식당에서 양파껍질을 모으는 아이들, 열심히 천연 염색에 대해서 주인아주머니께 설명하는 아이들, 비닐 그림에 그려진 나무 뒤로 비친 실제 마을공간이 자신의 그림 배경으로 들어와 조화를 만드는 묘한 경험을 하도록 했다. 가족 프로젝트는 검게 그을린 아버지의 얼굴과 거친 어머니의 손에서 느껴지는 참된 아름다움을 알게 하는 것, 부모 없이 홀로 자신을 키우는 할머니의 주름살의 아름다움 또한 알게 하는 것, 그래서 그들의 모습을 만들고 그리게 하였다. 마지막으로 이 모든 과정을 종합하여 아이들과 함께하는 벽화작업을 했다. 안창마을에는 어린 시절 쓰다 남은 장난감, 버려진 생활 용구, 기억과 추억으로 가득한 수많은 물건들을 칠하고 그려서 3개의 원을·마을 입구 창고 벽에 설치했다. 수정동 부산종합복지관 골목 진입로 흔들리는 위험한 벽에는 평소 수업의 여분 시간을 활용하여 작은 돌에 그린 아이들의 그림을 모아 튼튼하고 예쁜 모자이크 벽으로 재생시켰다. 벽화를 위한 벽의 선정 또한 아이들 스스로 의논하고 마을 주민과 아버지의 친구인 창고 주인에게 허락 받도록 지도했다. 미술아 놀자 프로그램이 진행되면서 우리 아이들은 미술은 결코 솜씨 좋은 몇몇 사람들의 전유물이 아닌 우리 생활공간과 자연 그리고 세상 모두와 연관이 있다는 사실을 알게 되도록 진행하였다. 묻고, 찾고, 설득하는 과정, 결과보다는 활동 자체의 과정에 주안점을 둔 보여주기보다는 이들 스스로 자신들의 터전을 들여다보는 계기가 되도록 하였다. 가르치기보다는 아이들에게서 오히려 많은 것을 배운 그런 시간이었다.

난쟁이 마을

우리 동네는 멀리 높은 빌딩이 내려다보이는

난쟁이 집이 몰려있는 마을이다.

다닥다닥 붙어있는 집에, 높은 집이라곤 2층집 뿐이다.

옆집에서 이야기하는 소리, 싸우는 소리

생방송 하듯 들린다.

그래서 옆집에서 일어나는 일은 다 알게 된다.

그렇다고 조용히 지내지는 않는 것 같다.

그래도 옆집 아줌마는 맛있는 것을 많이 주신다.

우리 동네는 쭉쭉 뻗어있는 깔끔한 길 대신

꾸불꾸불 미로길이다.

숨박꼭질 하면 숨을 곳이 많은 재미난 동네다.

우리 집에서 몇 걸음 지나면 친구 집이라

친구들 모아 동네 누비며 놀기에는 최고다.

멀리 보이는 높은 아파트에 살아보고 싶지만

추억이 많고, 친구도 많은 우리 동네를

떠난다 생각하면 많이 그리울 것 같다.

2013에서 2015까지 꿈다락 토요문화학교 〈상상농장, 미술아 놀자!〉를 통해 본격적인 자연공간을 활용한 생태 융합프로그램을 진행했다. 당시 오픈스페이스 배의 입주 작가인 김순임 작가가 중요하지 않은 야생풀밭을 오랜 시간 관찰하고 분류, 수집, 재구성하는 모습과 문화예술교육은 단순한 체험을 넘어 하나의 여정으로서 진행되어야 함을 알고

스토리와 세밀한 공간의 상상이 되도록 설계했다. 붉은 노끈으로 구역을 정하고 첫 시간 아이들과 발굴했다. 그곳에선 카세트테이프, 홍두께, 타일조각, 조개껍질 등 시간을 머금은 다양한 물건들이 나왔다. 그리고 그 물건들에 대해 이야기를 나누었다. 조개껍질을 보고 아주 아주 오래 전 이곳은 바다였다고 말하는 아이, 일광바다에서 취집한 조개를 이곳에서 먹었다고 상상하는 아이, 작은 텃밭공간을 통해 아이들의 시간과 자연, 사람들의 삶을 상상했다. 다음시간 발굴을 위해 자연스레 개간된 땅에 프로그램을 주요매개인 텃밭을 만들고 다양한 작물을 심었다. 흙과 벌레를 무서워하던 친구들도 아직도 그곳에서 무언가 나올 것 같은 설렘을 유지한 채 열심히 일하는 농부가 되어갔다. 두 번째 텃밭 공간은 잡초로 가득한 경사지에 아이들이 정한 크기의 원을 그리고 원안의 땅에 있는 잡초를 뽑고 철망채를 이용해 다함께 밀가루처럼 부드러운 자연 속 원을 만들었다. 흙을 만지며 아이들은 말한다. 숲속에 뜬 달 같다고, 엄마의 품처럼 부드럽다는 아이, 흙이 변하는 것을 느끼고 거친 대지를 찾아서 돌을 거르는 작업을 통해 손끝에서 오는 촉각, 자연에서 오는 변화 등 이 모든 것들이 미적 경험으로 작용하여 오감을 경험하고 공동으로 함께 밭을 가꾸고 작품을 만들어 봄으로써 함께 한다는 것의 큰 힘을 느끼고 이 과정에서 상상, 협력, 소통의 여정을 경험하게 했다. 이제 이곳은 일광신도시가 되어 아파트가 되었다. 당시의 아이들 마음속에 이 공간은 어떤 기억으로 남아 있을까?

　재개발로 오픈스페이스 배 공간은 해운대 달맞이 프랑스 레스토랑 메르시엘 건물의 지하 차고로 이전했다. 재원이 열악한 문화공간의 어려움을 안 메르시엘 대표의 파격적 무상 지원으로 우리 단체는 차가 들어가기 전 공간은 세미나와 교육공간으로 차가 들어가는 공간은 사무실로 기계를 통해 40여대의 차가 저장되던 지하의 지하공간은 전시장으로 조성했다. 4만여 평의 자연공간에서 문화예술교육프로그램을 진행했던 우리는 어둡고 출입문도 없는 공간의 어려움에 봉착했다. 고심 끝에 달맞이 마을의 지역 공간의 속에 숨어있는 생태, 역사를 기반으로 〈상상나들이—미술아 놀자〉를 진행했다. 차고의 특성을 생각해 책상과 의자를 자동차 형태로 놓아보기도 하고 차가 내려오는 경사로를 활용해 다양한 물체를 굴려보기도 하였다. 햇빛 대신 LED조명을 활용해 현대적 구조물을 만들고 프로그램이 끝날 때까지 자신이 키울 '나만의 화분 만들기'를 통해 공간의 극복을 경험하게 했다.

지하라 습기가 찼고, 어두웠지만 예술공간다운 아우라도 있어서 아이들이 지하 요새에 들어오는 듯한 느낌이 드는 낯선 공간처럼 느껴져서인지 지하 주차장 내리막길을 달려 내려오는 아이들의 눈동자는 호기심으로 반짝였다. 식물을 고르고, 그 식물의 이름을 알고, 자기만의 방식으로 이름을 다시 지어준다. 아크릴 물감으로 화분을 꾸미고 매주 수업하러 올 때마다 자기 화분에 물을 주며 기르고 관찰했다. 물론 이 식물들은 음지 식물이다. 아이들이 오는 토요일 바깥으로 통하는 문밖에서 물을 주고 햇빛을 잠시 쬐어주고 식물들의 성장을 확인하는 기쁨은 지하 공간에서도 충분히 긍정적인 생각을 불러일으켰다. 지하 공간의 어둠을 이용한 빛그림 그리기 수업과 홍콩에서 온 입주 작가의 참여로 햇빛을 이용한 청사진 그림 수업과 함께 진행하였다.

빛이 없는 어둠의 공간을 아이들은 재미있어한다. 정전이 되었을 때 형제자매와 함께 낄낄대며 놀아 본 경험이 있는 세대는 알 것이다. 그 때의 어둠은 새로운 빛이기도 하였다. 집에서 미리 챙겨 온 자신이 좋아하는 물체를 야광 캔버스 위에 올려놓은 뒤 쏟아지는 바깥의 햇빛을 흠뻑 받은 그 자국이 그림이 되는 경이로운 순간, 감광액에 담그기, 드라이기로 말리며 서서히 나타나는 자신의 호주머니 속 물체의 형태를 보는 설렘과 상상은 어둠의 공간이 주는 선물이다.

달맞이길은 해운대해수욕장을 지나 송정해수욕장으로 향하는 길목 와우산 중턱에 위치하는 벚나무와 송림이 울창하게 들어찬 호젓한 오솔길로서, 15번 이상 굽어진다고 하여 '15곡도 曲道'라고도 하며 8km에 달하는 드라이브 코스를 형성하고 있다. 아이들에게 해운대와 달맞이 길이 신라시대부터 휴양지로 왕들에게 인기가 있게 된 내력과 이 일대에 얽힌 이야기들을 풀어나가며 '달맞이 언덕에 달 띄우기' 수업을 진행했다. 우드락을 이용하여 조별 달을 만든다. 밖으로 나가 함께 만든 달을 설치할 장소를 찾는다. 해월정에 누각에 뜬 달, 소나무 가지위의 달, 광장바닥에 뜬 달, 조현화랑 전시 홍보용 현수막 김종학 작가의 그림 속에 뜬 달, 아이들은 달맞이 언덕 다양한 공간에 달을 설치하고 사진을 찍는다. 이 수업은 달맞이언덕의 공간성을 활용한 설치 미술이다. 자신이 만든 달을 구석구석 돌아다니며 설치해서 신나게 사진을 찍던 그 경험은 해운대 달맞이라는 공간을 특별하게 여기는 경험이 될 것이다. 교대로 손을 잡고 만들어진 그림자의 선을 분필로 이어 그려 달맞이 광장에 멋진 바닥 벽화도 그려보고 폐선 된 동해남부선 옛 철길에서는 녹슨 레일과 수많은

철도 자갈 중 가장 오래된 돌을 우리는 게임을 통해 찾고 이야기하고 투표하고 관찰하며 공간과 시간에 관해 아이들과 탐구하며 놀았다. 달맞이 언덕의 구석구석을 다니며 아이들은 시간이 쌓인 흔적을 배우고, 역사를 배우고, 지역 사회를 배운다. 그리고 그 속에서 시공간을 초월한 상상력을 가지도록 지역 공간을 적극적으로 활용했다.

마지막으로 소개할 공간연계 활용 프로그램으로 국립부산과학관에서 실시한 과학관 속 미술나들이다. 이 프로그램은 '예술과 과학의 낯선 만남'을 모티브로 국립부산과학관의 교육테마와 공간 특수성을 반영하여 예술적 상상력이 곧 과학적 공간적 상상력으로 이어질 수 있도록 설계하였다. 그동안 오픈스페이스 배가 추구해 오던 현대미술과 생태융합 교육의 요소를 가져오되, 예술과 과학, 사람과 자연의 만남 속에서 아이들의 오감을 자극할 수 있는 교육과정을 고민했다.

기존의 프로그램들도 과학관 속 미술나들이라는 주제에 맞게 수정·보완하여 보다 정교하게 수업을 준비했다. 〈시간의 비밀을 찾아서〉는 과학관이 생기기 이전의 공간을 상상해보는 내용으로 재구성 했다. 기억의 기차여행은 무궁화에서 새마을호로, 새마을호에서 KTX로 달리는 기차의 속도는 변했지만, 여전히 기차여행은 다양한 감각과 기억을 불러일으키는 경험이다. 〈기억의 기차여행〉은 이런 기차여행의 경험을 과학관 앞뜰의 꼬마 기차로 옮겨와 만든 프로그램이다. 7분 남짓한 시간동안 과학관 정원을 돌아오는 꼬마 기차는 유원지에서 흔히 볼 수 있는 어린이용 탈 것이다. 잘 가꾸어진 잔디밭과 정원수를 끼고 도는 단조로운 경로에 우리는 재미있는 장면들을 연출하기로 했다. 하회탈을 쓰고 춤

추는 사람들, 잔디밭에서 멋들어지게 바이올린을 켜는 소년, '하늘을 나
는 고래'라고 적힌 상상력을 자극하는 문구, 망토를 휘날리며 칼싸움을
벌이는 무사들(…).

　짧은 기차여행을 끝내고 돌아와 아이들은 제각각 자신이 보고, 듣고,
경험한 장면들을 도화지에 옮겨본다. 사진도, 영상도 보지 않고 오로지
몸으로 느낀 감각으로만 기억을 더듬는다. 내가 본 것을 옆자리 친구는
전혀 보지 못하기도 하고, 과학관 너머 기장의 들판과 산까지 내다 본 친
구도 있다. 기차에 올라탄 짧은 시간동안의 기억과 감각들을 자신만의
새로운 이야기로 엮어내는 아이들도 보인다. 자신들의 기억에 집중하는
순간, 본 것을 그대로 재현해내는 일은 더 이상 중요한 문제가 아니다.

　〈기억의 기차여행〉은 놀이기구 탑승으로 끝날 수도 있는 일회성
경험을 기억과 감각의 놀이로 바꾼 시설 공간을 활용한 프로그램이다.
〈색으로 바꾸는 세상〉 수업은 공간을 내 맘대로 꾸며 변화를 즐기는 수
업이기도 하고, 내가 살고 있는 세상과 관계를 맺는 일을 가르쳐 주는 수
업이기도 하다. 과학관이라는 서먹한 장소가 아이들에게 마법 같은 색채
공간으로 변신하는 수업이다. 잘 정돈된 3층 과학관 옥상에 색을 입히고
다시 원상복구 해야 하기에 제거하기 쉬운 재료, 시트지와 셀로판지, 한
지를 이용했다. 수업 전에 아이들은 옥상 공간을 둘러보며 자신만의 측
량 도구 명찰 끈이 될 수도 있고, 한 뼘 손이 될 수도 있고, 자가 될 수도 있겠다 로 자신이 꾸
밀 공간의 크기를 잰다. 그리고 교실로 돌아와 자신이 원하는 색깔 재료
를 그 크기에 맞게 재단한다. 서로 협력하며 회색 공간을 아이들만의 색

의 공간으로 마음껏 꾸미게 했다. 〈색으로 바꾸는 세상〉 수업은 건물디자인에 대한 실제적인 기쁨을 경험한다.

〈피크닉 프로젝트〉는 과학관의 뜰을 케냐의 나이로비 야생공원으로 탈바꿈하는 소풍 수업이다. 일상적이고 습관적인 공간을 낯설고 새로운 공간으로 바꾸면서 생기는 상상의 공간을 체험하게 하자. 해먹을 설치해 따뜻한 햇살과 함께 해먹 침대에 누워 쉬는 짓. 맛있는 간식들과 함께 즐기는 낯선 소풍, 아이들에게 쉼은 새로운 에너지이고 상상의 시작이다.

〈시간의 비밀을 찾아서〉는 이 과학관 자리에, 예전엔 누가 살고 있었을까? 과학관 공간의 과거를 둘러싼 엉뚱한 상상으로 시작한다. 다음 날 아이들은 과학관이 이 자리에 생기기 전에 집 3채가 이곳에 있었다는 이야기를 전해 듣고, 시간 탐험을 나선다. '발굴'이라는 개념을 익히고, 땅속 물건을 파낼 때 주의사항을 들을 때까지도 반신반의하는 얼굴이다. "선생님이 묻어 놓은 거 아니에요?" 하는 소리에 뜨끔하기도 하지만 능청스럽게 과학관이 생기기 이전의 산속 공간과 집을 상상할 수 있도록 한다. 잔디밭 여기저기로 흩어져서 흙을 걷어내던 아이들 사이에서 조금씩 큰 소리가 나기 시작한다. 여러 가지 물건들이 한 곳에서 쏟아져 나오면 함성소리는 더욱 커진다. 자신만의 소중한 보물을 찾아낸 것처럼 두 손으로 조심히 받쳐 들고 오는 모습이 영락없는 고고학자다. 모두가 힘을 합쳐 이 곳에 살았던 사람들이 어떤 사람들인지 추리해본다.

땅속의 비밀을 찾아서

과학관이 이 자리에 생기기 전에 집 3채가 이곳에 있었다. 우리는 그 중 한 곳의 집이 있던 자리의 땅을 팠다. 그곳에선 조개껍질, 경찰 명함, 서점 카드 등이 들어있는 지갑, 은단, 붓, 비디오테이프, 파리의 지하철 티켓, 아날로그 코닥 필름, 여러 가지 외국 장신구, 마우스, 각종 전선, 유니세프 기부 저금통, 촌스러운 머리핀, 옛날 여인의 화장품, 뭉크의 절규 그림이 그려진 카드, 부적, 장난감 등이 발굴 되었다. 그래서 우리는 그 집에 살았던 사람들의 이야기를 상상했다.

이 집에는 그림 그리기를 좋아하고 담배를 끊고 싶어 하는 할아버지, 사진기를 들고 여행하기를 좋아하는 경찰 아빠, 책을 좋아하고 마음이 따뜻한 엄마, 장난감을 좋아하는 남자아이, 화려한 디자인을 좋아하고 오래된 물건을 보관하는 할머니 다섯 식구가 살았을 것이다. 이 가족은 부

적을 통해 행복하기를 바라고, 어려운 사람들을 돕는 따뜻한 마음을 가졌고, 취미가 많은 사람들이다.

아이들은 유물을 파느라 헤집어 놓은 땅 속에 자신들의 소망이 적힌 타임캡슐을 묻었다. 그리고 3개월 후 마지막 수업 때 다 함께 타임캡슐을 꺼내 보았다. 비에 젖어 반쯤 없어진 글자들, 흙 속에서 색이 바랜 종이, 시간의 흔적이 고스란히 남은 타임캡슐을 보며 아이들은 시간이 만들어내는 변화를 온몸으로 느꼈다. 이제 10년 남짓 세상을 살아낸 아이들에게 시간의 철학이 어떻게 와 닿을지 모르겠지만, 아이들은 흙 속 공간의 시간을 경험했다. 과학관이 가진 공간적 환경을 최대한 이용하고자 과학원리를 이용한 놀이 기구를 구속의 드로잉이란 주제로 불편한 상상의 공간으로 변화를 시도했다. 내겐 너무 무거운 드로잉은 지렛대를 당기면 반대편에 앉아 있는 사람들이 움직이는 것에 착안해, 바닥에 내려온 잠시 동안만 그림을 그릴 수 있도록 이젤을 설치했다. 다시 말해, 자의가 아니라 타의에 의해 그림을 그릴 수 있는 타이밍을 얻게 되는 것이다.

〈날아라 드로잉〉은 붓이 달린 장화를 신고 짚라인에 매달린 채로 내달려 바닥에 물감의 궤적을 남기는 방식으로 진행되었다. 팔꿈치가 구부러지지 않도록 고정된 채 그림을 그려보는 '관절이 사라졌다'를 포함한 이 불편한 드로잉들은 아이들에게 어떤 기억을 남겼을까? 자신의 뜻대로 되지 않는 상황을 이겨낸 성취의 기억일 수도 있고, 끝내 이겨내지 못한 좌절의 기억일 수도 있다. 혹은 불편한 상황에 놓여있는 사람들과의 공감대를 넓힐 수 있는 기회이기도 했을 것이다. 다이내믹 스페이스 워프는 과학관 중정에 설치되어 잇는 거대한 미끄럼틀. 체험 이전에 시각적으로 보이는 형태만으로도 즐거운 조형적 경험을 제공한다. 이를 매개로 설계도니 다이내믹 스페이스 워프는 위치에너지와 가속도를 활용한 운동에너지를 몸으로 경험하고 아이들이 직접 롤러코스터를 제작해보는 프로그램이다. 곡선의 다양한 조형미를 느끼는 것만으로는 일반적 접목에 불과했다. 우리가 집중한 방법은 '문제해결력과 동료 간의 소통'이다. 재료의 선택도 구조의 결정과 실패까지 모둠의 친구들과 의논하고 제작하게 했다. 자신들의 선택에 몰입하는 아이들의 표정에서 우리는 프로그램의 결과를 알 수 있었다. 아이들이 서로 도와가며 스스로 멋진 미션을 해결할 수 있다는 사실을.

문화예술교육에서의 공간

문화예술교육에서 공간은 학습자를 만나는 곳이다. 20년간 하늘로부터 자연과 지역 사회 공간을 활용한 많은 수업과 프로그램을 진행하면서 공간이 갖는 의미와 교육적 방향과 방법을 적용했다. 공간은 삶을 담는 그릇이다. 문화예술교육은 그 그릇에 담는 음식과도 같다. 편리하고 간소한 인스턴트 음식도 효율적이긴 하나 되도록이면 사람들을 건강하고 행복하게 하는 지역을 대표하는 음식으로 따뜻한 어머니의 밥상처럼 정성스럽게 차려졌으면 한다. 살아있는 공간과 대화하며 매일 매일 행복한 문화예술교육이 우리 모두의 삶에 예술적 상상과 건강함을 유지하는 문화예술교육이 되었으면 한다. 오늘도 학교의 복도 바닥에 태양이 아침 인사를 한다.

"햇살 좋은 아침입니다 ♥"

4부
다양성

문화예술교육과 다양성의 가치

김면

한국문화관광연구원 문화기반연구실 실장

문화다양성 가치의 필요성

① 다양성에 대한 사회적 요구증대

사회적으로 시민사회의 성장과 더불어 인권의 수준이 향상되어 예전보다 다양한 사회구성원들에 대한 관심이 높아졌다. 과거 권위주의적인 사회구조 내부에 존재하던 다양한 소수 그룹은 강력한 문화적 동질화의 압력에 의해 차별을 받기도 하고 주변화되는 문제점을 보여 왔다.

특히 다수에 의한 의사결정 방식을 기반으로 하는 민주주의 제도 아래서 사회적으로 불리한 위치의 소수 그룹들은 의사를 반영시키기 어려웠다. 오히려 집단문화의 단일한 가치가 강조되어 이들 존재에 대해 편견과 차별이 재생산되기도 했다. 2000년대 이후 한국은 인적구성의 다원화 및 삶의 양식이 다양화되는 다문화사회로의 변화를 겪었으며, 이로 인해 개인적 취향 및 문화의 내적 욕구가 표출되면서 사회의 패러다임에 근본적인 변화가 요구되고 있다.

문화다양성은 문화민주주의 관점에서 자연스럽게 서로의 문화를 이해하며 타인과의 다름을 받아들이는 성숙된 시민의식을 배양하고, 이를 통해 다양한 정체성 사이의 갈등을 합리적으로 해결하는 것을 목표로 하고 있다. 궁극적으로 다양한 문화가 공존할 수 있는 포용적인 환경을 조성함으로써 구성원 모두가 개인의 성장뿐만 아니라 사회적 활력을 증진 시키고 풍요로운 사회를 함께 이루도록 하는 것이다.

② 사회갈등과 혐오 문제 대응

우리 사회는 현재 코로나19 사태로 이주민 차별, 지역혐오, 종교 간 갈등, 세대 간 차이, 성소수자 혐오 등과 같은 여러 문화 갈등이 발생하고 있다. 중국 우한에서 시작된 코로나19로 인해 국내 거주 중국동포를 향해 확인되지 않은 부정적 정보가 확산되어 선량한 다수의 동포들에 대한 기피와 거부감이 확산되었다. 또한 교회 관련 집단 감염 사례 및 집회 참가로 인한 감염자 폭증으로 기독교 단체가 집단적 이기주의 단체로 낙인찍히기도 했다. 이태원 유흥클럽에서 시작된 지역감염은 해당 업소를 찾았던 성소수자들에 대한 원색적인 비난이 확산된 사례다. 감염에 대한 불안감으로 이들을 색출하자는 혐오성 여론이 생겨나기도 했다.

이뿐만 아니라 코로나19 확산에 따른 지역 간 갈등도 확인할 수 있다. '대구 발 코로나'와 같은 용어가 생겼듯이, 코로나19 피해가 심각했던 대구를 놓고 쏟아진 혐오성 발언이 등장하기도 했다. 또한 연령에 따른 치사율 차이로 젊은 세대와 노년층이 활동의 차이를 겪으며 세대 간 갈등이 커지는 상황을 겪기도 했다.

이와 같이 팬데믹 사태로 질병과 무관함에도 차별을 하거나 혐오를 부추기면서 사회 내부의 문화적 다양성에 대한 관심은 오히려 입지가 좁아졌음을 알 수 있다. 전에 없이 코로나19를 겪으면서 우리 사회 내 누구나 언제든 혐오, 차별의 대상이 될 수 있음을 깨닫는 계기가 되었다. 지속되는 갈등이나 증오가 확산되는 것에 대한 대응을 하지 않으면, 향후 건강한 사회구조가 무너질 수 있을 것이다. 이주민, 성소수자, 타 종교인, 타 지역인, 정치적 성향이 다르다는 이유로 한 차별은 구조적 폭력이며 이런 억압과 배제의 악영향은 한국사회 전체의 평화를 위협하는 것임을 인식할 필요가 있다.

문화다양성 개념 : 다양성이란 무엇인가?

『세계문화다양성 선언』2001은 문화다양성을 포괄적인 개념에서 정의한다.

"문화는 시간과 공간을 초월하여 다양하게 나타난다. 이러한 다양성은 인류를 구성하는 집단과 사회의 정체성과 독창성을 구현한다. 생물다양성이 자연에 필수적인 요소인 것처럼, 문화다양성은 인류에게 있어, 교류, 혁신, 창조성의 근원으로 작용한다. 이러한 의미에서, 문화다양성은 인류의 공동 유산이며 현재와 미래세대를 위한 혜택으로써 인식되고 보장되어야 한다."[1]

---

[1]	"Culture takes diverse forms across time and space. This diversity is embodied in the uniqueness and plurality of the identities of the groups and societies making up humankind. As a source of exchange, innovation and creativity, cultural diversity is as necessary for humankind as biodiversity is for nature. In this sense, it is the common heritage of humanity and should be recognized and affirmed for the benefit of present and future generations."
: 『Unesco Universal Declaration on Cultural Diversity』(2001)

『유네스코 문화다양성협약』2005 에 나타난 문화다양성의 정의는 아래와 같다.

"문화다양성이란 집단과 사회의 문화를 표현하는 다양한 방식을 말한다. 이러한 표현들은 집단 및 사회의 내부 혹은 집단과 사회 상호 간에 나타난다. 문화다양성은 여러 가지 문화적 표현을 통해 인류의 문화유산을 표현하고, 풍요롭게 하며, 전달하는 데 쓰이는 다양한 방식에서뿐만 아니라, 수단과 기법에 관계없이 다양한 형태의 예술적 창작, 생산, 보급, 배포 및 향유를 통해서 명확하게 드러난다."[2]

『문화다양성의 보호와 증진에 관한 법률』2014 제2조 정의 에서 용어의 뜻은 다음과 같다.

1. "문화다양성"이란 집단과 사회의 문화가 집단과 사회 간 그리고 집단과 사회 내에 전하여지는 다양한 방식으로 표현되는 것을 말하며, 그 수단과 기법에 관계없이 인류의 문화유산이 표현, 진흥, 전달되는 데에 사용되는 방법의 다양성과 예술적 창작, 생산, 보급, 유통, 향유 방식 등에서의 다양성을 포함한다.

---

2   "'Cultural diversity' refers to the manifold ways in which the cultures of groups and societies find expression. These expressions are passed on within and among groups and societies. Cultural diversity is made manifest not only through the varied ways in which the cultural heritage of humanity is expressed, augmented and transmitted through the variety of cultural expressions, but also through diverse modes of artistic creation, production, dissemination, distribution and enjoyment, whatever the means and technologies used"; 『the 2005 Convention on the Protection and Promotion of the Diversity of Cultural Expressions』

2. "문화적 표현"이란 개인, 집단, 사회의 창의성에서 비롯된 표현으로서 문화적 정체성에서 유래하거나 문화적 정체성을 표현하는 상징적 의미, 예술적 영역 및 문화적 가치를 지니는 것을 말한다.[3]

다양성의 출발점은 개인 및 집단 간 차이를 인정하고, 이를 수용하는 자세를 갖추는 것을 의미한다. 문화적 차이에는 '민족', '인종', '신체능력', '성별', '연령', '성적 지향성'과 같은 선천적인 요인뿐만 아니라, '종교적 신념', '소득 지위', '지역 환경', '혼인 여부', '부모의 신분', '학력', '예술 취향' 등 그 특성이 후천적 요인에 의해 표현되는 여러 범주가 있다. 차이는 항상 고정되어 있는 것이 아니라 유동적일 수 있다는 것을 인지하고, 개인의 정체성과 문화 권리를 존중하며, 어떤 문화도 본질적으로 다른 문화보다 우월하지 않다는 것을 인정하는 것이다.

문화다양성은 자신과 다른 문화를 함께 이해하고 관용을 증진시키면서 가지각색의 문화정체성을 포용하여 사회통합에 기여하도록 하는 것이며, 현재와 미래 세대를 위한 필수요건이다. 문화다양성의 관점에서는 사회구성원들의 광범위한 스펙트럼에서 개인의 열린 시각을 키우고 상호 존중의 환경 조성을 통해 다양함이 창의성의 근원이 되는 공동체를 만드는 것을 중요하다고 여긴다.

---

3   『문화다양성의 보호와 증진에 관한 법률』, 2014

국내외 문화다양성 정책 흐름

① 국제사회의 동향

문화다양성은 문화적 기본 권리에 기반하고 있다. 이는 국제사회에서 여타의 문화 권리와 비교하여 상대적으로 주목하지 못했거나 국가 내부의 통일성을 위협할 수 있다는 점에서 외면 받는 주제였다. 2차 대전 이후 개인 차원의 권리에서 보편적 인권에 속하는 권리의 범위로 점차 확장해 나가는 흐름을 볼 수 있다.

국제사회에서 문화기본권 관련 논의는 오래전부터 있어왔다. 1948년 '세계인권선언'을 출발점으로 하였으며, '경제·사회·문화적 권리의 국제규약 ICESCR, 1966', '시민, 정치적 권리의 국제규약 ICCPR, 1966', '소수자 권리에 관한 선언 1992'을 통해 논의되어왔다. 문화다양성의 보호가 중요하다는 사실 자체는 보편적으로 인정되었지만 서로 다른 사회에서 어느 정도 넓이와 깊이의 권리가 문화다양성의 이름 아래 보장되어야 하는지는 합의에 이르지 못하고 있었다.

문화다양성 증진을 위한 본격적인 노력은 1995년 세계문화발전위원회 보고서 '우리의 창조적 다양성'에서 시작되었다. 국제사회에서 미국 주도의 세계화와 자유무역이 가져오는 획일화 및 종속화 우려에 대해 각국의 문화주권을 지키기 위한 노력의 산물로 "문화적 예외"를 주장하였고 국가들은 문화적 고유성과 다양성을 보호하고 증진할 것을 목적으로 해당 선언을 채택하였다. 2001년 10월 파리에서 개최된 제31차 유네스코 정기총회에서 문화다양성 선언을 채택하였고, 같은 해 11월

'유네스코 세계문화다양성 선언'을 발표하여 문화다양성 논의가 국제사회에서 실질적으로 정립되었다. 2005년 제33차 유네스코 정기총회에서는 '문화적 표현의 다양성 보호와 증진에 관한 협약'이 채택되었다. 협약 내용은 문화다양성 전체에 대한 협약이 아니라 문화적 표현의 다양성 증진을 위한 협약 목표에 맞춰져 있다. 당사국의 문화다양성 보호와 증진 협약이행, 문화적 표현·문화활동·문화상품·문화서비스의 자유로운 교환과 유통 증진, 문화적 표현의 국제적 인식증진, 국제적 차원에서 문화 간 대화 장려, 개도국의 역량 강화를 위한 국제적 연대강화를 주요 조항으로 두고 있다.

우리나라는 2010년 4월 협약의 110번째 비준국이 되면서 문화다양성 정책 관련 논의가 시작되었고, 2014년 5월에 국내 문화다양성법을 제정하였다. 또한 유네스코에 국가보고서를 두 차례 2015년, 2018년 제출하여 국내 중앙정부 및 지자체에서의 다양한 활동들을 보고하였다. 이러한 적극적인 활동의 결실로 2020년 2월 프랑스 파리 유네스코본부에서 열린 제13차 유네스코 문화다양성 협약 정부간위원회 차기 의장국2021년으로 선출되었으며, 이로써 한국이 국제사회 내에서 핵심 구성원으로 기여할 수 있는 기회를 갖게 되었다.

2 국내 문화다양성 정책 현황

문화체육관광부를 필두로 고용노동부, 교육부, 여성가족부, 농림축산식품부, 외교부, 방송통신위원회 등 중앙 부처는 2015년도 135개,

2016년도 188개, 2017년도 193개, 2018년도 250개, 2019년도 262개의 문화다양성 관련 정책 사업을 시행하였으며, 17개 광역 및 지방자치단체에서도 2015년도 413개, 2016년도 1,617개, 2017년도 2,296개, 2018년도 2,812개, 2019년도 2,977개의 사업이 추진되어 문화다양성 정책 사업의 수는 매년 지속적으로 발전되고 있음을 알 수 있다. 소수문화, 세대문화, 하위문화, 지역문화 등 다양한 문화 및 문화주체들 간 교류의 기회를 제공하며 문화다양성을 확산하였고, 이후 우리 사회의 공감능력을 배양하는 정책으로 전환하여 다양한 삶의 방식과 차이를 인정하는 사회분위기 형성에 집중하고 있다.

문화다양성 정책은 특히 무지개다리사업을 중심으로 일정한 성과를 이루어왔다. 그리고 문화다양성의 날 주간행사2015~, 문화다양성 연구학교 운영2016~ 및 문화다양성 아카이브운영2013~ 사업들을 통해 그동안 사회 내부에서 소외되고 차별받았던 소수문화가 점차 공론화되면서, 다양한 문화적 배경의 구성원에 대한 이해와 관심을 증가시켰다.

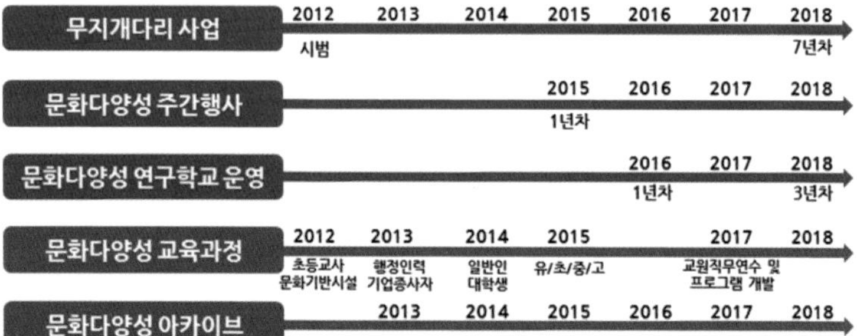

그림 1. 국내 문화다양성 관련 사업 구성[4]

4 　　한국문화예술위원회. 『2019년 무지개다리 사업 컨설팅·평가 연구』, 43쪽 수정보완, 재작성

표 1. 무지개다리 사업 추진 내용 2012~2019[5]

구분	2012년 (시범사업)	2013년	2014년	2015년	2016년	2017년	2018년	2019년
주관	문화체육관광부							
운영	문화체육관광부	한국문화예술교육진흥원	한국문화예술위원회					
예산	시범사업	22.7억 원	23.9억 원	24.3억 원	24.3억 원	23억 원	25.8억 원	24.4억 원
참여기관	6개	12개	17개	23개	24개	25개	27개	26개
		광역도 문화재단 (4개), 광역시 문화재단 (5개), 기초 문화재단 (3개)	광역도 문화재단 (4개), 광역시 문화재단 (5개), 기초 문화재단 (8개)	광역도 문화재단 (6개), 광역시 문화재단 (3개), 기초 문화재단 (11개), 기타 (3개)	광역도 문화재단 (5개), 광역시 문화재단 (3개), 기초 문화재단 (11개), 기타 (5개)	광역도 문화재단 (6개), 광역시 문화재단 (4개), 기초 문화재단 (12개), 기타 (3개)	광역도 문화재단 (4개), 광역시 문화재단 (4개), 기초 문화재단 (16개), 기타 (3개)	광역도 문화재단 (4개), 광역시 문화재단 (5개), 기초 문화재단 (16개), 기타 (1개)
프로그램	-	138개	124개	183개	233개	242개	258개	224개
참여자	-	124,812명	36,369명	108,830명	187,012명	226,321명	249,918명	183,261명

한국문화예술위원회, 『2019년 무지개다리 사업 컨설팅·평가 연구』, 44쪽. 수정보완 재작성

모든 이를 위한 기회와 과제로서 다양성

① 문화예술을 매개로 한 문화다양성 역할 모색

문화다양성 인식 확산과 교육 토대 마련을 위해서는 문화예술과의 매개가 중요하다. 문화예술의 매개 역할을 통한 문화다양성 확산 방법은 네 가지로 구분할 수 있다. 첫 번째로 문화예술교육은 정서적 여유로움과 열린 사고를 함양할 기회를 제공하면서, 여러 문화를 이해하고, 더불어 마음의 폭을 확장시켜주는 역할을 할 수 있다. 문화예술을 통해 고정관념에서 벗어나 하나로 규정짓지 않고 다양함을 인정하는 자세는 문화다양성이 지향하는 가치지향을 본질적으로 전달할 수 있다.

두 번째로 문화예술은 다양한 행위를 직접 경험해봄으로써 소통과 표현능력을 키우면서 상호 간의 공감대를 형성하도록 하는 특성을 지닌다. 따라서 문화다양성에 대한 상호 공감과 소통 능력증진에 기여할 수 있을 것이다.

세 번째로 문화다양성의 가치가 박물관, 미술관, 도서관과 같은 문화기반시설에서 음악, 미술, 전통문화, 연극 등의 다양한 예술교육을 매개로 결합될 때 이를 접하는 경험은 미적 안목뿐 아니라 문화적 감수성 및 문화수용력 향상으로까지 이어질 수 있다.

마지막으로 문화예술을 매개로 이루어지는 문화다양성 교육은 풍부한 상상력 자극에 도움을 줌으로써 독창적인 표현능력을 향상시킬 수 있다. 풍부한 정서의 함양은 창조적 잠재능력을 개발할 수 있는 기회가 될 수 있다.

문화예술교육을 매개로 한 문화다양성 사업은 문화체육관광부와 다른 부처 간의 문화다양성 정책영역에서 차별성을 찾을 수 있다. 현재 중앙부처와 지자체에서 추진되고 있는 많은 문화다양성 정책들이 여전히 다문화정책의 연장선에서 이주민을 대상으로 하는 사업들에 치중하고 있다. 따라서 문화예술을 기반으로 문화다양성의 가치를 사회 전반에 확산시키는 교육은 보다 의미 있는 결과를 산출할 수 있을 것이다.

주목해야 할 것은 문화다양성 사업이 문화예술교육의 맥락에서 추진되는 과정에서 사회적 가치를 수반하는 교육의 주제와 내용, 방법에 대한 준비가 전제되어야 한다. 문화예술을 통하여 문화다양성의 가치를 어떻게 실천적으로 확산시킬 수 있는지에 대한 문제는 일반적으로 행해지는 순수창작 및 체험 중심의 문화예술 장르교육과 명확히 구별되어야 하기 때문이다.

② 문화다양성의 실천 전략

문화적 차이를 극복하고 소통하기는 단순히 눈에 보이는 차이를 걷어낸다고 되는 것이 아니다. 무엇보다 각자 마음의 철조망을 걷어내야 한다. 이는 우리 모두가 차이가 있음을 인정하는 것에서 시작할 수 있다. 차이는 나쁜 것이라는 인식에서 벗어나 나와 다른 타인, 우리와 다른 집단의 존재를 인정하고, 타인·타 집단에 대해 이해와 존중을 기반으로 사고해야 할 필요가 있다.

크라머 D.Kramer 교수는 다음과 같이 문화적 차이를 존중하고 평화롭

257

게 공존할 수 있는 자세의 형성을 언급하며 이를 강조한다.

"첫째, 문화다양성은 보편적이며 불가결한 원칙이다. 평화를 이루는 역량은 다
양성을 축소시킴으로써 얻는 것이 아니다. 둘째, 한 국가 내 문화다양성은 역
사적으로 보면 정상적인 것이다. 문화와 분리되어있는 정치권력 혹은 경제적
인 측면의 목적을 위해 문화적 특수성이 악용되지 않으면, 다양성은 보다 용이
하게 대처되고 전쟁을 부르는 갈등 없이 살 수 있다. 셋째, 세계적으로 보면 문
화다양성은 평화를 위한 기회를 향상시킬 수 있다. 문화다양성은 미래역량과
지속가능성을 위한 의미 있는 자원이기 때문이다.[6]

우리는 자신이 이해하지 못하는 것을 두려워하는 경향이 있고, 전형
적인 삶에 안주하며 그것에 대해 편안함을 느낀다. 따라서 나와 다른 문
화와 대화하는 것이 필요하다. 이는 서로 다른 관점을 이해하는 데 도움
을 줄 수 있으며, 부정적인 고정관념과 개인적인 편견을 없앨 수 있는 방
법이 될 수 있다. 다른 이들과의 교류를 촉진하면서 서로에 대한 이해의
수준을 높여야 하며, 함께 소통하면서 상호 간 문화를 존중하고 새로운
가치와 대안을 함께 모색해야 한다. 이를 통해 다양한 생활가치, 취향,
그리고 색다른 경험은 우리 사회를 보다 더 흥미로운 생활환경으로 조성
할 수 있을 것이다.

---

6   Dieter Kramer, 「kulturelle Vielfalt ist eine notwendige Struktur menschlicher
     Vergemeinschaftung」, 『Osnabrücker Jahrbuch Frieden und Wissenschaft VI』,
     Universitätsverlag Rasch Osnabrück, 1999, p.143.

이러한 방법들과 같이 문화다양성 실천 전략은 ❶ 다양한 문화에 대한 열린 시각, ❷ 문화 간 소통 및 교류 증진, ❸ 소수문화의 문화적 표현 기회 확대, ❹ 포용력을 통한 미래 기회창출 마련, 네 가지로 제안될 수 있다.

❶ 다양한 문화에 대한 열린 시각

나와 다른 사람들을 있는 그대로 인정하는 가운데 소통을 할 필요가 있다. 남과 나는 결코 동일할 수는 없지만, 함께 할 수 있다. 서로의 타자성을 인정하고 소통할 때, 동질화의 폭력을 벗어나 평화적인 과정을 이룰 수 있다.

사회 내 다양한 소수자에 대한 관심이 점차 증가하고는 있지만, 이들을 직접적으로 만나는 기회는 많지 않았다. 소수자에 대한 선입견은 전형화 된 사회 시스템에 강요되었고, 미디어를 통해 전달되는 한정된 모습에서 유래하는 경우가 많았다. 과거보다 긍정적인 모습들이 나타나고 있지만, 다양한 모습을 담아낼 수 있는 깊이 있는 방안을 모색할 필요가 있다. 획일화된 사고를 깨고 다양하게 보는 능력을 키우는 것이 중요하다. 따라서 소수문화를 직접 체험하고 교류하기 위한 프로그램 개발이 강구되어야 한다.

체계적 인식개선을 위해 문화예술기관 및 지역문화센터를 기반으로 하는 문화공연, 전시, 교육 프로그램이 보다 확대되어야 한다. 시민의 접근성 강화를 위해 일반인 대상 맞춤형 문화다양성 활동을 촉진하고, 이를 위한 종합적 다양성 가이드라인이 마련되어야한다. 모든 구성원을 대상으로 함께 참여하여 소통을 이루는 다양성 교육이 필요한 것이다. 궁극적으로사회적 소수단체에 대한 이해와 관심을 높이는 프로그램을 기획하고 운영하여 이들에 대한 사회적 인식을 제고하는데 노력이 필요하다.

❷ 문화 간 소통 및 교류 증진

폐쇄적인 자세에서 벗어나 다양한 정체성과 함께 하는 것은 우리 정신문화의 지평을 크게 확장할 수 있을 것이다. 문화다양성 관련 사업을 시행함에 있어 사회적 소수자와 일반시민을 구분지어 사업을 추진하는 것은 더 차별적인 환경을 만들 수 있다. 따라서 다양한 문화적 배경을 갖춘 주체들이 함께 참여하는 문화예술브리지 프로그램을 통해 문화교차 환경을 만드는 기반이 중요하며, 비주류문화가 사회적 소외감을 느끼지 않고 동등하게 영향을 주고받는 사업방향으로 나아가야 한다.

이와 같이 소수자와 일반 시민이 서로를 인정하고 존중하는 문화를 만들어 갈 수 있도록 문화공간시설 내 다양한 소수자를 위한 참여 프로그램을 개설하여 운영하는 방안이 요구된다. 직접적인 참여가 어려운 경우, 소수문화를 담은 미디어의 콘텐츠 제작을 통해 시민들의 편견이나 고정관념을 바꿔나가는 계기를 마련할 수 있으며, 이들의 진솔한 모습을 담은 콘텐츠를 제공하는 기회를 높여야 한다.

❸ 소수문화의 문화적 표현 기회 확대

과거 단일문화와 내셔널리즘으로 한국적 특수성이 강조되면서 소수문화에 대해 일탈적인 문화라는 편견이 조성되어왔다. 이를 타개하기 위해 불평등과 억압, 차별과 배제는 사회적으로 대응해야 하는 심각한 문제라는 인식을 바탕으로 포용의 가치를 기르는 것을 목표로 삼아야 한다. 소수문화에 대한 포용 확대를 위해서는 사회 내 다양한 주체들의 파트너십 형성이 필요하다. 이들과의 네트워크를 활성화하여 실질적으로 필요한 사안들을 확인하고 이를 토대로 실효성 있는 문화다양성 정책을 마련해야 한다.

문화예술 영역에서는 소수문화와의 교류 및 비주류예술가들에 대한 활동지원이 요구된다. 기존 주류 장르에 포함되어 있지 않은 독립문화예술, 다원문화예술, 커뮤니티 문화예술, 다국적 문화예술에 대한 지원이 보다 필요하다. 시장논리에서 벗어난 대안예술의 전시, 공연 등의 기회 제공 및 활성화 지원이 보다 요구된다.

❹ 포용력을 통한 미래 기회창출 마련

사회구성원들이 능동적인 사회주체로서 드러나지 않던 잠재력을 발휘하고 창조적인 역량을 발현할 수 있는 환경을 제공해야 한다. 이를 위해서는 다양성과 차이의 존중을 통해 이념, 가치, 사고의 측면에서 자유로운 선택을 할 수 있도록 유도할 수 있어야 한다. 이러한 과정은 사회 내

창의성을 진작시키는 실질적이고 생산적인 토대가 될 수 있을 것이다.

또한 문화다양성 가치의 확신으로 소수자들이 그들의 잠재력을 발휘할 수 있으며, 이는 우리사회에 긍정적인 기여를 할 수 있다는 생각을 가질 수 있도록 할 필요가 있다. 다양한 형태의 문화 차이를 개방적인 자세로 수용하고 조화시켜 이를 한국사회의 새로운 미래 자산으로 활용할 수 있도록 해야 한다.

궁극적으로 문화다양성은 인간에 대한 이해를 바탕으로 "어떻게 다른 문화적 배경을 갖고 있는 사람들과 소통할 것인가?", "어떻게 차이와 갈등을 극복할 것인가?", "어떻게 공통의 미래를 모색하고 통합해갈 것인가?"를 고민하는 것이다. 이러한 생각의 공유를 통해 다양성 정책은 어느 한 시점의 이벤트가 아니라 서로를 이해하는 장기간 과정을 거쳐, 건강한 공존으로 나아가야 하는 것이다.

참고문헌

김면, 『문화다양성 정책현황과 발전방안연구』, 한국문화관광연구원, 2017.

김면, 『제2차 유네스코 문화다양성 협약이행 국가보고서 작성 연구』, 문화체육관광부, 2018.

김면, 『2018 문화다양성 정책 연차보고서』, 문화체육관광부, 2019.

유네스코 한국위원회, 『유네스코와 문화다양성』, 유네스코한국위원회, 2008.

한국문화예술위원회, 「2019년 무지개다리 사업 컨설팅·평가 연구」, 2019 .

Dieter Kramer, 「kulturelle Vielfalt ist eine notwendige Struktur menschlicher Vergemeinschaftung」, 『Osnabrücker Jahrbuch Frieden und Wissenschaft VI』, Universitätsverlag Rasch Osnabrück, 1999.

문화다양성과 문화예술교육

고윤정

영도문화도시센터장

문화다양성 묻기

시작하기에 앞서, 문화다양성에 대한 이야기를 좀 하고 가자. 문화다양성에서는 크게 정체성 측면과 창조성 측면으로 설명될 수 있다. 그중 정체성은 인종-민족-나이-젠더-장애 등 개개인이 가지고 있는 고유한 특성을 이유로 차별과 배제를 해서는 안 된다는 점이고, 창조성은 비주류 예술이나 모국 문화를 보존하는 측면에서 언급된다. 프랑스나 캐나다 경우는 국가 주요 가치가 문화다양성이며, 영국 예술위원회를 비롯한 세계 문화예술 정책을 생산하는 기관들에서는 문화다양성 확산을 중요한 추진 과제로 삼고 있다.

나라마다 미묘한 차이가 있다면 문화다양성의 메인 주제이다. 다르게 말하면 그 사회에서 가장 차별받고 있는 혹은 차별문화가 내재된 계층이 누구인가 하는 것으로, 공통적으로 이민자들과의 갈등과 전 세계를 혁신적으로 바꾼 미투 운동, 기술 발달로 장애로 인한 한계가 점점 사라지고 있는 추세와 함께 인종-장애-젠더 측면이 중요하게 다뤄지고 있다. 세대 주제로는 '창의적 나이 듦'이 있다. 나이가 들어도 발레를 할 수 있고 나이 들어도 파티를 기획하고 즐길 수 있다 등의 인식 전환이다. 대다수 나라가 직면한 인구 고령화 문제에 대응하기 위해 노인을 새로운 시선으로 봐야 한다는 사회적 합의가 만들어지고 있는 셈이다.

그 점에서 한국사회를 보면 나이와 성별 중심의 유교 문화, 지역갈등, 고속성장에 따른 경쟁 구조 등 다양성을 저해할만한 역사성을 가지고 있다. 통성명 다음에 바로 "몇 살이냐"를 묻고 허락 없이 말을 놓아도 전혀 이상하지 않은 나라이다. 단일민족이라는 특유의 정체성, 이주민에 대한 인종적 편견이 여전히 높다. 문화다양성은 한 사회나 집단에서 배제될 우려가 높은 계층이 누구인지 반복적으로 성찰하는 과정이다. 문화예술교육의 기본 가치이자 목표가 그래서 문화다양성 확장이라고 생각한다.

강점 관점과 자기 언어로 말하기

2012년도에 갑자기 이 업무를 맡게 되었다. 이주민과 선주민 간 교류를 촉진한다는 목적을 가졌다. 다양한 이주민 관련 기관을 찾아가고 인터뷰했다. 기대도 많았지만 우려도 깊었다.

"이주 여성들은 게으르고 시간 약속을 안 지킨다", "사은품을 줘야 참여한다", "직업 말고 문화 쪽에는 관심이 없다"는 의견들이 많았다. 그래서 직접 부산에 살고 있는 이주민들을 만났다. 지금 생각하면 꽤나 어이없는 행보였다. 327명을 만나다니!

스노우볼 기법이 뭔지도 모르고 한 사람을 만나면 다른 사람을 소개받고, 때로는 동아리 전체를 소개받으면서 인터뷰했다. 주요 활동하는 커뮤니티와 자신의 주요 강점을 묻는 질문이었다. 문화 활동 희망도 상중하로 그룹을 나누었다. 만난 사람들과의 대화는 의외였다. 자국 문화를 함께 나누고 공감하고 싶은 강한 욕구를 가진 사람들이 많았고 한

문화다양성 워킹 그룹

베트남 모국어 라디오 〈딩 노이벳〉

국어 장벽을 제외하면 표면적 리더와 실질적 리더도 상당히 달랐다. 그래서 이주민들이 50% 이상 참여하는 워킹 그룹을 구성했고, 모국어로 말하는 문화기획을 시도하게 되었다.

의사결정을 가진다는 것은 매우 중요했다. 자국 문화를 소개하는 주체로서의 인정이다. 우리는 때로 문화기획을 대단한 기술 혹은 전문성을 요하는 일이라는 착각을 할 때가 있다. 내가 생각하는 문화기획의 전문가는 가장 절실한 사람이다. 그 문제에 가장 절실한 사람. 그래서 방법을 찾으려고 무단히 애쓰는 사람이다. 그래서 이주민과 선주민간 교류 방안을 찾는 것에 최고의 문화기획자들은 이주민 당사자였고, 그 점에 주목해서 사업을 추진했다.

그중에 베트남 모국어 팟캐스트 〈딩 노이벳〉은 회당 누적조회 2500건의 인기를 끌었다. 특히 베트남에 있는 가족들과 라디오로 연결되어 서로의 근황을 전하기도 했고, 한국말이 익숙지 않은 베트남 이주여성 및 근로자에게 다양한 정보를 제공하는 역할을 수행했다. '미디토리' 라는 역량 있는 여성영상그룹을 만난 것도 행운이었다. 시행착오를 겪었지만 다양한 목소리를 미디어 활동에 반영해야 한다는 것은 공감대를 얻었다.

"외국에 와서 외로우니까 베트남어를 들을 수 있게 해주고 싶었어요."

"이게 무슨 소리인지 들리시나요? 파도가 밀려와 바다가 속삭이는 소리입니다. 저는 기쁠 때나 슬플 때면 바다를 찾아와 제 마음을 전하고 싶어요. 저는 지금 고향을 떠나 있지만 이 낯선 바다에도 바다가 있네요. 여러분 좋은 하루 되세요. 저희는 베트남 목소리입니다."

- 7회 엔딩 멘트

사람과 사람을 잇는 협업과 작은 성공의 경험

좋은 문화기획을 하고자 할 때 혼자의 힘으로만 되는 경우를 본 적이 없다. 서로 간의 장단점이 이어질 때, 함께 일하는 즐거움을 알아갈 때 세상을 조금씩 바꿔내는 문화기획이 탄생한다.

문화다양성 사업을 하면서 주체를 찾고 그다음이 다양한 거점 네트워크를 구축한 점이 큰 성과를 가져왔다. 크게는 배리어프리, 젠더, 세대, 마을, 문화다양성 교육을 주제로 거점 네트워크를 만들어갔다. 반드시 이 문제에 오랫동안 천착해오며 고민해온 당사자와 문화기획자 및 유관기관 협력자들이 5~8인 정도 참여했고, 최소 3회 이상의 학습을 함께했다. 함께 실현 가능한 공동 과제를 선정한 후 프로젝트를 수행하는 방식으로 작은 성공의 경험을 쌓아 나갔다. 이러한 전략은 상당한 파급효과를 가져왔다. 일을 할 때 어려운 점이 협력자를 찾는 일이다. 유사한 고민과 결을 가진 이를 만나게 하고 구상으로만 그친 사업을 함께 추진하면서 성장해나갔다. 함께한 상당수가 별도의 단체 및 법인을 차리기도 했고, 여전히 협력관계를 발전시켜나가고도 있다.

베리어프리 거점 네트워크

베리어프리 공동 프로젝트 어둠속의 하루

그 중 인상적인 프로젝트가 '이음 영화제'이다. 사회적 편견이나 무관심으로 축소되거나 폐지되었던 시민주도 영화제를 잇자는 뜻에서 만들었다. 그간 시민주도 영화제는 대게 상영회 수준에 그치는 정도였고 배급에 어려움을 많이 호소했다. 그래서 영화의전당과 전문 프로그래머, 시민 프로그래머가 협업을 했고 4개월 이상 준비 기간을 거치고 공부해 나가면서 만들어나갔다. 2016년부터 진행된 영화제는 올해로 5회를 맞았고, 여성청소년-비건-부산퀴어-북한문화-컴플렉스 총 5개 팀이 참여하는 작은 영화제로 성장을 일구고 있다.

문화다양성 예술교육 개발 운영

그동안 문화예술교육 프로그램을 보면서 의문이 들었던 점이 있다. 왜? 연극 교육을, 음악 교육을, 무용 교육을 해야 한다고 하냐는 것이다. 장르가 아니라 그 '왜?'에 의문이 들었다. 기술을 배우는 것이 문화예술인가 그림을 잘 그리는 것이 문화예술교육인가 하는 점 말이다. 예술교육이 가진 사회적 효과를 고민해봤다. 미적 감각과 자존감을 높이거나, 자신과 타인의 정체성을 인정해나가는 것, 삶의 행복과 의미를 찾아가는 중요한 길잡이가 문화예술교육이라고 생각했다. 그렇다 보니 현재 학교 현장이 가지고 있는 여러 문제들을 문화다양성 차원에서 어떻게 접근해 나갈지 고민이 되었다. 예술교육 강사 중에 관심 있는 주체들을 찾고 시민사회 영역에서도 찾았다. 수차례 모여서 회의하고 학습해 나가면서 문화다양성 교육 중요성 공감을 만들어갔다. 솔직히 굉장히 어려운 프로젝트였다. 의외로 많은 예술강사들이 문화다양성을 자신의 교육 프로그램에 접목하는 것을 어려워했고, 교안을 만들어 내는 것도 쉽지 않았다. 문제는 각자가 가지고 있는 문화다양성 인식 정도였다. 별도의 교육과 토론이 필요 없을 정도로 감수성을 가진 예술교육자가 있는 반면, 그렇지 않은 경우도 많았다. 그래서 예술교육자 대상으로 별도의 문화다양성 인식 교육을 수차례 진행해 나가면서 교안을 짜고 시범수업을 거쳐서 추진했다.

▷ 2015년 지역 작은 도서관 아동센터 대상 문화다양성 특강 실시

▷ 2016년 문화다양성 교육 네트워크 구축 및 시민 학교 운영

▷ 2017년 문화다양성 학부모 연수덕천유치원 연계

▷ 2018년 문화다양성 강사 양성 프로그램 계획 후 현곡초 4-5학년 프로그램 진행 예정

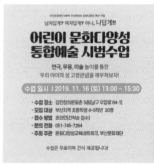

어린이 문화다양성 통합예술 시범수업

현곡초 문화다양성 교육

공동의 선언과 조례 제정

문화다양성의 가치를 확산하기 위해서는 조직에서는 조직대로 도시에서는 도시대로의 선언이 필요하다. 그런 점에서 부산에서는 2016년도에 부산 문화다양성 선언문을 자문위원, 실행위원, 협력 단체들과 함께 제정해 배포했다. 추후 문화다양성 축제 시 8가지 선언문을 주제로 개막식을 구성해 선언문의 가치를 지속적으로 확산 중이다.

주요 법적 기반으로는 2016년도에 부산문화재단에서 문화다양성 자문위원회를 구성 해 부산시 문화다양성 조례 제정 필요성을 주요 의제로 삼아 협의했고, 실행위원회를 통해 구체적인 제안 사항을 수렴, 부산시 조례제정을 위한 정책 토론회 개최로 필요성 피력 과정을 추진하면서 2017년 전국 3번째로 「부산광역시 문화다양성의 보호와 증진에 관한 조례 제5552호 발의자, 황보승희 시의원 」가 제정되었다.

정책 기반으로는 조례 제정을 바탕으로 문화다양성 확산을 목적으로 하는 부산시 지자체 사업 편성을 재단 내 신규 사업 위원회를 거쳐 제안해 2018년 전국 지자체 최초로 문화다양성 시비 사업이 편성되었다. 또한 부산발전을 위한 시민 제안 (부산연구원), 외국인 근로자 부산지역 문화적 과제 제안 (부산 외국인근로자지원센터), 외국인 집중 거주 지역 환경 개선 사업 제안 (부산시청 국제협력과) 에 협력했으며, 18년도에는 장애인 문화예술특성화지원 사업을 추진하는 등 문화다양성 정책 기반 마련에 기여했다.

더불어 문화다양성 가치 확산을 위해 2017년도에 문화다양성 주간 개막도시를 유치해 문화다양성 법에 따라 5월 21일 (문화다양성의 날) 부터 1주일간 진행되는 문화다양성 주간 개막식을 치렀다. 문화다양성 런웨이 프로그램을 고안 추진했고, 41개 단체 참여 1만여 명 이상의 시민이 관람하는 등 성황리에 성료해 문화다양성 가치 확산에 크게 기여를 했다.

이러한 다양한 성과들은 14년 담당자 문화다양성 증진 사업 장관 표창, 16년 문화다양성 증진 사업 기관 장관 표창 수성으로 이어졌고 본 사업의 우수 사례들이 타 지역으로 전파되었다.

2016 부산 문화다양성 선언문

1. 부산은 문화다양성 도시를 지향합니다.

2. 부산은 어떤 이유에서든 차별과 혐오를 반대합니다.

3. 부산은 누구든 억압받지 않고 자신의 고유성을 드러낼 수 있도록 지지합니다.

4. 부산은 해양성을 살려 다양한 문화가 자유롭게 교류 할 수 있도록 힘씁니다.

5. 부산은 교육과 공공정책 수립을 통해 문화다양성 가치를 확산합니다.

6. 부산은 지역의 문화를 보존하고 창조적으로 발전시킵니다.

7. 부산은 누구도 소외받지 않고 더불어 살 수 있도록 노력합니다.

8. 부산은 부산에 사는 모든 이들과 함께 인간의 존엄성을 보호하기 위해 최선을 다합니다.

캠페인, 콘텐츠, 공익 광고 송출

　시민들의 문화다양성 인식 제고를 위한 캠페인이 고민되었다. 특히 정책 입안자들이 문화다양성이라는 단어를 이해하고 공감하도록 하는 노력이 선행되어야 했다. 이에 부산시장, 교육감, 시의회 의장 등이 참여하는 캠페인을 영상으로 제작·배포해 추상적인 문화다양성 개념을 실천적인 언어로 홍보해 인식 개선을 도모했다.

▷ *한가지약속 유튜브 영상 주소*
https://www.youtube.com/watch?v=SbNjK7A0wiQ

| 개막식 | 꽃길걷기 |

꽃길걷기

부산 덕천유치원 아이들 할아버지, 할머니와 데이트를 하겠습니다

영상 화면

캠페인 참여자	
서병수 부산 시장	이영옥 덕천유치원 교사 및 아이들
김석준 부산시 교육감	김현정 부산 YMCA 시민 청소년팀 간사
백종헌 부산 시의회 의장	황현정 새터민
유종목 부산문화재단 대표이사	이세윤 작가(시각예술)
강성철 부산발전연구원장	문창현 영화 감독
김은숙 중구청장	이상훈 짜장면 팟케스트 DJ(장애인)
황보승희 부산시의회 경제문화위원회 위원장	김종완 부산대학교 대학생
정태운 부산 중부경찰서 청문관	라헬 경성대 인도네시아 유학생
이인경 부산 외국인근로자지원센터장	김혜정 외 반송 주민들
변정희 여성인권센터 살림 소장	감만동 주민

2012년부터 다양한 형태의 문화다양성 콘텐츠를 제작 해 유통하는 사업의 비중도 높였다. 문화다양성에 대한 인식은 다양한 영역에 있는 사회적 소수집단이 아니라 시민 대상으로 진행되어야 하기에 예술단체들과 문화다양성 증진에 정체성을 두고 활동할 수 있도록 협력했다.

이외에도 KBS 부산과 협약 해 2년간 총 300회 문화다양성 공익광고를 송출했다.

제작년도	기획 및 제작 지원 내용	파급효과
2012	문화다양성 스토리텔링 책 '한국에서 보내는 편지'	2013 한국출판문화산업진흥원 디자인이 좋은책 우수상 수상
2012 - 2015	베트남 모국어 팟캐스트 '딩노이벳'	회차별 한달 간 2,500건 이상 다운로드
2013	유튜브 드라마 '보름달' 제작	유튜브 유통
2016	다음 브런치 김유리의 지구인 '40인의 소수자 인터뷰'	평균 해당 조회수 2000회 이상
2017	25인의 지구인 웹툰북 제작	부산 전역 카페 배부

소수문화 보존 및 표현 기회 확대

◆ 인종 - 민족 소수문화·소수자

2012년부터 현재까지 이주민들의 다양한 모국 문화 활동을 지원했다. 기존 다문화 사업들이 이주민들을 객체화 하거나 동화주의 관점에서 추진했다면, 부산문화재단은 이주민을 객체화하지 않고 자원조사 → 워킹그룹 참여 → 공동 기획 → 성과 공유 과정을 통해 이주민 문화기획자 양성 및 이주민들의 문화표현 기회를 확대했다.

더불어, 16년에는 부산 거주 사할린 동포 어르신들의 이야기를 아카이빙 해 전시회를 개최했고, 북한이탈주민들과 북한 음악 살롱 프로젝트를 추진해 큰 호응을 얻었다.

2012년 이주민 워킹그룹 구성, 베트남 모국어 팟캐스트, 네팔 문화행사, 이슬람 성원 공동 인도네시아 축제 추진 등

2013년 지구인 동아리 지원, 아시아 여행자 학교 개최, 네팔 공동체 협력 디왈리 축제 진행, 청소년 페루·일본 대사관 지원 등

2014년 이주민 문화공간 투어, 이주민 문화공간 지원, 지구촌 여행자 학교 운영 등

2015년 이주민 문화공간 지원, 지구촌 여행자 학교, 세계 문화 특강 운영 등

2016년 이주여성 영화제 개최, 부산 사할린 동포 아카이브 전, 북한 음악 살롱, 이슬람 문화투어, 국가별 시낭송회 개최 등

2017년 세계귀신축제 지원, 필리핀 공동체와 필리핀 문화의 날 개최 등

◆ 장애 소수자

장애 관련 사업은 문화예술 분야에 장애 당사자 참여 기회 확대 및 배리어프리 제작 풍토 확산에 초점을 맞춰 다양한 사업을 펼쳤다. 2018 년도에는 장애인 지역특성화지원 공모 사업에 최고 예산 지원 기관 9천만 원으로 선정되어 부산 거주 장애준예술인 현황조사, 포럼 등 기반 구축을 통해 지역에 적합한 장애인 문화예술 사업을 추진했다.

2016년 배리어프리 라운드테이블, 어둠 속의 하루, 장애인 인권영화제 개최
2017년 배리어프리 라운드테이블, 어둠속의 카페, 장애인 인권영화제 개최
2018년 영국 장애예술 전문가 사라픽솔 초청 특강

성별 소수문화·소수자, 노숙인 관련 사업

젠더 관점에서 여성 및 성소수자들, 노숙인과 관련된 편견을 해소할 수 있는 프로젝트를 운영했다.

2012년~2015년 노숙인 잡지 「낯선 아침」 발간 및 노숙인 찾아가는 영화 관 운영
2016년 QIP 영화제 개최, 문화다양성 교육 시 성소수자 관련 내용
2017년 QIP 영화제, 젠더 파티 개최

세대 소수자 및 세대 갈등

부산문화재단은 2011년부터 거동이 불편한 어르신들을 대상으로 예술가들이 집으로 찾아가는 맞춤형 실버문화복지 사업을 추진 해 선도적인 문화복지 모델을 확산시켰다. 매년 1,000세대 이상 참여 2016년에는 세대 간 갈등 문제로 세대이해 워크숍을 개최했고, 2015년부터 현재까지 부산 원로예술인 지원 활동을 진행했다.

세대대면

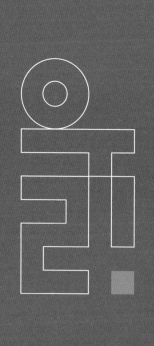

5부
대담

「우리 · 문화예술교육」 전문가 대담

사회자 이미연 부산문화재단 생활문화본부장

대담자 임미혜 서울문화재단 전문위원

      임학순 가톨릭대학교 미디어기술콘텐츠학과 교수

      오재환 부산연구원 사회문화연구실장

      모상미 모이다아트협동조합 대표

      박소윤 부산문화재단 문화교육팀장

구 성 남서아 부산문화재단 문화교육팀

기 록 김영은 부산문화재단 문화교육팀

일 시 2020년 11월 13일 (금)

장 소 부산 중구 노티스

문화예술교육이란 무엇인가?

모두 다 알고는 있지만 쉽게 대답하기 어려운 이 질문에 대해,

코로나 19가 던진 새로운 화두에 대해,

문화예술교육이 품은 가치, 개념, 정책, 방향 등

문화예술교육의 과거와 현재, 미래를

모두 아우르는 주제로 대담을 가졌다.

우리는 아직 문화예술교육을 모른다

이미연 세상의 많은 것이 변하고 있는 요즘, 문화예술교육 역시 완전히 새로운 질문과 마주했습니다. 정답은 없지만 그 과정을 찾아가는데 작은 도움이라도 될 만한 책이 있으면 좋겠다고 생각했습니다. 더불어 부산문화재단에서도 예술가나 문화기획자 등을 위한 연수가 있지만, 함께 나눌 책이 흔치 않아 늘 아쉬웠습니다. 문화예술교육의 개념은 물론 정책, 가치, 사례 등이 종합적으로 담겨있고, 앞으로의 변화도 읽어낼 수 있는 책이 지금이야말로 필요한 시기라고 생각했습니다.

기존에 출시된 문화예술교육 총서를 보면 1장에는 대부분 문화예술교육의 개념이나 정의가 등장합니다. 여전히 문화예술교육에 대해 다양한 정의가 내려지고 있지만 뚜렷한 답을 내릴 수 없는 게 현실이란 생각이 듭니다. 실제로 오랫동안 문화예술교육을 해온 분들의 대담에서도 각자의 경험과 생각에 따라 문화예술교육의 개념을 다르게 말씀하시더라고요. 도대체 문화예술교육이란 무엇일까요? 정책용어나 학술용어를 떠나 자신이 정의 내린 대답, 들어볼 수 있을까요?

임학순 문화예술교육의 가치나 지향점을 비롯해 실제 현장에서 보이는 스펙트럼이 다양해 한 마디로 정의하기는 어려운데요. 공공 부문에서 어떻게 개입할 것인가 하는 문화예술교육 정책 맥락에서 정의를 내렸습니다. 문화예술교육은 우선 '예술가와 지역주민의 상호작용'이라고 생각합니다. 상호작용의 방식이 우리 일상에서 접할 수 있는 것과는 종류가 다릅니다. 예술가가 지역주민으로 하여금 '주체적으로 예술적 경험을 하게 하는 것'이에요. 주체적으로 예술적 경험을 해야만 존재에 대해 질문하고 자아를 성찰하며, 더 나아가 인식, 태도, 가치관 등의 변화에 이릅니다. 한 인간의 행동 양식마저 바꿔버릴 수 있으니까요. 그러한 상호작용을 통해 자신의 삶에 대해 깊이 사유하고 실천의 변화를 가져오는 일련의 활동 체계라고 할 수 있겠습니다.

오재환 문화예술교육은 개인이 가진 상상력을 기초로 하여 자신의 창의적 역량을 발휘해 사회문제를 해결해 나갈 수 있는 힘을 길러주는 교육이라고 생각합니다. 개인의 능력에 그치지 않고 지역사회, 국가 단위로까지 뻗어나가 사회적, 미래적 가치를 확장할 수 있는 역량을 배양하는 저력이 문화예술교육에 존재한다고 생각합니다.

모상미 문화예술교육은 예술적인 것을 떠나 개인에게 잠재되어 있는 비밀을 꺼내 함께 나눌 수 있는 자리를 마련하는 일이라고 생각합니다. 그렇게 누군가의 내면에서 끌어낸 무언가를 시각예술로 표현할 것인지, 공연예술로 표현할 것인지는 그다음의 문제라고 생각해요. 개인이 마음속에 간직한 저마다의 씨앗이 싹을 틔울 수 있는 기회를 만들어주는 것이 문화예술교육의 역할이 아닐까 합니다. 사람들이 자기를 표현하는 방법을 알게 되면 인간과 사회를 이해하는 데 더 열린 마음을 가지게 되기도 하니까요.

임미혜 정책에서 문화예술교육을 다루어왔기 때문에 정책적 맥락을 벗어난 정의는 불가피할 것 같습니다. 정책적인 것은 모두에게 공통된 가치를 전달할 수는 있다는 장점이 있고요. 다만 우려되는 부분이 있다면 정책으로서의 문화예술교육에는 '문제해결형'이 요구되는 경향이 있다는 사실입니다. 예술가들에게 일종의 구원자 역할을 기대하고 사회에 나가서 무언가 변화를 일으켜주기를 기대합니다. 그렇지만 문화예술교육의 핵심은 '자율성'에 있습니다. 정부에서 어떤 지침을 제시하든 실제 현장에서 예술가들은 하고자 하는 것을 합니다. 학교교육이 할 수 없는 것을 할 수 있게 하는 힘은 거기서 나온다고 해도 과언이 아니에요. 교육부에서는 학교문화예술교육을 강조하면서 문화예술을 교육의 콘텐츠나 방법론으로 삼으려 합니다. 예술이 도구적으로만 활용되지 않도록 하고, 개인이 지닌 창의력, 재능, 가능성 등 다른 방법으로는 발굴할 수 없는 것을 끌어내주는 것이 문화예술교육이라고 생각합니다.

한편, 문화예술교육을 달리 한 마디로 표현해보라고 하면 저는 '진짜 민주주의'라고 할 수 있을 것 같습니다. 예술적인 것은 처음에 감각을 발달시키잖아요. 감각을 계속 쓰면 인지적 언어가 되고, 인지가 더 나아가면 사회적인 인식으로 통용됩니다. 그리고 그 안에서 스스로 변화를 추동할 수 있는 자기만의 힘이 만들어지는 거죠. 그 과정이 지속적으로 이어질 수 있도록 돕는 것이 오늘날 문화예술교육의 역할이라고 생각합니다. 저는 그게 일종의 민주주의라고 생각해요. 주어진 것만을 무감각하게 수용하는 마취상태에서 벗어나서 사람들이 스스로 생각하고 원하는 것을 찾고 자기표현을 할 수 있게 해주는 것이 문화예술교육인거죠.

이미연 우리나라에서 문화예술교육이 본격적으로 시작된 2000년대 초반부터 문화에 방점을 찍을 것인지, 예술에 초점을 맞출 것인지, 지원

정책부터 시작해 각 단체들의 프로그램 기획 단계에서도 혼란이 끊이지 않았습니다. 특히, 올해는 코로나19와 맞닥뜨리면서 문화예술교육이 크나큰 전환점을 맞이했는데, 결국 화두는 '삶을 위한 문화예술교육'으로 자리 잡은 것으로 보입니다. '일상과 함께하는 문화예술교육', '나와 연결된 문화예술교육'과이란 표현이 자연스럽게 우리에게 와닿게 되었습니다. 정책입안자, 문화행정가, 예술단체 너나할 것 없이 문화예술교육이 삶과 밀착해야 한다는 점에 대해서는 공통적인 생각을 가지게 된 것 같습니다.

임학순 문화예술교육의 개념을 정의할 때 다소 조심스러운 것은 '과연 문화예술교육에 원형이나 본질이 있느냐' 하는 것입니다. 그런 것이 존재하지 않는다고 하면 시간과 공간에 따라 문화예술교육은 다양하게 해석할 수 있습니다. 우리는 끊임없이 그 시대와 장소에 맞게 문화예술교육을 생각하고 함께 고민할 필요가 있다는 뜻입니다. 우리가 오늘 내린 문화예술교육의 정의도 지금의 시간성과 부산이라는 공간성 속에서 내려진 것이라고 봐야겠지요.

이미연 네. 교수님 말씀처럼 오랜 세월이 지나 문화예술교육을 생각하면 그 시대와 장소에 따라 또 달라지겠지만, 본질이나 가치는 변하지 않을 것이라고 생각됩니다. 문화예술교육이 향후 지속적으로 품어야 하는 본질이나 가치의 존재에 대해 떠올리며 다음 질문으로 넘어가겠습니다.

나와 문화예술교육의 인연

이미연 이 자리에 계신 분들은 문화예술교육과 깊은 인연을 맺고 현재까지 그 현장에서 함께하는 분들인데요. 그렇다면 문화예술교육의 모든 정의를 떠나, 나 자신에게 문화예술교육은 어떤 의미인지 궁금합니다.

임학순 저에게는 문화예술교육과 맺은 인연이 두 가지가 있습니다. 첫 번째 인연은 2004년쯤으로 거슬러 올라가네요. 문화 정책 전반에서 활동하고 있을 당시 지역문화예술교육지원법이 제정되었습니다. 시행령을 만들어야 하는 상황에서 시행령 연구를 맡으며 처음 문화예술교육과 만났는데요. 시행령 연구를 하면서 3년간 운영된 학교와 지역사회를 연계한 문화적 교육 지원사업의 평가를 맡았습니다. 학교에 문화예술교육 단체가 참여하는 방식의 교육 모형이었는데, 소통이 체계적으로 이루어지지 않았습니다. 학교는 예술가를 예술가는 학교를 잘 이해하지 못했던 거죠. 서로를 알아가면서 협의하고 조정하는 시스템이 필요하단 생각이 들었습니다. 정부가 사업만 내려주고 알아서 하라는 식이 아니라, 문화예술교육의 주체들을 긴밀하게 연결해줄 무언가가 필요했죠. 그 사업에 이어 인천문화재단이 맡긴 연구에서도 네트워킹과 파트너십의 중요성을 한 번 더 확인할 수 있었습니다. 이후 지금까지 자원 발굴 연계 협력, 파트너십 논리, 네트워킹 분야에 특화해서 15년간 연구를 진행해왔네요. 저도 제가 이 분야에서 이렇게 오랫동안 일할 줄 몰랐습니다.

두 번째 인연은 문화예술교육 현장이 주는 감동이라 할 수 있는데요. 문화예술교육과 만나기 전, 제가 했던 일들의 대부분은 기업체를 만나는 것이었기 때문에 사람과 사람사이의 감동이 아닌 비즈니스 위주였죠. 그런데 문화예술교육 현장은 달랐습니다. 컨설팅이나 모니터링을 가보니 예술가와 지역주민이 만나 뭔가 이루어가는 모습이 참 감동적이더라고요. 문화 정책 분야에서 오랫동안 일을 해왔음에도 몸에 와 닿는 감동을 느낀 것은 처음이었어요. 특히 자녀를 키우다 보니 한 인간의 삶에서 자기 삶의 의미를 깨닫게 하는 데 문화예술교육이 큰 역할을 한다는 것을 많이 느꼈습니다. 제가 작년에 그와 관련된 시도를 하나 했는데요. 1년 반 동안 어머니를 인터뷰해서 『정례가 시집와서 오남매를 낳았다』라는 책으로 엮어냈습니다. 책 출간을 하면서 어머니 삶의 근원지였던 완주군에서 큰 잔치도 열었어요. 제가 무례하게도 아티스트 역할을 하면서 어머니를 더 깊이 이해할 수 있었던 시간이었습니다. 이렇듯 제게 문화예술교육은 학술적 연구 차원을 넘어 개인의 삶까지 스며든 아주 중요한 의미로 풀어낼 수 있겠네요.

이미연 문화예술교육은 한 번 빠지면 그 사람의 삶을 바꿔놓는 힘이 있죠. 문화예술교육의 거시적 차원에서 미시적인 차원까지 아우른 답변 이었습니다. 임미혜 전문위원께서는 이전에 서울문화재단 예술교육본 부장으로 계시면서 문화예술교육 분야에 많은 발자취를 남기셨습니다. 오늘 이 자리에서 전해들을 이야기가 많을 것 같습니다.

임미혜 문화예술교육을 한 마디로 하면 '변화'라고 할 수 있을 것 같 습니다. 저는 특히 예술가, 문화기획자 등 문화예술교육을 "하는 사람" 의 변화에 지속적으로 관심을 가져왔는데요. 그 배경에는 저 자신의 변 화가 있었습니다.

저는 대학까지 클래식 음악을 전공했지만 대학 4학년이 되자 사회인 으로서 음악가는 어떤 일을 할 수 있는지 고민에 빠졌습니다. 결국 예술 가가 추구하는 예술적 가치가 사회적으로 통용되지 않는 간극을 해결하 기 위해 문화예술경영 쪽으로 눈을 돌리게 되었는데요. 석사를 마치고 아르코예술극장에 첫 발을 디디면서 예술가를 지원하는 일을 시작하게 되었습니다. 그러다가 2004년 서울문화재단이 설립될 때 입사해서 문화 사업과 축제를 주로 담당했습니다. 축제는 제 활달한 기질과도 잘 맞아 서 소위 '축제맨'을 자칭할 정도였지만요. 여전히 공연이나 전시 같은 형 식의 다 만들어진 예술을 보여주는 방식이 우리의 삶과 예술을 인식적 으로 분리시킨다는 문제의식이 들었고, 이것을 계기로 예술과 삶, 예술 가와 시민의 관계에 대해 좀 더 깊이 있게 생각해보았던 것 같습니다. 무 엇이든 관계를 맺으며 같이 만들어 나가는 문화예술교육과는 결이 다른 일을 해왔던 거죠.

문화예술교육은 2010년 예술교육팀장에 배치를 받으면서 시작됐는데요. 예전에는 교육이란 말에 약간 알레르기가 있는 사람이었는데, 막상 들여다보니 재미있는 지점들을 발견했습니다. 이미 다 만들어놓은 것을 시민들에게 제공하는 것은 굉장히 일방적인 탑다운 방식이잖아요. 그런데 문화예술교육은 나로부터 시작해 타인과의 관계나 사회적 소통방식에 변화를 가져오는, 다시 말해 밑에서부터 스며들어 천천히 전체를 다 바꾸어버리는 힘이 있더라고요. 그래서 문화예술교육에 대해 혼자 공부하기 시작했고, 학교에서 전공으로 공부했던 것과는 다른 문화예술의 교육적 작동 원리에 대해 예술가들과 굉장히 많은 토론을 했습니다.

서울문화재단에서는 2008년부터 '티칭 아티스트 Teaching Artist; TA'라는 개념을 미국에서 들여와 한국 상황에 맞게 바꿔나가는 노력을 했었는데요. 그 작업을 이어받아 하면서 문화 정책 전반에서 다루는 예술 지원의 국면 전체를 바꿀 수 있는 힘이 문화예술교육이라는 확신을 갖게 되었습니다. 그런 혁신을 위해서는 예술가들의 변화란 생각에 TA 교육에 집중했고, 서울문화재단에서 총서를 발간한 가장 큰 계기도 TA 교육의 확산을 위해서였습니다. TA 교육을 1년 하면 300명 정도 수료하지만, 그 내용을 책으로 만들어 내면 더 많은 사람에게 전할 수 있겠다는 생각에서였죠.

지금은 문화예술교육 관련 보직은 아니지만 지속적으로 관심을 갖고 살펴보는 건 문화예술교육이 가장 우선입니다. 저에게 문화예술교육은 예술가의 사회적 소통을 매개하는 예술경영을 하고자 했던 목적이나 지향을 충족시켜주는 어떤 것이라고 할 수 있습니다.

오재환 제가 처음 문화예술교육에 대한 논의를 시작했던 때를 2004년으로 기억합니다. 당시 문화도시 네트워크가 있었고, 민간 차원에서 지역 단위 문화예술교육협의회를 만들고자 하는 노력이 있었습니다. 지금 생각해보면 그 협의회가 현장의 문화예술교육 전문가들이 모여 부산의 문화를 새롭게 바꾸어보자는 노력의 출발점이었다고 생각합니다. 이후 협의회가 만들어지고, 신라대학교에 문화예술교육 전문가 과정이 개설되기도 했습니다. 문화예술교육 시범사업도 아르떼가 생기기 전 부산에서 제일 먼저 하기도 했고요. 이런 까닭에 당시 협의회에 참여했던 분들 중 일부는 문화예술교육의 뿌리가 부산에 있다고 주장하기도 합니다. 아동 문화예술교육을 중심으로 역사적인 자원들이 존재하기도 하고, 이는 올해 재단에서 주관한 먼구름 한형석 관련 사업과도 연결되고 있습니다.

그런데 그 이후에 지역사회에 분절이 생기면서 협의회가 흩어지고, 문화예술교육학회가 만들어지는 등의 양상이 벌어졌습니다. 각종 단체별로 문화예술교육을 어떻게 활성화하고, 지역 문화예술인과 문화예술

교육을 어떻게 연결할 것인가를 고민하면서 문화예술교육이 성장해온 것 같습니다. 문화예술교육의 필요성을 제기하는 목소리는 꾸준히 있었지만 그때까지만 해도 별로 호응이 없었어요. 부산문화재단이 설립되기 5년 전까지는 자생적인 형태의 문화예술교육이 산재해 있었던 것입니다.

2009년에 마침내 부산문화재단이 설립되면서 핵심 사업으로 내걸었던 것이 바로 문화예술교육이었습니다. 하지만 2010년 광역문화예술교육지원센터로 지정되면서 역설적으로 문화예술교육의 기능이 약화됐어요. 광역센터가 인근 지역까지 포괄하면서 지역적 특성은 점점 희미해지고, 중앙의 평가 사업 위주로 재분배되는 구조가 짙어졌기 때문입니다. 지역 단위 문화예술인들이 문화예술교육을 하면서 불만이 많을 수밖에요. 지역 특성화는커녕 문화예술교육이 나아가야 할 방향도 정립하지 못한 채 흘러왔던 것 같습니다.

그렇지만 2014년도에 10년사를 정리하면서 보니, 개별적인 문화예술교육 활동이 꾸준히 있어왔기 때문에 부산의 문화예술교육 저변이 넓어진 것을 확인할 수 있었습니다. 다만 제각기 갖고 있던 것을 사회적으로 환원하거나 결과물을 총체적으로 엮어내는 작업이 부족했습니다. 정책에서도 가장 중요한 것이 연계와 통합인데 산발적으로 존재하고 있었기 때문에 문화예술교육이 구심점을 가지지 못했던 것입니다.

사실 저도 앞서 임미혜 전문위원님의 말씀처럼 교육에 알레르기 반응을 일으키는 편입니다. '교육'이란 말이 붙는 순간 문화예술의 본질이 왜곡되는 경향을 보이거든요. 그래서 문화예술교육을 학교 교육과정에 편입시켜서는 안 된다고 강하게 주장해온 편입니다. 학교 교육에서는 문화예술을 교육목적 달성을 위한 프로그램으로 간주하거든요. 교육공학적으로 접근해서 교육의 효용성을 강조하기 때문에 예술가들이 현장에서 지역주민과 호흡하면서 무언가를 함께 만들어 나가며 느끼는 기쁨까지도 측정하려 듭니다. 진정한 문화 생태계를 구성하기 위해 필수적인 요소가 바로 문화예술교육인데요. 그 점을 인지하고 현장 활동가는 아니지만 바깥에서 늘 관심을 갖고 문화예술교육의 중요성을 강조하고 있다고 말씀 드리고 싶습니다.

이미연 개인사와 더불어 부산의 문화예술교육사까지 훑어주셨습니다. 지금까지 문화 정책·행정·이론 전반에 대해서 이야기를 들을 수 있었는데요. 마지막으로 생생한 문화예술교육 현장의 목소리를 듣기 위해 모신 모이다아트협동조합의 모상미 대표님 말씀을 들어보겠습니다.

모상미 저는 예술을 전공하지는 않았습니다. 어렸을 적부터 관심은 많았지만 현실적인 문제를 고려해 전자계산학과를 졸업하고, 회사에서

8년간 근무하다 건강이 악화되어 퇴직을 하게 됐어요. 이번에야말로 내가 하고 싶은 것을 해야겠다는 생각이 들어 금속공예를 비롯해 몇 가지 작업을 하면서 예술과 본격적으로 인연을 맺기 시작했습니다. 그러던 와중 사춘기를 맞이한 아들과 관계가 악화되면서 이 문제를 어떻게 풀어야 할지 고민이었습니다. 일은 계속 바쁘고 대화를 나눌 계기가 좀처럼 생기지 않아 전전긍긍하던 차에 우연찮게 아들 또래의 청소년을 위한 봉사활동을 나가게 됐는데요. 그들을 위해 내가 가진 재능으로 의미 있는 일을 해야겠다고 마음먹었고, 그 일이 계기가 되어 문화예술교육에 빠져들었습니다. 단순히 기능만 가르치는 게 아니라 아이들과 같이 활동하며 이야기를 나누는 모든 과정에 매료 됐어요. 2011년도에 꿈다락 토요문화학교 사업을 시작하면서부터는 가족에 대한 생각과 부산의 지역성, 환경 문제에 대한 관심이 높아져 그 부분을 문화예술교육에 접목하여 지금에 이른 것 같아요.

저도 제가 이 일을 이렇게 오랫동안 할 줄 몰랐습니다. 문화기획자가 된 지 벌써 10년도 더 되었다는 사실이 신기하기도 해요. 지금까지 꿈다락 토요문화학교 사업을 꾸준히 하고 있는 스스로의 모습이 대견하기도 하고, 나도 모르게 이만큼 성장했다는 느낌이 듭니다. 처음 모이다아트 협동조합이 생겼을 때도 얼마 안 가 없어질 것 같다는 평가가 우세했지만, 지속적으로 발전하고 유지함으로써 신생 문화예술교육 단체에 일종의 성공사례가 되어줄 수도 있다는 사실이 자랑스럽기도 합니다. 이렇듯 문화예술교육은 일방적으로 가르치는 데서 나아가 사람들에게 문화를 즐기고 예술에 접근할 수 있는 토대를 만들어주는 일이자 자신의 성장인 것 같아요.

문화예술교육은 어떤 가치를 담아야 할까

이미연 사람을 변화시키고, 성장하게 하는 힘이 문화예술교육이 지닌 빛나는 가치 중 하나가 아닐까란 생각이 드는데요. 그렇다면 문화예술교육은 어떤 가치를 담아야 할까요? 시중에 출시된 문화예술교육과 관련된 책들을 살펴보면 문화예술교육의 개념, 정책, 사례 등 편제가 거의 매뉴얼처럼 획일화되어 있는 경향을 보였습니다. 이와 다르게 책을 구성하기 위해 우선 내부적으로 문화예술교육의 핵심가치를 몇 가지 선정하고, 그 가치와 긴밀하게 연결된 사례를 함께 다루어보잔 의견이 나왔습니다. 그렇게 해서 창의성, 다양성, 지역성, 놀이성, 공공성, 공동체성 총 여섯 가지 가치를 뽑았는데요. 문화예술교육의 가치로는 어떤 것들이 있는지, 여러 가치 중에서도 특별히 주목하는 점은 있는지 자유롭게 말씀해주십시오.

오재환 부산문화재단에서 제시하는 여섯 가지 가치를 따로 놓고 보기에는 문화예술교육이 지닌 의미와 목적이 협소해질 수 있다는 생각이 들었습니다. 가치와 가치 사이에 일정한 조합이 이루어지면 어떨까요. 예를 들어, 창의성과 지역성을 같이 고민하는 것이죠. 창의적인 사람들의 노력에 의해 지역 발전을 일궈내는 방법을 고안해내는 식으로 결합하면 좋겠습니다. 놀이성과 창의성은 동전의 양면 같다고 할 수 있습니다. 즐기면서 해야 새로운 아이디어가 나타나는 것처럼. 이미 정해진 규칙이 있는 게임과 달리 놀이는 단순하고 즉흥적으로 규칙을 만들어 나간다는 특징이 있습니다. 매 순간 다양한 상상력이 발휘되면서 삶이 새롭게 전환되는 계기까지도 제공한다고 생각합니다. 지역이 가지고 있는 힘의 가치가 다양성 속에 내포되어 있기 때문에 다양성과 지역성도 한데 묶을 수 있겠네요. 가치는 단일하게 존재하지 않고 결합함으로써 무궁무진한 가능성을 자아냅니다.

여섯 가지 가치 중에서 가장 강조됐으면 하는 것은 '지역성'입니다. 문화예술교육이 가지고 있는 창의적인 힘을 토대로 한 인간이 지역의 인재로 성장하고, 지역의 발전과 자신의 삶이 같이 갈 수 있도록 해야 한다고 생각합니다. 그래야 자신의 삶이 근거하고 있는 뿌리에 천착할 수 있고, 그 뿌리 속에서 개인이 성장해갈 수 있습니다. 지역성은 다양성과 가까운 만큼 다양한 가치를 흡수하고 이해할 수 있는 역량을 길러주기도 합니다.

마지막으로 '지속성'을 추가하고 싶습니다. 문화예술교육이 지닌 가치가 사회에서 제 기능을 드러낼 수 있도록 하는 힘은 지속하는 데서 생겨난다고 봅니다. 지속해야 다양한 형태의 결합도 일어날 수 있습니다. STEAM 교육처럼 예술과 과학의 결합, 예술과 기술의 결합 등 새로운 조합을 이해해야만 미래에는 직면한 사회문제를 공동체가 함께 해결할 수 있기 때문입니다.

이미연 모든 문화예술교육의 가치가 따로 존재하는 것이 아니라 서로 얽혀 있는 것은 틀림없습니다. 이번 총서에 실린 사례도 어떤 가치가 중점적으로 드러나는가에 차이가 있을 뿐 다른 가치 또한 복합적으로 가지고 있습니다. 모상미 대표님께서도 하나의 가치에 집중하기보다 문화예술교육은 모든 가치를 포괄적으로 담아야 한다고 생각하시는 것 같습니다.

모상미 문화예술교육에 첫 발을 디딘 지 4년쯤 되는 시점이었나요. 꿈다락 토요문화학교 사업을 하면서 굉장히 힘든 시기가 찾아와 이걸 계속 해야 하는지 고민이 들었죠. 주말마다 프로그램을 운영하면서 내 안에 있는 것을 소진하는 느낌이 들어 여기서 그만둬야 할지, 그만두면 뭘 해야 할지도 막막했어요. 그러다 꿈다락 관련 축제에 참가해서 상담을 받을 기회가 있었습니다. 상담선생님께 고민을 털어놓으니 그 분이 저한테 물으셨어요. "이 프로그램을 하면서 즐거우셨습니까?" 그때 아차 싶더라고요.

그날을 계기로 문화예술교육 프로그램 기획에 큰 방향 전환이 이루어졌습니다. 프로그램을 기획하는 저나 강사들 또한 과정이 즐거워야 한다는 사실을 깨달았죠. 문화예술교육의 가치 중 '놀이성'은 문화예술교육을 하는 사람에게도 받는 사람에게도 꼭 필요한 것이었습니다. 놀이라는 것 자체가 가르쳐서 되는 게 아니라 어떤 화두가 던져지면 그것에 대해 각자 자기 생각으로 이끌어나가는 것이잖아요? 그렇기 때문에 단체

구성원이 모두 즐겁게 기획했던 프로그램일수록 다양한 아이디어가 방출되고, 참여자들에게도 반응이 좋았습니다. 놀이성을 갖춰야만 나올 수 있는 결과였다고 생각합니다.

다음으로 중시하는 가치는 지역성인데, 문화예술교육 프로그램 안에 지역의 색깔을 담아내는 것은 상당히 어려운 일이더군요. 인문학적 요소를 비롯해 여러 가지 필요한 부분이 많아 지역특성화를 위해서는 더 심도 깊은 고민을 해야 했습니다. 그 결과 매일 마주하는 부산의 바다에 주목했고, 우리 지역의 자연환경을 문화예술과 연결 지으면 좋겠다는 생각이 들었습니다. 그래서 광안리 해변에서 아트마켓을 10년 정도 운영하기도 했고, 어린이 바다 미술제 프로그램을 만들기도 했습니다. 부산의 조선산업, 해양레저 등과 연계해 아이와 아버지가 직접 뗏목을 타고 바다를 건너는 1박2일 프로그램을 진행하기도 했습니다. 부산에는 다문화가정이 많아 다문화가족과 적극적으로 프로그램을 함께하는 과정에서는 다양성을 발견할 수도 있었어요.

결국 문화예술교육을 하다 보면 모든 가치들이 그 안에서 다 연결되는 것을 알게 되었고, 지금은 '놀이성'과 '지역성'을 중점적으로 프로그램을 기획해 운영하고 있습니다.

임미혜 저는 여섯 가지 가치를 보고 현재 우리 사회가 처한 문제를 잘 반영했다는 생각을 했습니다. 최근 몇 년 동안 뉴스에서 가장 많이 들었던 단어가 혐오, 차별, 경쟁, 고독 등이었습니다. 문화예술교육이 사회적 배경에 따라 역할이나 기능이 바뀌어간다는 점을 감안할 때 부산문화재단에서 선정한 이 가치는 시의적절하다고 봅니다.

다만 앞서 말씀하신 것처럼 문화예술교육의 가치는 개별 원자로 존재하지는 않는다고 생각합니다. 새로운 가치를 만들기 위해서는 기존 가치를 연결하는 일이 필수적이라고 할 수 있습니다. 문화예술교육 현장에서도 실제로 다른 예술가와 공동 작업을 한다든가, 예술가와 참여자와 역할을 바꾼다든가 했을 때 훨씬 새로운 것들을 발견하잖아요. 그런 점에서 '연결성'과 같은 가치가 부각될 수 있을 것 같고, 자율성까지 포괄하는 '주체성'이란 가치도 들 수 있을 것 같아요.

또 한 가지, 해외 문화예술교육에서는 강조하지만 유독 한국에서 잘 드러나지 않는 가치가 하나 있는데, 바로 '비판성'입니다. 우리는 유교 문화에서 기인하는 공동체성, 협력성 등을 굉장히 강조하는데요. 전 세계적인 코로나19 확산 추세만 봐도 알 수 있습니다. 유럽에서는 자유권에 기초해서 마스크를 쓰지 않을 권리도 강조되는 반면 우리는 정부 지침보다도 앞서 자발적으로 마스크를 착용하는 경우가 더 많습니다. 이미 공동체

를 우선하는 가치가 내재화된 상태라고 할 수 있는데, 이게 지나치면 개성
이나 자율성, 주체성을 억제하는 전체주의가 될 수도 있습니다.

　이처럼 우리에게 부족한 점을 문화예술교육의 가치로 내세우는 것도
필요하다고 생각합니다. 비판적 사고력은 창의성과도 일맥상통하는 부분
이 있기도 하고요. 비판성과 더불어 우리에게는 '공감성'도 부족합니다.
차별, 배제, 혐오 등은 전부 공감 능력이 떨어져서 발생하는 문제입니다.

　사실 문화예술교육에는 수많은 가치가 있는데, 상부 구조에서는 모
든 것을 아우를 수 있는 포괄적인 가치를 내세우고 하부 구조로 갈수록
구체화해서 각자 자기 지역이나 환경에 맞는 가치를 우선할 수 있도록
했으면 좋겠습니다. 가능할지 모르겠지만, 정책 단위에서 지향하는 문화
예술교육의 가치를 중앙정부, 지자체, 기초자치단체가 레벨을 나누어 강
조했으면 합니다.

임학순 저는 문화예술이 가지고 있는 사회적 가치를 문화예술교육을 통해 어떻게 실현할 것인가에 방점을 두고 있습니다. 제가 본 〈우편배달부〉란 영화에는 어느 작은 어촌에 사는 우편배달부 청년이 주인공으로 등장하는데, 어느 날 그 마을에서 살게 된 한 시인을 만나게 됩니다. 그 시인과 교류하면서 주인공에게 변화가 일어나기 시작합니다. 늘 보던 파도가 어제의 그 파도가 아니게 된 거예요. 바다가 전해주는 메타포를 읽어내는 능력이 생긴 것이지요. 시적 능력을 갖추면서 자기 존재를 성찰하고, 사랑에 빠져 사랑을 표현하고, 더 나아가 우리 사회의 모순과 부조리를 발견하고 실천 활동에 나섭니다. 저는 이런 것이 문화예술교육 가진 사회적 가치라고 생각합니다.

숱한 사회적 가치의 중심에 있는 것은 단연 '공감'입니다. 우리가 세계 시민으로서, 지구촌의 한 주민으로서 살아가는 데 모두가 기본적으로 함께 지녀야 하는 몇 가지 윤리가 있다고 생각해요. 자연과의 공생, 다양성, 타인을 존중하고 배려하는 마음 등을 아울러 저는 공감이라고 표현하는데, 공감하기 위해서는 겉에 보이는 차별의 심층에 있는 의미를 먼저 발견해야 합니다. 예술가들은 이처럼 보이지 않는 의미를 발견해내고 표현하는데 탁월한 능력을 지녔다고 생각합니다. 그들은 사물이든 인간이든 대상의 본질을 보려고 하니까요. 본질이 곧 의미라고 저는 생각합니다.

이 개념을 설명하기 어려워서 발견한 책이 하나 있는데, 생텍쥐베리의 『어린 왕자』입니다. 우주가 아름다운 이유는 내가 그동안 꽃에 물을 주고 관계를 형성했던 한 송이 꽃이 있기 때문이라는 거예요. 김춘수의 시 〈꽃〉이 전하는 메시지와 같습니다. 이것이 바로 사랑이고 공감이라고 생각합니다. 코로나 바이러스가 공감의 중요성을 일깨워주었다고 해도 과언이 아닙니다. 이 시대를 살아가는 인류가 공통적으로 지녀야 하는 공감대를 다시 깨닫게 하고 그것을 일상적인 실천으로 이끌어내는 데 문화예술교육이 주효한 역할을 할 수 있습니다.

결국 사람의 인식, 마음이 모든 문제를 해결하는 열쇠라고 생각합니다. 환경 문제, 다양성 혐오, 지역 사회 양극화 등 모든 문제는 우리의 생각이 바뀌어야 풀어낼 수 있는데 문화예술교육에는 그런 변화를 이끌어내는 힘이 있다고 생각합니다. 그것이 문화예술교육의 사회적 가치라고 생각합니다. 지금 이 시대에 반드시 필요한 부분이라고 할 수 있습니다.

이미연 맥신 그린의 『블루 기타 변주곡』에 나오는 블루 기타를 가진 사람이 떠오릅니다. 그는 '당신은 블루 기타를 가진 사람'이라는 표현을 쓰는데, 여기서 블루 기타란 '상상력'의 메타포로 사용되고 있지요. 우리 모두에게 있는 상상력을 발휘해 사회적으로 가치 있는 일을 할 수 있도록 해주는 게 문화예술교육인 것 같습니다.

문화예술교육, 지역을 말하다

이미연 문화예술교육의 가치를 더 높이기 위해서는 새로운 지원 체계, 지원방식의 변화, 시스템 설계가 그 어느 때 보다 필요한 시대입니다. 그럼에도 중앙에서 문화예술교육 지원 사업의 예산을 내려주는 방식은 변화가 없는 것이 현실인데요. 여전히 지역의 자율성을 확보하기 어려운 상황에서 문화예술교육은 어떻게 지역 분권을 실현해나가고, 어떻게 그 지역의 길을 찾아 갈 수 있을까요?

오재환 그동안 지역의 문화적인 힘을 얘기할 때마다 지역 분권 이야기가 자연스레 따랐습니다. 문화 분권이 지역 분권의 최고이자 최후의 모습이라고 할 정도로요. 지역 분권의 단위를 지자체까지로 보는 경향이 있는데, 실질적인 행정 사항을 고려하면 구·군까지 더 깊이 내려가 현장에 밀착하는 추세죠. 그런데 결국 조직, 예산 등 제도의 문제들이 발목을 잡는 현실입니다.

지역문화 시행계획을 세울 때도 지역 가치를 실현하는 문화적인 힘을 배양하기 위해서는 지역 분권이 필요하다는 데는 다들 한마음 한뜻이에요. 올해 지방 사무 이양으로 인해 중앙에서 지역으로 내려오는 문체부 예산만 해도 4,300억 규모인데, 시는 문화 행정을 직접 실행할 수 없기 때문에 결국 광역문화재단이 그 일을 도맡는 구조입니다. 여기서 문제가 발생하는데, 시에서 위탁사업 형태로 재단에 예산을 배분하기 때문에 자율성이 침해됩니다. 이 일련의 과정을 '문화 전달 체계'라고 하는데 용어 자체가 이미 비분권적입니다. 광역에서 기초 단위로 내려올 때도 마찬가지로 예산 분배 과정이 동렬이 아니에요. 지역 분권 실현을 위해서는 고착화된 탑다운 방식을 어떻게 변화시킬 것인가가 관건입니다.

다음으로 중요한 것이 각종 진흥원이 중앙에서 어떤 역할을 어떻게 할 것인가 입니다. 중앙에서는 정책 수립의 기초를 만들어 기반을 다지고, 실행 방향을 설정하는 가이드라인 정도만 부여하면 됩니다. 현장에서 자율성을 발휘할 수 있도록 변화해야 하는데 실제로는 그렇지 못하죠. 지역에서 중앙으로 문제를 제기하고 변화를 요구해야합니다. 지역에서 어느 정도 성공적인 모델을 만들어 제시하지 않는 이상 해결되기 힘든 문제라고 생각해요. 형식적으로 바꿔달라고 말할 것이 아니라 자율적으로 합의하고 구성하는 노력이 필요합니다. 한국광역문화재단연합회, 전국지역문화재단연합회, 한국문화원연합회 등 각종 문화예술 관련 단체들이 힘을 모아 앞장서야 합니다. 그래야 방방곡곡 실핏줄처럼 뻗어 있는 문화예술 단체나 예술가들이 현장에서 자율적으로 활동할 수 있으리라 봅니다.

임학순 제가 2018년도부터 강력하게 주장했던 것 중 하나가 지역 중심의 문화예술교육 체계를 갖추어야 한다는 점이었습니다. 여기서 말하는 지역이란 광역이 아니라 기초입니다. 그동안 강좌형, 생활문화형 사업이 점거해온 형태를 벗어나, 현장에 밀착된 문화예술교육을 위해 기초를 중심으로 한 생태계를 조성하는 방향으로 정책을 마련해야 한다는 거죠. 중앙은 그러한 분권형 사업을 만들어 내려 보내는 것을 시작으로 협력형 사업으로 바꾸는 데까지 이르렀고 이제는 그 다음 단계가 남은 상황입니다.

이렇듯 지역 분권의 이념과 흐름은 다들 인정합니다. 바텀업 체계, 수요자 중심 체계로 가야 한다고 하지만 이 또한 현실의 복잡한 이해관계가 얽혀있기 때문에 실천이 힘들죠. 기초를 중심으로 문화예술교육이 재편성되면 중앙의 역할에 대해 의문을 제기할 수도 있지만 실제로는 그렇지 않아요. 지역 분권화는 중앙의 역할을 축소하는 게 아니라 재설정하는 것에 가깝습니다. 중앙은 문화예술교육이 무엇인가에 대한 대국민적 확산을 하는 것에 집중해야 합니다. 기초 단위에 가보면 지자체 공무원들은 생활문화 강좌와 문화예술교육의 차이에 대해 이해하지 못하는 것이 현실이니까요. 문화예술교육의 개념과 효용에 관한 데이터를 축적하고 사회적으로 알리는 역할을 중앙에서 한층 강화해야 합니다.

중앙은 법과 제도를 지속적으로 보완하는 것과 더불어 지역 간 네트워킹에 대해서도 관심을 가져야 합니다. 지식 정보 플랫폼을 공유하는 자리를 마련하는 것이죠. 지금의 지역협력위원회가 지역 현안을 공유하는 기회를 만들고 있지만, 좀 더 분권형으로 재정비해 소통과 협력의 공유지대를 넓힐 필요가 있습니다. 지역에 따라 혁신 모델이 필요한 경우에는 중앙에서 연구를 통해 모형을 만들어 지역 거점에 적용할 수도 있겠지요. 지역 단위에서 하기 힘든 새로운 지원 체계 개발이나 방법론 연구는 지금 하는 것처럼 중앙에서 꾸준히 수행하면 됩니다.

기초 중심의 문화예술교육 생태계가 재편될 경우 광역 또한 기능을 재설정할 필요가 있어요. 기초 단위 문화예술교육의 생태계를 만드는 사업은 기초에서 할 수밖에 없어요. 사업의 실행 주체도 기초여야 하고요. 문제는 아직 기초에는 이런 기반이 전혀 없어요. 그렇기 때문에 광역이 아직까지는 존재감이 있다고 생각해요. 광역의 협력망을 토대로 새로운 문화예술 주체와 자원을 발굴해 연결하고 활용하는 체계를 구축해주는 일이 필요합니다. 새로운 교육 모델을 만들어 기초와 긴밀하게 연결되어야 하는 거죠.

임미혜 임 교수님이 말씀하신 것처럼 광역문화재단으로서 위기의식을 가지고 있습니다. 서울문화재단에서 이미 기초와 광역 사이의 연결망을 형성하려는 노력들이 있었던 것도 그 때문이지요. 한국문화예술교육진흥원이나 문화체육관광부에 아쉬움을 가지고 있었기 때문에 역설적으로 광역에 대한 기초의 입장에 이미 공감을 하고 있었습니다. 광역이 기초에 어떤 역할을 할지 오랜 시간 고민을 해왔기 때문에 권한 이행 등이 비교적 원활하게 이루어지지 않았나 싶어요.

임학순 더 중요한 것은 민간과의 거버넌스예요. 기초가 중심이 되더라도 결국 실행은 현장에서 합니다. 저는 이것을 '객체의 주체화 사업'이라고 표현합니다. 예를 들어, 도시형 문화정책이 맞지 않은 문화 사각지대에 예술가가 직접 들어가 활동을 한다고 칩시다. 예술가 한 사람을 거점으로 볼 수 있기 때문에 이에 따르는 인건비, 운영비 등 예산을 과감히 내려줘야 한다는 거예요. 예술가, 예술단체, 공간 운영자 등을 수혜자가 아니라 주체로 볼 때입니다.

박소윤 현재 부산문화재단에서는 민관 거버넌스에 의해 사업이 전개

되도록 하는 시도를 하고 있습니다. 문화예술교육 단체들이 현장에서 개별 사업을 진행하는데 집중하다 보니 서로 만나 대화하는 기회가 좀처럼 없더라고요. 그래서 단체 간 협력 네트워크 모임을 결성해 함께 소통하며 프로젝트를 진행하도록 하고, 연말에는 축제 형식의 결과발표회도 개최하고 있습니다.

임학순 의도는 좋지만 그런 민관 거버넌스는 단순합니다. 단체가 프로그램만 기획하고 운영하는 것이 아니라, 인력을 고용하고 연구를 진행하거나 단체끼리 모여 소통할 수 있게 해주는 비용, 즉 '예산'이 거버넌스 구축의 핵심 아닐까요? 기존 지원사업과 결을 달리 하기 위해서는 단체의 자율성을 보장하는 방향으로 예산이 뒷받침되어 실제로 지원하는 것이 중요합니다.

모상미 2017년도에 금정문화재단에서 〈빈집아트〉라는 프로그램을 진행했어요. 금정구 서동시장 일각에 쓰레기가 모이는 빈집이 있었어요. 지역주민들이 무려 7톤이나 되는 쓰레기를 치우고 공간을 비웠는데 제대로 활용이 안 되는 거예요. 한 번씩 독거노인 분들한테 생활용품을 나눠주는 소규모 축제가 열리는 정도였는데 거기 자원봉사를 가게 됐어요. 그 계기로 금정구에 요청해 공간 사용 허가를 받아 자체 예산으로 실버아트 프로그램을 진행하기 시작했어요. 2년간 꾸준히 진행해왔는데 올해 7월 집주인이 공간을 팔았다고 나가라는 거예요. 공간을 유지 보수하는 것은 물론 벽화도 직접 그리면서 가꿔온 공간이었는데 그렇게 낙동강 오리알 신세가 되어 모든 사업을 허무하게 중단하고 나와야 했습니다. 현장에서는 이런 문제가 생겼을 때 하소연할 데도 변변치 않아요. 재단도, 구청도, 주민센터도 별 관심이 없는 것이 사실이에요. 지역 안으로 들어가 뭔가를 해보고 싶다가도 의욕이 떨어질 수밖에요.

지원 사업이든 뭐든 2년 안에 끝나는 일이 허다한데, 사실 2년이란 시간은 지역에 들어가서 지역주민들과 관계를 형성하는 시간이에요. 그 시간이 지나고 난 다음에야 문화예술교육 프로그램이 제대로 진행될 수 있는데 이제 할 만하겠다 싶을 때 사업이 끝나버립니다. 문화예술교육 단체들이 지역 안에서 버틸 수 있도록 장기적인 안목을 가지고 지원해주기를 바랍니다.

임학순 현장의 애로사항을 수시로 점검하고, 어떤 단체가 사각지대에 있으면 현장에서 발생하는 문제를 직접 해결할 수 있도록 그 단체를 지원하는 방법도 해결 방안이 되겠지요.

또한 지역 분권에 앞서 문화예술교육 주체들도 지역을 더 촘촘히 알

아야 합니다. 지역을 아는 방법에는 두 가지가 있는데, 데이터로 아는 것과 지역예술가와 지속적으로 만나 소통하는 것입니다. 지금까지 우리는 지역을 알려는 노력에 다소 소홀했던 게 아닐까 싶습니다. 이제 다 함께 지역을 공부하는 장이 열려야 하는 시대가 왔습니다. 권역별 문화예술교육 포럼에 참여해보면 지역이 자기 지역을 더 깊이 들여다보려는 움직임이 두드러지고 있습니다. 문화도시 사업만 해도 자기 지역을 모르면 절대 선정될 수 없는 사업이죠. 지역주민이나 예술가의 참여가 없으면 실행이 불가능하고, 지역 안에서의 거버넌스도 있어야 합니다.

사업을 늘리기보다 기존 사업을 연결해서 어떤 시너지 효과를 낼 것인가에 대한 고민도 현재진행형입니다. 중앙에서 사업을 개별로 내려 보냈던 터라 예전에는 하지 못했던 작업인데, 부분적으로 예산의 사용이 지역 분권의 흐름에 따라 자율적으로 변하고 있다는 증거입니다. 코로나 상황에서 중앙도 여러 한계와 맞닥뜨리고 변화를 꾀할 때가 되었습니다. 이념과 현실적인 이해관계가 얽혀 불협화음이 있을 수도 있겠지만 기초를 중심으로 지역 분권은 이루어질 것으로 전망합니다.

박소윤 공모 선정을 통해 지역에 사업을 내려주는 방식 자체가 구식인 시대가 되었습니다. 그런데 여전히 꿈다락 토요문화학교나 지역특성화 사업은 몇 퍼센트 이상 하라는 지침이 내려옵니다. 지역은 지역에 맞는 모형으로 지속 가능한 지원 방식을 설계할 수 있어야 하는데, 단년도 사업만 반복하니 문화예술교육 단체 입장에서는 발전성도 없고 연속성도 없습니다. 지역 밀착형 문화예술교육을 위해서는 사업비 사용의 자유도를 높일 필요성이 있을 것으로 보입니다.

임미혜 중앙에서 문화예술교육 생태계를 다 알 수는 없을 겁니다. 이에 어떤 일이 일어날지 모르기 때문에 지침을 지나치게 꼼꼼하게 내려서는 안 되는데 그렇지가 않아요. 예를 들어 문화예술교육과 생활문화는 예산을 따로 받지만 현장에서 운영해보니 사업 운영은 별반 다를 게 없어요. 그런데 두 사업을 중복으로 할 수 없는 행정상 지침 때문에 시너지를 낼 수 있는 상황인데도 굳이 인력을 분리해 운영해야 한다는 등 문제가 많았죠.

재정에는 지침이 꼭 따라온다는 인식부터 개선해야 합니다. 예술창작지원 분야에서는 이미 포괄 예산제를 시행하고 있습니다. 중앙에서 지자체로 먼저 예산을 내려 보내면, 지자체에서 그 예산을 뭉뚱그려 문화 예산으로 만들어 재단으로 보냅니다. 포괄 예산이기 때문에 통으로 큰 사업을 하나만 하든 여러 개를 만들든 자유예요.

오재환 부산시에서도 2012년부터 재단에 사업비를 줄 때 포괄 예산으로 주자는 말이 나왔습니다. 그래서 지금은 출연금 형태로 사업비를 부여해 재단에서 자율적으로 사용할 수 있는 폭을 넓혔습니다. 최근에 있었던 지역문화진흥 시행계획 수립에서도 부산시의 예산제도를 주목해야 한다고 전국 시도가 평가했을 정도입니다. 다만 부산시의 애로사항이라면, 국비로 내려온 것은 그렇게 줄 수가 없다는 점입니다. 국가 단위 사업 예산은 다른 용도로 사용할 수 없다는 부분도 개선이 되어야 합니다. 지역 분권 실현을 위해서라도 지자체가 국비 또한 자유롭게 활용할 수 있도록 해야 한다는 점을 짚고 넘어가고 싶습니다.

임미혜 분명히 변화가 일어나고 있지만 지역에서 더 적극적으로 목소리를 내야 하는 것은 사실입니다. 중앙에서는 현장에서 이 사업을 받아서 했을 때 어떤 어려움이 있는지 말해주지 않으면 모르고, 말해도 모를 때가 많습니다. 서울문화재단이 그런 부분에서 좀 더 잘했다고 말할 수 있는 것은 문화체육관광부, 서울시, 한국문화예술교육진흥원 등에 열심히 설득하러 다녔다는 것입니다. 그런 수고로움은 변화를 위해 필요합니다. 또한, 지역 분권을 위와 아래 또는 전체와 부분으로 생각하는 경향이 있는데, 이런 인식 자체가 빨리 바뀌어야 합니다. 적절한 역할 분담을 고민하기 위해 문화예술교육 생태계를 어떻게 볼 것이고, 생태계에는 무엇이 필요한지를 중앙에서 선제적으로 고민해야 할 필요가 있습니다.

임학순 서울시의 경우, 자치구 문화재단이 계속 신설되고 있으며, 문화예술교육에 대한 관심이 커지고 있습니다. 서울문화재단은 문화예술교육 정책에 관심이 있는 자치구 문화재단에 대해 정책 계획 수립, 정책 기반 조성, 프로그램 개발 등에 대해 과감하게 지원 사업을 운영하고 있습니다. 부산에는 그런 게 없잖아요. 기초문화재단 중심형이 아닌 부산만의 또 다른 형태의 생활권 단위 네트워킹이 필요할 것으로 생각 됩니다.

임미혜 서울문화재단은 25개 자치구 대상으로 생활문화와 문화예술교육이 결합된 형태의 사업을 하고 있습니다. 이때 저희가 중점적으로 신경 쓰는 부분은 지역과 지역이 경쟁 구도를 형성하지 않도록 하는 것입니다. 지금은 예산이 부족하기 때문에 공모를 통한 선정 방식으로 예산을 주고 있기 때문이지요. 예산을 내리는 것보다 더 중요한 것은 1년

단위가 아니라 적어도 3년에서 5년까지 긴 호흡으로 사업이 지속성을 가질 수 있도록 정책을 설계하는 것입니다.

그런 부분에서 서울문화재단은 판도를 많이 바꿔나가고 있습니다. 문화예술교육에서 광역재단이 수행해야 할 핵심 역할 중 하나가 문화예술교육을 "하는" 사람들에 대한 재교육입니다. 예술대학을 나오든 안 나오든 문화예술교육을 한다는 것은 어떤 식으로든 자기계발을 지속해야 하는 일입니다. 혼자서는 할 수 없는 일이기 때문에 모여서 해야 하고 광역 재단이 그 일을 돕는 것입니다. 또한, 광역 재단이 가진 네트워킹이나 홍보 능력을 필요로 하는 경우 관련된 지원 서비스와 컨설팅 등 제반을 제공하는 것도 광역재단의 몫일 테지요.

이미연 '지역'이란 주제만 가지고도 하루 종일 대담을 진행할 수 있을 정도입니다. 결국은 문화예술교육에서 지역이 화두이기 때문에 이만큼 뜨거운 토론을 이어갈 수 있는 것 같은데요. 지역의 입장에서 오늘 이 자리를 마련했기 때문에 더 마음에 와 닿는 말씀들이었습니다.

포스트 코로나, 문화예술교육이 나아갈 방향

이미연 2020년은 코로나19가 모든 것을 바꿨다고 해도 과언이 아닙니다. 지금 이 자리에 있는 우리도 긴 시간 마스크를 쓰고 이야기를 나눌 수밖에 없는 상황이지요. 코로나로 인해 문화예술교육 또한 비대면으로 전환해야 하면서, 비대면에 익숙하지 않은 현장에서는 지금도 혼란을 겪고 있습니다. 비대면 문화예술교육 관련 정책 마련은 물론 지침을 내리기도 힘든 상황인데요. '뉴노멀 시대', 문화예술교육이 나아가야 할 방향성에 대해 이야기를 나눠보겠습니다.

모상미 현장에서 느꼈던 어려움을 중심으로 말씀드리겠습니다. 저희 단체는 코로나로 인해 수업을 두 달 정도 대면으로 진행한 뒤 수업 정지 기간을 거쳐 비대면으로 전환 했습니다. 다행히 코로나 사태 이전에 부산문화재단에서 하는 자율연구모임 사업을 통해 다른 단체들과 자체적

으로 개발한 비대면 수업 프로그램이 있었거든요. 해당 프로그램 시연을 통해 이미 시행착오를 겪어봤기 때문에 발 빠르게 대비할 수 있었습니다. 아이들이 집중할 수 있을까란 우려와 달리 학교 교육의 사이버 강의 등에 익숙해져 있던 터라 적응이 매우 빨랐습니다. 학부모들도 마찬가지고요.

오히려 미디어에 익숙하지 않은 건 문화예술교육 단체의 강사나 기획자들이었습니다. 그래서 자율연구모임을 통해 만들었던 교육 모델을 뉴미디어 사용에 어려움을 겪는 단체에 예시로 보여주었데요. 단체끼리 어려움을 공유하며 서로 소통하는 계기가 되기도 하더라고요. 어떻게 보면 이번 코로나 사태가 예술가들이 다른 방향의 도전이나 변화를 꾀할 수 있는 또 다른 기회가 되지 않았나 싶습니다.

한편으로, 코로나 때문에 가장 어려웠던 것은 공간 문제였어요. 많은 문화예술교육 단체들이 주로 공공기관에서 운영하는 공간을 활용해 프로그램 진행하고 있는데, 일괄 폐쇄를 하니 당장에 수업장소를 구할 방법이 없는 겁니다. 이런 문제를 겪고 나니 코로나뿐만 아니라 코로나를 넘어 미래를 생각하게 되었습니다. 단체들 간의 미디어 사용 격차를 어떻게 좁힐 것인가, 장비는 어떻게 마련할 것인가 등 문화예술교육 단체들이 현실적으로 겪고 있는 문제를 해결할 수 있는 길이 마련되기를 바래봅니다.

이미연 문화예술교육에서는 특히 공감이 중요하기 때문에 얼굴을 맞대고 함께하는 것이 핵심인데, 뭔가 '같이' 하는 것 자체 자체가 힘들어진 상황에서 문화예술교육을 한다는 것이 참 막막했죠. 지침을 배포하는 등 행정적 조치를 취해야 하는 재단 입장에서도 어려웠던 한 해였던 것 같습니다.

임학순 문화예술교육 단체들은 연구 개발에 대한 필요성을 절실하게 느끼고 있습니다. 다만 그 일을 한 사람의 예술가가 하기는 어려워요. 그렇기 때문에 국가 차원에서 각 분야 전문가들이 학제적으로 모여 일종의 CoP Communities of Practice ; 실천공동체 개념의 R&D 협업 플랫폼을 구성할 수 있는 지원이 필요합니다. 현장에서 시대에 맞게 바뀌려는 욕구가 있으니 이를 뒷받침해줄 수 있어야 합니다.

한편으로, 저는 비대면이 불가피한 상황이라고 해서 무조건 디지털 플랫폼만을 생각하지 않는다는 것을 발견했어요. 기초문화재단에서 개최하는 발코니 콘서트나 드라이브인 씨어터 등이 대표적인 예입니다. 이제는 시설 중심, 즉 공간에 갇혀 생각했던 문화예술교육을 확장할 필요가 있습니다. 이것은 코로나가 던진 긍정적 신호라고 생각해요. 문화예술교육 현장에서 일하는 모든 이들이 틀에서 벗어난 상상을 하고, 해왔던 것과 다른 방법을 찾기 시작했단 것이 인상적이었습니다.

이렇게 볼 때 비대면 채널도 두 갈래로 나뉠 수 있습니다. 하나는 디

지털 플랫폼을 통한 연결이라고 하면, 다른 하나는 기존의 시설 중심을 벗어난 다른 가능성입니다. 그 말은 조금 더 삶의 현장에 밀착한다는 뜻입니다. 예를 들어, 시설이 제대로 갖춰지지 않은 문화사각지대에는 예술가의 집 자체가 지역주민과 연결되는 사랑방이 될 수 있습니다. 작은 공간이지만 충분히 그 지역의 거점이라고 할 수 있겠죠. 고정된 공간에서 벗어나 일상의 삶 속으로 들어가는 방식으로 비대면을 고민할 필요가 있습니다.

이를 위해서는 현장에서 주도하고 정부에서 지원하는 방향 등 유연한 정책이 필요합니다. 이제는 공모 중심의 다년도 사업 모델이 아닌 촘촘한 리좀 Rhizome 형 사업 등 지속가능한 문화예술 생태계 구축을 위한 정책 사업으로 거듭나야 할 때입니다. 여기엔 그에 맞는 예산구조, 성과지표, 정성방식에도 대대적인 변화가 필요하겠죠.

마지막으로, 디지털 플랫폼 이용에는 문화예술교육과 관련된 모든 이들이 자유롭게 이용할 수 있는 디지털 재료가 필요합니다. 공공 부문에서는 사용자들이 다양한 리소스나 데이터를 저작권이나 지적재산권 문제없이 자유롭게 쓸 수 있도록 해야 합니다. 물론 이에 따르는 저작권, 지적재산권 보호 등의 고민이 선결 과제겠지만요. 각종 인프라가 탄탄히 뒷받침되어야 현장에서 상호작용이 더 잘 이루어질 수 있습니다. 새로운 시대에 맞는 새로운 협력망이 필요한 시점입니다.

임미혜 포스트 코로나 시대에 삶의 현장으로 문화예술교육이 들어갈 수밖에 없는 환경이 되었습니다. 홈 이코노미 같은 새로운 경제 현상이 뜨고 있는 것처럼 말입니다. 민간 문화예술교육 시장 규모도 엄청나게 커졌습니다. 문화예술교육 현장에서 곧잘 활용하는 DIY 키트는 사교육 시장이 훨씬 앞서 나가고 있어요. 월 구독료를 내면 매달 종류가 바뀌어서 집으로 배송됩니다. 원데이 클래스를 운영하는 학원도 많이 늘어났고요.

계속 집에 머물러야 하니 집을 꾸며야겠다는 욕구가 생긴 것처럼 코로나로 인해 예술가들은 새로운 문화예술교육을 고민하면서 새로운 관점을 떠올리게 되었습니다. 유럽에서 사회적 거리두기가 굉장히 강화되었을 때 모든 공연이 취소되는 상황에 무용수들이 무대가 아닌 거리에서 춤을 추기 시작했다는 사례가 있었지요. 기존에 티켓을 사서 공연장에 들어가 무대 위에서 펼쳐지는 공연을 보는 것과는 다른, 새로운 관계 맺기 방식이 나타나고 있습니다. 뉴노멀 시대에 걸맞은 문화예술교육을 위해 방식의 전환이 따라야 할 때가 온 것은 확실합니다.

여기엔 앞서 말씀해주신 것처럼 지속가능한 문화예술교육 체계가 필요한데, 이를 위해서는 우선 플랫폼이 바뀌어야 합니다. 코로나 이전에도 박물관이나 미술관을 중심으로 콘텐츠 온라인화는 빨리 이루어졌어요. 구글에서는 엄청난 해상도를 자랑하는 명화 이미지를 제공하고 있습니다. 지금 이 시대에 필요한 변화를 먼저 꾀했던 곳을 빠르게 벤치마킹해서 플랫폼을 바꿔야 합니다. 작더라도 서버만 있으면 각 지역에서 자체 플랫폼을 구축할 수도 있겠죠.

플랫폼에 뒤따르는 방법론의 변화도 있어야 할 것입니다. 저는 개인적으로 게임 분야를 적극적으로 벤치마킹해야 한다고 생각합니다. '게이미피케이션Gamification'이라는 게임을 활용한 교육 방식이 있습니다. 게임에서 찾아볼 수 있는 문제해결방식을 어떻게 문화예술교육에 접목시켜볼 수 있을지를 고민해야 할 것 같아요. 온라인, 가상현실로 생활 반경이 확장된 환경에서는 문화예술교육이 잘 전달되고 수용되려면 지속적인 참여 동기를 촉진하고 구체적인 개선요소를 가져올 수 있는 방법론의 도움이 필요하니까요. 그리고 다시 한 번 강조하지만, 계속되는 변화를 이끌어내기 위해서는 문화예술교육에 관여하는 사람들의 태도나 인식의 변화가 뒷받침되어야 합니다.

오재환 2016년도부터 4차 산업혁명이 떠오르면서 기술과 예술의 결합이 논의되기 시작했는데요. 기술이 생활 속 깊숙이 침투해 이제는 이전으로 돌아갈 수 없는 상황에 이르렀습니다. 코로나로 인해 온라인 교육이 일상에 자리 잡으면서 '에듀테크 EduTech' 분야 또한 빠르게 성장하면서 문화예술교육 분야에도 상당한 실험정신이 요구되고 있습니다.

교육의 가치보다 교육의 방식에 큰 변화가 필요한 시점이지만, 문화예술교육 현장에서는 급속한 기술 발달을 수용하기 어려워하고, 전통 방식을 고수하려는 경향이 있습니다. 그러나 교육방식이 교육대상에 따라 달라져야 한다는 점을 고려할 때, 변화하는 세대에 맞춰 문화예술교육에 대한 접근방식도 바뀌어야 합니다. 젊은 층은 새로운 기술을 굉장히 빨리 수용하고, 멀티태스킹에도 능합니다. 지속 가능한 문화예술교육을 위해서라도 현장에서 과감한 도전정신을 가지고 변화의 흐름에 함께해야 합니다.

부산문화 비전2030 수립 시에도 문화예술과 기술의 결합이 필요하다고 주장했는데, 아마 그 누구도 이렇게 준비 없이 기술을 활용해야 할 줄은 몰랐을 것입니다. 특히 기술에 취약한 노년층의 문화예술에 대한 접근성은 자연스레 낮아졌는데요. 이러한 격차를 어떻게 해소할 것인지, 지속적인 기술 개발이나 장비를 갖추는 것도 깊이 고민해봐야 합니다. 다만 문화예술교육과 기술이 결합할 때 주객이 전도되지 않도록 경계해야 하겠죠.

변화는 과거에 있던 것을 전부 없애버리고 신기술만을 지향한다는 것을 뜻하지 않습니다. 오히려 전통을 더 잘 보존하고 확산하기 위한 새로운 방안을 마련하는 것이라고 볼 수 있어요. 이처럼 혼란스러운 시기에 무엇보다 중요한 것은 문화예술교육의 방향성을 흔들림 없이 설정하는 것입니다. 기성세대와 완전히 다른 XYZ세대에게 필요한 문화예술교육의 방식을 고려해야 하는 것은 우리가 지속적으로 전달해야 할 가치가 있기 때문입니다. 문화예술교육 현장에서 변화에 적응할 수 있도록 정부에서 시범적으로 연구 개발에 착수해주었으면 합니다.

우리에게 남은 화두는 무엇인가

이미연 문화예술교육과의 개인적인 인연부터 시작해 앞으로의 문화예술교육의 방향까지 시간이 짧게 느껴질 정도로 좋은 이야기를 들을 수 있었습니다. 부산에서 마련한 대담에 다들 한걸음에 달려와 주셔서 감사하다는 말씀을 전하며, 간단한 소감이나 못 다 한 말을 나누면서 대담을 마무리하겠습니다.

오재환 어차피 모든 일은 사람이 하는 것입니다. 사람이 가치를 완성합니다. 문화예술교육 분야에 종사하는 모든 분들에 대한 존중을 가지

면 좋겠습니다. 여기서 지역 인력 구조 문제를 얘기하지 않을 수 없겠네요. 인력 양성에서 더 나아가 모든 인력이 한데 모여 협업할 수 있는 시스템을 갖춰 인력의 선순환 구조를 이룩했으면 좋겠습니다. 그래야 좀 더 많은 지역 인적 자원들이 지역 가치를 서로 공유하고 모색할 수 있을 것입니다.

모상미 문화예술교육을 하면서 가장 부족하다고 느낀 부분은 바로 '공간'입니다. 각지의 비어있는 유휴공간에 대한 자료를 재단에서 가지고 있을 거라고 봅니다. 어떤 활동을 해도 공간에 대한 제약이 가장 크기 때문에 예상치 못한 난항을 겪을 때 해답을 제시해줬으면 좋습니다. 오늘 이 자리에서 저 스스로는 생각해보지 못했던 문제들에 대해 많이 들을 수 있어서 좋았습니다. 앞으로도 현장에서 많은 분들에게 문화예술로 다가가는 자리를 만들 수 있도록 노력하겠습니다.

임학순 기술이 열어가는 미래 사회에는 여러 가지 문제가 생길 가능성이 높습니다. 이에 대비해 문화예술교육이 할 일은 기술에 가치와 감성을 담는 것입니다. 인간 중심의 기술 사회를 만드는 데 문화예술교육이 중요한 역할을 할 수 있다고 생각합니다. 지금 이 시대만 해도 많은 사회 문제가 부각되고 있습니다. 초연결사회라고는 하지만 고독 문제는 여전합니다. 언뜻 보기에는 개인 맞춤형 같아 보이는 알고리즘에 의해 우리의 관심사는 오히려 획일적으로 억압되고 있습니다. 문화예술교육이 미래 시대에 진정으로 필요한 기술이 무엇인가를 판단할 수 있는 인지적 역량을 강화할 수 있을 것입니다. 무엇보다 진정한 바텀업 체제를 이루기 위해서는 광역재단을 포함해 지역문화예술 정책 담당자들이 좀 더 지역을 깊이 이해함으로써 새로운 협력망을 구축하기를 바랍니다. 포스트 코로나 시대가 찾아온 만큼 새로운 정책 역량을 강화하는 것이 중요하니까요.

임미혜 현재 기초 문화재단은 계속 늘어나고 있는데, 조직의 내부 동력이라고 할 수 있는 직원들의 성장과 발전에 대한 지원은 점점 줄어들고 있습니다. 환경 변화가 다양해지면서 사업이 바뀌는 속도는 더 격화되고, 재난이나 질병 등에 상시 노출된 위험 사회라서 직원들이 일에 전념하기 힘든 시대가 되었습니다. 지침에 의거해 일하는 데 익숙해져 있기 때문에 갑작스레 지침을 없애도 직원들 입장에서는 더 혼란스러울 수 있습니다. 재단 직원, 지역 예술가, 문화 기획자들이 한 자리에 모여 교류하고 함께 프로젝트 연구도 할 수 있게 하는 식의 지원이 필요합니다. 현장이 10년 전만 해도 뭔가 열심히 바꿔보려 해도 성과가 보이지 않아

전전긍긍했던 것 같은데 지금 와서 보니 많이 바뀌었어요. 변화는 현장에서 일하는 사람들의 연대의식을 통해 더 쉽게 가져올 수 있다고 생각해요. 만날 수 있는 기회가 제한적이고, 만나도 딱 정해진 것만 하고 헤어져야 하는 현재로서는 한계가 너무나도 큽니다. 모든 문화예술교육 관계자들이 발전할 수 있는 계기가 마련되기를 바랍니다.

이미연 포스트 코로나 시대이지만 우리는 문화예술교육의 더 나은 미래를 위해 앞으로 더 지속적으로 만나야 할 것입니다. 오늘 이 시간 또한 일회성으로 끝내기에는 너무나도 아쉽습니다. 오늘 장시간 고생 많으셨습니다. 감사합니다.

에필로그

부산 문화예술교육의 어제와 오늘

남영희

부산대학교 강사 · 지역인문콘텐츠연구소 소장

'문화예술교육'이 뭘까?

'문화예술교육'이 뭘까? 피아노나 바이올린 같은 악기 연주? 그림 그리기? 이런 예술 기능교육이 얼른 떠오른다면 이제 막 문화예술교육에 관심을 가지게 된 초심자일 가능성이 높다. 사실 여기에서 말하는 문화예술교육은 예술 기능교육이 아니며, 문화와 예술과 교육이 복합된 그 어떤 것이 아닐까라고 생각한다면 이야기가 좀 더 복잡해질지도 모른다. 그런데 역사적으로 문화예술교육을 정의하자면 오히려 간단하다. 크게 두 부분으로 나눌 수 있겠는데, 어제와 오늘이 바로 그것이다.

어제와 오늘을 나누는 변화의 기점은 2005년 문화예술교육지원법 제정과 한국문화예술교육진흥원 설립에 있다. 2005년 이전을 어제, 그 이후를 오늘이라 하고 간단히 설명하자면 이렇다. 문화예술교육의 어제는 바로 예술기능교육과 연관된다. 단순한 기능교육이나 그것을 통해 미적 표현력, 창의성, 감성을 키우는 것이 문화예술교육의 주된 기능이었다. 가끔 복지관이나 공공기관에서 무료로 하는 교육이 있긴 했지만, 대부분은 내돈내산, 즉 교육에 필요한 비용을 각자 부담하는 구조였다. 자기계발이 목적이거나 전문예술인을 꿈꾸며 자신이 배우고 싶은 분야를 마음에 드는 선생님에게 배우면 그만이었다. 오늘의 문화예술교육이 어제의 그것과 다른 가장 큰 차이점은 바로 부산문화재단에서 주관하고 지역의 문화예술교육 전문가들이 만든 프로그램에 무료로 참여한다는 점이다. 학습자들이 자기계발을 하거나 전문예술인이 되려는 데 도움을 주려고 소중한 예산을 들여 사업을 펼치는 것은 아닐 테다.

그러면 공공영역에서는 왜 우리에게 문화예술교육을 제공하는 것일까? 여기에는 몇 가지 배경이 있다. 첫째, 국가에서는 문화예술을 누리고 생산할 수 있는 권리가 국민 모두에게 있다고 본다. 즉 문화예술 생산과 향유는 국민의 기본권이며 문화예술교육은 그 연장선에서 추진해야 하는 정책 대상이 되었다. 둘째, 국가나 지자체에서는 문화예술교육을 통해 지역민들이 문화예술의 향기를 누리면서 행복한 삶을 영위하기를 바라는 한편, 지역과 지역공동체에 더 많은 관심을 가져주기를 바란다. 사정이 이렇다보니 문화예술교육의 방법도 달라져야 했다. 어제의 방법이 레슨이라는 개별 지도가 중심이었다면, 오늘날에는 체험과 참여가 각광을 받게 되었다.

대략 문화예술교육이란 무엇인지에 대한 답이 되었을지 모르겠다. 2005년부터 지금껏 약 15년의 시간이 지났다. 이 시간 동안 국가와 지자체에서는 꾸준히 문화예술교육에 공을 들여 왔으며 지역의 문화예술교육 전문가와 단체들에서도 각별한 노력을 기울여 왔다. 덕분에 오늘의 문화예술교육은 크게 발전하였고, 많은 사람들이 프로그램에 참여하여 스스로를 성찰하거나 지역을 이해하고 사랑하게 되면서 더불어 성장해 나가고 있다. 문제는 이런 성과와 발전에 가려 어제를 쉽게 잊는다는 점이다. 사실 어제의 문화예술교육은 더 오랜 시간 동안 우리 곁에 함께해 왔으며 지금도 사라지지 않고 있다. 그 경험과 시간이 축적되었기에 오늘의 문화예술교육이 꽃피울 수 있는지도 모른다. 또 오늘의 문화예술교육이 언제까지나 오늘에 머무를 수도, 머물러서도 안 된다. 세상이 빠르게 변화함에 따라 국가와 지역이 문화예술교육에 거는 기대가 나날이 달라지고 있기 때문이다.

교내 문화예술 활동, 이보다 활발할 수 없다!

요즘은 공공기관과 문화센터, 방과후학교 등 여러 곳에서 음악이나 미술을 배울 수 있다. 식민지시대나 해방기에 그 역할을 담당한 곳은 바로 학교였다. 학교에서 음악과 미술을 처음 접하고 공부를 계속하여 예술가의 길로 들어선 경우도 많다. 지금의 개성고등학교는 식민지시대에는 부산제2상업학교, 해방기에 부산상고라 불렸다. 음악과 미술, 문학 등 예술 활동이 활발했고 또 우수한 성과를 보여주었다. 어느 음악가는 부산상고에만 '그랜드 피아노'가 있었기 때문에 다른 학교에 가지 않고 이 학교에 진학했다고 한다. 지금도 개성고역사관에는 이 피아노가 자리를 지키고 있다. 금수현도 이 학교 출신의 유명한 음악가다. 부산제2상업학교로 불리던 시절, 학생들의 상업미술이 특히 뛰어났다. 상업미술은 포스터나 간판을 그리는 일종의 산업디자인이었던 것 같은데 얼마나 잘 그렸으면 부산잡화상과 직물상 조합에서 포스터 도안 제작을 학생들에게 의뢰했다고 한다. 후쿠오카 일일신문사에서 주최한 점두장식店頭裝飾 경기대회에 출전하기도 했다. 이 학교가 배출한 화가로는 이용길, 김봉진, 박인관, 도호선, 최상철, 이희호를 꼽을 수 있겠다.

해방 이후 부산에서는 학생들의 음악극과 학생극 상연, 그리고 합창단 활동이 매우 활발했다. 경남여고, 남성여고, 부산여고, 부산사범학교 등 여러 고등학교에서 음악극을 상연했다. 미천왕의 떠돌이 시절 이야기 〈을불의 고생〉, 뮬란의 이야기 〈화목란〉, 식민지시대에 여학교 건물을 지켜낸다는 감동적인 이야기 〈호반의 집〉과 같은 작품들이었다. 부산여중의 〈낙성의 달〉은 작곡가가 윤이상이었다. 음악극의 관중은 학생뿐만 아니라 학부모와 지역 주민들로 폭이 넓었다. 작곡가나 연출가, 희곡을 쓴 사람도 모두 당시의 유명한 작곡가와 작가들이었으며, 미술가와 무용가도 함께 참여했다. 동래고와 경남고에서는 연극을 상연했다. 1946년 동래고에서는 교사 이시우李時雨의 지도로 학생들이 자체적으로 제작한 작품 〈넋〉을 올렸다. 학생극 활동은 청문극회의 창설로 이어진다. 합창단으로는 경남여고가 특히 유명했다. 전국대회든 지역대회든 수상은 따 놓은 당상이라 할 정도였다. 학교마다 노래를 잘 하는 학생들을 가려 뽑아 중등연합합창단을 만들기도 했다.

현실 속으로 뛰어든 문화예술교육

문화예술교육이 한가한 여가 활동만은 아니었다. 한때는 적극적인 사회문화운동의 하나였다. 대표적인 사례가 1953년 설립된 자유아동극장이다. 중국에서 한국광복군으로 예술구국 활동을 펼쳤던 한형석이 설립을 주도했다. 전쟁으로 부모형제를 잃고 거리를 떠도는 아이들을 모아 연극을 가르쳤다. 연극을 하면서 지식을 쌓고 즐거움도 느끼면서 다음 세대의 주역으로 자라나길 바랐다. 한형석이 식민지시대 중국 시안에서 아동극장을 운영하며 산시보육원 예술학교 교장으로 활동한 경험이 있었기 때문에 가능했다. 이때 문화예술교육은 막막하고 암울한 현실을 극복하고 새로운 희망을 품게 하는 등불이 아니었을까.

1960년~1970년대에는 꽃꽂이, 요리, 양재, 금속공예, 목공예, 칠보공예와 같은 교양 강좌가 대폭 늘어났다. 한국전쟁을 겪고 1960년대에 이르기까지 교양이란 사치에 불과했기 때문인지도 모른다. 문화예술교육은 삶의 또 다른 양식으로 다가왔다. 영화의 도시를 예감했던 것일까, 8mm 영화제작 강좌가 벌써 이 시절에 열리기도 했다. 1970년대 말까지 꾸준히 지속되었으니 영화는 많은 사람들이 선호하는 장르였음을 알 수 있다. 1973년 7월에는 동호회에서 작품 발표회를 열었다. 이러한 영상 영화에 관한 관심은 1990년대 이후까지 이어졌으며 커리큘럼이 더욱 탄탄해졌다. 1991년 2월 부산가톨릭센터에서 열린 비디오교실에서는 카메라 명칭과 기능, 장면구성과 전환법, 편집과 녹음, 시나리오 작성법을 배울 수 있었다.

한편, 1980년대에는 국악 강습의 열기가 뜨거웠다. 오랜 시간 동안 제자리를 찾지 못했던 우리의 전통문화에 대한 사회적 관심이 높았기 때문이었다. 이 무렵 부산의 많은 국악인과 국악단체, 연극단체에서 탈춤, 풍물, 단소, 민요 부르기, 대동놀이, 마당극, 전통연희 강습을 열었다. 학생부터 직장인, 중년층까지 국악을 배우고자 하는 사람들이 모여들었다. 우리 전통문화를 전수받겠다는 것보다 문화운동의 성격이 강했다. 그러다 보니 수동적인 학습자에 머무르지 않고 새로운 문화를 능동적으로 생산하는 주체로 성장해 나갔다. 이 시절의 문화예술교육은 우리 전통문화의 가치를 새롭게 인식하게 하는 통로였으며, 민중의식을 형성하는 토대였다.

냉전이 물러간 자리, 문화예술교육이 필요해!

1990년대는 야누스처럼 두 얼굴을 가진 시대였다. 탈냉전의 충격이 기존의 가치관과 세계관을 여지없이 무너뜨렸다. 국제화, 세계화, 포스트모더니즘이 거센 물결로 다가와 빈자리를 차지했다. 엎친 데 덮친 격이랄까 경제위기까지 한꺼번에 몰아닥쳤다. 모든 무거운 것들이 가벼운 것들에 자리를 내주었다. 이데올로기, 이성, 근대적 사유 따위는 역사의 뒤안길로 사라지고 일상, 욕망, 감성, 문화가 중심 의제로 떠오르면서 미시담론이 힘을 얻었다. 이 시기는 고속성장을 거듭하던 경제가 갑자기 위기를 맞고 오랫동안 세계를 양분해오던 냉전 질서가 와해되면서 새로운 세계에 대한 인식과 사유의 전환이 필요했던 시대다. 2000년대 무렵 부산에서는 특히 인문학에 대한 관심이 높았다. 나락한알, 인디고서원, 백년어서원, 공간초록은 부산의 독특한 인문학 열풍을 몰고 온 진원지들이었다. 책을 읽고 사유하며 세상을 바라보는 관점을 다양하게 만들었고, 험한 세상 물결에 쉽사리 휩쓸리지 않고 파도를 탈 수 있는 감성의 힘살을 키웠다. 문화예술교육 또한 동시대인들의 필요와 관심에 호응하며 묵은 지혜를 말없이 건넸다.

공공기관에서도 시대의 흐름에 발맞추고자 했다. 공공기관과 공공시설이 주관하는 문화예술교육 프로그램이 대폭 늘어났다. 복지시설, 대학, 평생교육원, 도서관, 주민자치센터, 방송국, 미술관, 박물관, 기념관 등 여러 기관에서 문화강좌와 교양강좌를 열어 지역 주민들에게 제공했다. 국악, 서양음악, 미술, 연극, 문학뿐만 아니라 가드닝, 베이킹, 차밍, 뷰티, 환경, 도예, 서예, 인문학, 역사 등 프로그램의 영역도 대단히 넓었다.

문화예술기관에서도 문화예술교육을…

명색이 문화예술기관인데 문화예술교육에 무관심했을 리가 없다. 공공 문화예술기관과 시립예술단에서도 문화예술교육 프로그램을 운영했다. 문화예술을 향유하는 사람들을 넓혀나가고자 하는 의도로 프로그램을 기획했지만, 이들 기관과 단체의 문화예술교육에는 또 다른 목적이 있었다. 바로 관람객을 확보하는 방안이기도 했다. 예술경영학에서 잠재관객을 확보하기 위한 전략으로 적극 권장하는 방법이기도 하다. 부산시립교향악단은 1994년부터 청소년 해설음악회 〈클래식은 내 친구〉를 개최했다. 학창시절 공연을 관람했던 여고생이 엄마가 되어 아이의 손을 잡고 다시 찾기도 한 인기 프로그램이었다. 2009년에는 음악감상과 해설, 악기 체험을 곁들인 〈악기가족이야기〉를 기획하여 추진하였다. 부산시립국악관현악단은 1994년부터 〈시민국악교실〉을 열어 우리 음악에 관심을 높여나갔으며, 부산시립무용단은 1996년부터 〈시민무용교실〉을 열었다. 〈시민무용교실〉은 수강신청에 입추의 여지가 없을 만큼 인기가 높았으며 〈어린이무용교실〉을 개설하는 열기로 이어졌다. 단독 프로그램 외에도 학교나 복지시설, 교정시설, 병원 등 현장을 직접 방문하는 〈찾아가는 예술단〉 프로그램도 적극적으로 추진했다. 시립예술단과는 별도로 부산문화회관에서도 2000년대 중후반부터 시민클래식교실, 문화대학, 어린이아카데미 등 다양한 프로그램을 선보였다. 문화예술기관과 시립예술단의 문화예술교육 프로그램은 문화예술에 대한 관심을 불러일으키고 더 널리 향유하도록 하는 수단으로 활용되었다.

문화예술교육, 그 새로운 시작

2005년 한국문화예술교육진흥원이 설립되고 문화예술교육지원법이 제정되었다. 문화예술교육은 국가의 정책대상이 되었으며, 그에 따라 지역 문화예술교육의 패러다임이 크게 전환되었다. 예술가와 예술단체, 즉 이른바 공급자 중심의 문화예술지원이 아니라 국민이라면 누구나 문화예술을 누리고 생산할 수 있어야 한다는 문화기본권적 인식을 바탕에 두었다. 아울러 2013년 문화기본법, 2014년 지역문화진흥법, 2015년 국민여가활성화기본법이 제정되었다. 지역 문화예술교육에 지역정체성, 지역공동체, 지역민의 삶의 질 개선 등 듣기만 해도 무거운 과제들이 하나둘 부여되기 시작했다.

정책대상으로서의 문화예술교육은 학교문화예술교육과 사회문화예술교육으로 구분된다. 전자는 학교에서 교육과정의 일환으로 이루어지는 문화예술교육, 후자는 각종 시설과 단체에서 행하는, 학교문화예술교육 이외의 모든 문화예술교육을 말한다. 이러한 구분은 선뜻 이해하기 어려운 측면이 있다. 하지만 문화예술교육지원법에 나오는 정책 용어인지라 그냥 알아두면 이해가 쉽다.

지역 문화예술교육 정책과 사업을 주도할 주체가 없던 시절, 문화체육관광부 이하 문체부 와 한국문화예술교육진흥원 이하 진흥원 은 지역의 문화예술단체 및 기관, 또는 교육전문단체 및 기관과 직접 연계하여 사업을 시행했다. 진흥원이 사업 모형을 설계하고 지역 단체와 기관이 이를 시행하는 방식이다. 학교문화예술교육에 부산대학교 교육연구소, 그랜드오페라단, 그리고 신라대학교 예술연구소와 (사) 문화도시 네트워크의 컨소

시엄이 지역사회 연계형 학교문화예술교육 모델 개발에 참여했다. 사회문화예술교육에서는 지자체 협력형 사업이 추진되었다. 이 사업이 현재의 지역특성화 문화예술교육 사업의 전신이다. 이때 부산에서는 부산문화연구회, 교육극단 이야기, 한울림합창단, 극단 자유바다, 부산예술단 부산풍물패, 오픈스페이스 배, 부산문화예술교육협의회, 문화예술인적자원개발센터, 부산교육연구소, 신라대 예술연구소, 그리고 여러 복지관들이 참여했다. 그중 문화예술인적자원개발센터, 부산문화예술교육협의회는 문화예술교육과 관련한 지역 네트워크다. 부산문화예술교육협의회는 현재 부산문화예술교육연합회로 명칭을 변경했다. 원도심 창작공간 또따또가 운영과 문화예술바우처 사업인 '착한그물'로 주목을 받았다. 문화예술교육 정책 초기에는 중앙정부가 주도하는 프레임이었지만 부산에서는 지역 네트워크가 자생적으로 형성되었다는 점에서 의미가 있다. 환경 변화에 능동적·적극적인 부산의 문화 응전력을 엿볼 수 있다.

그러나 이와 같은 하향식 사업방식은 근본적으로 한계가 있기 마련이다. 따라서 지역단위의 별도 조직이 필요했다. 진흥원에서는 지역 문화예술교육지원센터 이하 지역센터 를 지정하여 예술강사 지원, 지역특성화 문화예술교육, 꿈다락 토요문화학교 사업을 지역센터로 이관했다.

한편, 지역센터 설치 이후에도 여전히 진흥원에서 직접 추진하는 사업들이 있다. 예술꽃 씨앗학교 사업에 금성초, 배영초, 서명초, 연미초에서 참여했고, 금정문화재단에서는 유아문화예술교육 지원사업 '내친구쪽쪽이'를 기획했다. 범부처 협력형 사업에는 공연예술창작센터 예술창고, 잉스문화예술교육연구소, 미야美野아트댄스컴퍼니, 부산서구문화원, 공연예술창작센터 예술창고, ㈜문화공간 빈빈, 극단 자유바다, 아트 커뮤니티 센터 라온, 상상편집소 피플 등이 참여했다.

부산문화재단이 주도하면서 점점…

부산에는 2010년 지역센터가 설치되었는데 별도로 부산문화재단이 그 역할을 맡았다. 이후 지금까지 부산문화재단에서 부산문화예술교육 종합계획을 수립하고 사업을 주도하고 있다. 부산문화재단은 지역 문화 예술교육에서 여러 가지 역할을 감당해야 한다. 문체부와 진흥원의 정책 과 사업을 지역특성과 여건에 적합하게 재편하는 일, 지역 예술가와 문화 예술단체들이 프로그램을 실제로 진행할 수 있도록 지원하는 일, 그 밖에 도 역량강화 프로그램 운영, 참여 마당과 발표의 장을 꾸리고 연구 성과 를 도출하는 일이 모두 부산문화재단의 업무다. 지역센터를 별도로 조직 하지 않고 부산문화재단 조직 안에서 꾸려졌기 때문에 인력이 부족한 데 다 예산배정이나 사업체계 면에서 문체부와 진흥원으로부터 완전히 자 유롭지못하다. 그런데도 점점 더 지역의 독자성을 강조하는 추세여서 어 깨는 더욱 무거워지고 있는 형국이다.

학교문화예술교육 사업으로 어린이무형문화재교실, 학교방문예술 단을 마련했다. 국악그룹 도시락, 부산국악챔버오케스트라 여운, 부산 예술단, 아랑국악, 얼터너티브 국악그룹 초아, 창작국악단 젊은 풍류 등 이 참여했다. 사회문화예술교육 사업으로 지역특성화 문화예술교육, 꿈 다락 토요문화학교가 추진되었다. 부산에서는 지역특성화 문화예술교

육과 꿈다락 토요문화학교 사업 유형에 인큐베이팅형을 따로 두고 있
다. 신규단체의 진입과 성장을 촉진하기 위한 전략으로 호응을 얻고 있
다. 지역특성화 문화예술교육은 지역의 역사와 문화적 특성, 지역자원
을 반영해야 하는 사업이다. 지역 내 기관과의 협력, 그리고 지역민의
적극적인 참여와 소통을 사업의 중요한 방향으로 설정하고 있다. 2018
년 17개, 2019년 17개, 2020년 9개의 프로그램이 시행되었다. 극단 여
정 〈머라카노! 너는 영도 멋쟁이 배우디!!〉, 극단 해풍 〈재미진 시민
극단-감동진〉, 모이다 아트협동조합 〈본동골목 예술 나루터〉, 문화소
통연대 이야기 〈연극을 통한 자존감 회복 프로젝트-해운대 엘레지〉,
움직임연구소 마르의 〈노인을 위한 무지개 프로젝트-이사오던 날〉,
커뮤니티 아트센터 숲 〈당리동 제석골 할머니들의 행복한 수다-장수
탕 선녀님〉, 클래식 라디오 〈이야기를 품은 사하구-회화나무 빨래터
사람들〉, 가치예술협동조합 〈천마꽃마을 프로젝트〉, 극단 자유바다
〈기장야화 발굴대〉, 수민동락 〈마을방송국-동래 TV〉 등 지역 기반
의 많은 프로그램이 탄생했다.

꿈다락 토요문화학교 사업은 2012년 3월부터 주5일 수업제 전면실
시에 따라 어린이, 청소년, 가족이 함께하는 문화예술교육 프로그램을
통해 문화예술 소양을 함양하고, 또래 간 가족 간 소통할 수 있는 여
가문화를 조성하려는 목적으로 시행되었다. 2018년 51개, 2019년 41
개, 2020년 39개의 프로그램이 추진되었다. 문화예술연구소 플랫폼
〈움직임 창작 프로젝트-신바람이〉, EEDA 〈과학의 원리로 찾아가는
Amazing 미술탐험!〉, 햇살나무 도서관 〈얼쑤절쑤놀이탐험대 마을
로 들어가다〉, 사단법인 행복두드림 〈Back to the 조선〉, 문댄스 프

로젝트팀 〈홍 삐리 나가신다〉, 드림교육센터 〈영화로 읽고 그리는 - 우리 가족은 예술가!〉, 더드림 아트센터 〈파바팝 팝콘AR : 예술 냄새에 과학기름을 둘러 창의 팝콘을 튀기다〉, 상상편집소 피플 〈마을을 방랑하는 꼬마 김삿갓〉, 극단 해풍 〈꿈이는 연극단-부산독립만세〉, 문화로 외출하는 사람들 앤고 〈좌충우돌! 청소년 웹툰드라마-스토리두잉〉, 다온 다문화 청소년 오케스트라 〈Hello~ 오케스트라!〉, 부산평생교육진흥회 〈역사의 향기를 찾아서 내고향 문화지도 만들기〉, 문화콘텐츠 교육연구소 큐브 〈동해남부선 탐험가 노사피엔스〉, 송협주판화공방 〈코딩처럼 생각하고 믹스미디어로 표현하는 세상〉, 부산예술단 〈시끌벅적 전통놀이터 애~들아! 놀~자〉, 극단 여운 〈야, 너도 뮤지컬 버스킹 할 수 있어〉, 우다다목공소 〈마음부터 손끝까지〉, 디스프레드랩 〈사회문제해결을 위한 디자인씽킹 워크숍〉, 그루잠 프로덕션 〈마술극단, 매니저를 모집합니다!〉 등 일일이 열거할 수 없을 만큼 다양한 프로그램을 선보였다. 코로나19라는 전대미문의 위기 앞에서도 발 빠르게 대처하는 한편 오히려 더 내실 있게 수업을 진행할 만큼 성숙한 역량을 선보이기도 했다.

그런데 꿈다락 토요문화학교 사업은 지역과 지역공동체를 강조하는 사업 유형을 별도로 두고 있다. 지역특성화 문화예술교육 사업과 상당 부분 겹치거나 중복되는 까닭에 혼란을 초래하기도 한다. 지역과 지역공동체, 지역현안에 대한 관심을 환기하는 데 일정하게 기여하고 있다. 한편, 부산문화재단이 자체적으로 기획하여 추진한 프로그램도 있다. 어린이무형문화재교실 지원사업이다. 이 사업은 2011년 부산문화재단이 부산광역시교육청, 부산의 무형문화재 전수관과 협력하여 시작한 사업으

로 초등학교 어린이들을 위한 지역의 무형유산을 바탕으로 한 문화예술
교육이다. 2017년까지는 부산농악 부산시 무형문화재 제6호, 수영야류 국가 중요
무형문화재 제43호, 동래학춤 부산시 무형문화재 제3호 3종목이었으나 현재 다대
포후리소리 부산시 무형문화재 제7호, 부산고분도리걸립 부산시 무형문화재 제8호,
수영지신밟기 부산시 무형문화재 제22호 3종목이 추가되어 총 6종목을 운영하
고 있다. 지역 문화 자원을 바탕으로 한 문화예술교육 프로그램으로 전
국에서 독보적이다. 그 외 독서인문학사업, 도시철도 북하우스 등의 인
문학 활성화 사업도 병행한다.

부산광역시교육청과 부산문화예술교육연합회에서도

부산광역시교육청에서도 문화예술교육 사업을 활발하게 추진했다.
학교문화예술교육 종합계획을 마련하여 학생문화예술축제 운영, 학교
급별 문화예술교육 1인 1악기 다루기, 함께 연주하기 등, 문화예술교육 순회프로
그램, 체험활동 지원 영상캠프, 연극캠프 등, 학생동아리 지원을 시행했다. 교
육지원청, 어린이회관, 학생교육문화회관, 학생예술문화회관, 청소년복
합문화센터 놀이마루 등 교육청과 관련한 기관에서도 문화예술교육 프
로그램을 운영했다. 문화예술교육을 학교 안에만 국한하지 않고 점점 지
역사회로 넓혀나가고 있다.

학교문화예술교육 영역에서 가장 큰 비중을 차지하는 사업은 학교
예술강사 지원사업이다. 예전에는 부산문화재단이 이 업무를 맡았지만
2017년부터는 부산문화예술교육연합회 예술강사지원센터 에서 추진하고 있

다. 학교예술강사 지원사업은 교육과정 안에서 다양하고 수준 높은 문화예술교육이 이루어질 수 있도록 하는 사업이다. 다만 예술강사의 처우와 인식 개선, 학내 소통의 문제 등은 여전히 해결해야 할 과제로 남아 있다. 부산문화예술교육연합회에서는 학교예술강사 지원사업 외에도 '찾아가는 진로·예술교육'과 '작은 도서관 지원사업' 등 자체 기획사업을 진행하고 있다.

부산 문화예술교육의 내일

부산 문화예술교육의 어제와 오늘을 살펴보니 부산에서 문화예술교육 프로그램이 매우 역동적으로 추진되었음을 알 수 있다. 프로그램 기획자와 강사들이 프로그램에 담았던 의미들, 그리고 참여자들이 느끼고 깨달았던 그 모든 것들은 지금 어디에 어떤 모습으로 존재하고 있을까? 부산의 풍경 자락마다 지역 공동체의 자리 곳곳에 씨앗으로, 새싹으로, 어쩌면 꽃으로 환하게 피어나고 있을지도 모른다.

지역 문화예술교육의 이러한 성과는 비록 2005년 이후 문화예술교육이 정책적으로 추진되면서 활기를 띠게 되었지만, 그 이전에도 부산에서는 다양한 문화예술교육이 전개되었음을 기억할 필요가 있다. 그중 일부는 오히려 문화예술교육이라는 정책대상의 틀에 수렴되기를 거부하고 어려운 여건에서도 여전히 독자적인 활동을 추구하고 있기도 하다. 이 모든 것들이 바로 오늘의 부산 문화예술교육을 만들어 낸 토양이다.

부산에서 문화예술교육이란 한때 전문예술가가 되는 발판이었고 사회 문화운동의 일환이었으며, 시대를 읽어내고 새로운 시대를 열어가기 위한 등불이기도 했다. 오늘, 우리가 문화예술교육에 관심을 갖는 이유는 무엇일까. 학습자라면 감성 계발과 교양 증진, 자아실현에 관심을 둘 수 있다. 문화예술 전공자나 교육자라면 전공 영역의 확장이나 직업으로서의 가능성에 관심을 두고 있을지도 모른다. 그리고 국가나 지역의 입장에서도 특별한 목적이 있을 것이다. 저마다 목적과 지향점은 다르다 해도 문화예술교육의 필요성이 나날이 커지고 있다는 점만은 분명하다. 더욱이 기술혁신을 비롯해 사회가 복잡하게 변화함에 따라 그 층위는 더 확장되고 변화 속도는 더욱 빨라졌다. 과거는 언제나 오늘의 서곡이라 하듯 오늘은 내일의 서곡이다. 지금 우리 시대 우리 지역에 필요한 문화예술교육이 무엇인지, 그것을 통해 어떤 가치를 실현할 것인지 함께 고민하고 노력할 필요가 있다. 그 답을 찾아나갈 때 지역 문화예술교육은 '정책의 대상'이라는 불편한 테두리를 걷어내고 우리의 삶을, 우리 지역을, 나아가 세상을 더욱 풍요롭게 만들어 줄 것이다.

문화예술교육의 등장과 지향(指向)

김은영

비젼과상상 대표·동국대학교 강사·자바르떼 조합원

'똑같은 생각을 찍어 내는 국영공장'에
생기를 불어넣으려는 노력

19세기 전까지 대부분의 예술교육은 전업 예술가를 기르기 위한 도제 교육의 성격을 지녀왔다. 예술가를 꿈꾸는 젊은이들이 스승과 선배들의 작업을 도우며 어깨너머로 일을 배웠다. 레오나르도 다빈치는 스승 안드레아 델 베로키오Andrea del Verrocchio 의 공방에서 선배 보티첼리Sandro Botticelli 와 함께 그림과 조각을 배웠다. 예술교육이 공방과 같은 예술가의 작업실을 벗어나 학교를 기반으로 일반 학생들에게 확대된 것은 근대의 일이다.

예술교육이 학교교육에서 처음부터 중요성을 인정받고 자연스럽게 시작된 것은 아니었다. 예술교육이 제도 교육의 틀 안으로 들어가기까지 19세기 말부터 20세기 초까지 진보주의 교육사상의 세례를 받은 유럽의 예술가와 교사들의 치열한 노력이 있었다. 이들은 주지교육만을 강조하는 자국의 교육 현실을 비판하면서, 이를 개혁하기 위한 방법, 전인교육의 일환으로 예술교육의 필요성을 주장하였다.

진보주의 교육은 "좁은 의미로는 19세기 말에서 20세기 초에 걸쳐 미국을 중심으로 일어난 교육개혁운동을 일컫는 말이며, 넓은 의미로는 교과중심교육과 교사중심교육으로 대표되는 '전통적인 교육 traditional education'에 대립하는 교육을 뜻한다". 즉, 진보주의 교육 철학은 독일의 개혁교육학, 프랑스의 신교육, 이탈리아의 활동주의, 영미의 진보주의 등의 철학적, 내용적 흐름을 포괄하는 개념이다. 진보주의 교육 철학자들은 교육의 전통적 접근에 반기를 들고 아동의 경험, 관심, 흥미, 자발성 등에 주목하여 이를 교육의 중요한 기제로 바라보았다. 이러한 흐름에서 이들은 교육의 패러다임 전환과 교육에 대한 다른 접근을 주장했다. 이러한 패러다임의 전환, 다양한 접근 모색 중에 예술교육은 새롭게 그 중요성과 가치를 인정받게 되었으며, 예술교육론은 진보주의 교육 사상의 토대 위에서 다양한 논리를 전개해나갔다.

유명한 진보주의 교육학자 존 듀이 John Dewey, 유아교육의 아버지 프뢰벨 Friedrich Froebel, 유리드믹스의 달크로즈 E. J. Dalcroze, 발도르프 학교를 세운 슈타이너 Rudolf Steiner, 몬테소리 교육방식을 창안한 마리아 몬테소리 Maria Montessori, 예술은 교육의 기초라 주장했던 리드 Read, H 등 각국의 교육 개혁가들과 예술가들이 자신의 상황에서 최선을 다해 자국의 학교 교육을 개혁하고 좀 더 학생 중심으로 가기 위해 다양한 시도를 하는 과정에서 예술교육은 방법론을 다듬어나가며 정당성을 확보했다.

존 듀이는 『민주주의와 교육학교』, 『경험과 교육』 등 많은 저서를 통해 교육의 획일성과 경직성을 비판하며 스스로의 삶과 유리된 교육을 받을수록 순종적이며, 무색·무미·무취의 균질적인 인간이 양성될 것이라

경고했다. 미술가이자 평론가였던 리드 역시 자기표현의 매체인 예술교육을 소홀히 하는 당시의 교육이 지성 이외의 능력이 모두 퇴화한 비인간적인 괴물들을 양육했다며 날선 비판을 펼쳤다. 당시 유럽과 미국을 중심으로 진보주의 교육사상을 공유했던 교사와 예술가들은 예술교육의 방법과 내용에 대해 다양한 이론과 실천을 펼쳤고 서로에게 영향을 주었다. 이 과정에서 예술교육의 실질적 개선이 이루어졌다.

당시 유럽에서 활발하게 교육 개혁을 주장했던 나라는 독일이다. 독일 개혁교육학의 범주에는 개혁교육학운동의 형성에 중요한 역할을 한 '어린이로부터의 교육학', 인간의 통합적 이해, 전인적 이해에 기초한 교육 실천을 제시한 슈타이너의 '발도르프 교육학', '청소년 운동', 자발적이고 자기표현적인 학습을 주장한 '예술 교육운동', 중등학교 개혁을 목적으로 한 '전원기숙사운동', 노작을 학교교육의 본질적인 것으로 본 '노작학교 운동' 등이 포함되어 있다. 이러한 다양한 이론과 실천들의 가장 중요한 공통점은 전통적 학교에 대한 비판과 어린이 중심의 교육 개혁을 추구한다는 점이다.

독일 개혁교육운동의 실천가들은 지나치게 '이성적'이며 '합리적'인 교육을 벗어나 삶의 다른 측면인 감성과 욕망, 즉 반합리적인 차원을 강조하려 했다. 이때 반합리주의 혹은 비합리주의적인 요소는 니체가 강조했던 '디오니소스적인 것'의 특징인데, 이러한 흐름을 배경으로 예술교육은 중요하게 등장한다. 이러한 과정에서 청소년 생활음악운동을 펼쳤던 외테 F. Jode, 율동을 통한 자기표현을 강조했던 달크로즈 E. J. Dalcroze 와

보데 R. Bode, 아마추어 연극의 중요성을 주장한 루제르케 등 여러 예술가들이 주요하게 등장했다.

미국은 진보주의 교육학이 학교 교육체계에 큰 영향을 끼쳤던 나라였다. 듀이는 학교를 통한 사회개혁을 주장하며, 학교 교육을 사회변화의 중요한 수단으로 보았다. '교육은 경험의 끊임없는 재구성', '행함으로써 배운다'라는 듀이의 교육철학은 예술교육과 관련해 매우 의미 있게 해석된다. 듀이는 1934년 『경험으로서의 예술 Art as Experience』에서 경험은 예술을 포함하여 우리가 일상에서 마주하는 모든 것이라 주장했다. 듀이에게 예술은 인식, 도덕적 경험들과 구별되는 특별한 존재가 아니며 경험에 상상력, 표현력, 예술적 활동이 보태지면 예술 작품이 된다. 또한 듀이는 경험에 있어서 아동의 흥미와 관심을 중요하게 고려하여 "학생들의 흥미를 고려하지 않고 지식을 전달하거나 학생들의 수동적인 자세에 대한 반성과 개조 없이는 교육은 자발성의 원리를 상실하고 만다. 그러므로 교육은 가능한 한 여러 가지 방면에서 경험을 하게 함으로써 창조력을 발휘하는 작용이어야 한다고 설명한다. 이로써 예술은 교육의 도구, 지식 획득의 수단으로 기능하며, 예술교육은 주지주의적 교육에서 제공해 줄 수 없는 살아 있는 경험을 제공할 수 있는 교육의 중요한 측면으로 자리 잡게 된다.

듀이는 교육자의 입장에서 예술교육을 강조했다면, 리드 Read 는 예술가의 입장에서 예술교육을 '전인교육', '조화로운 인간 자아를 실현하는 교육', '평화를 위한 교육'과 연결했다. 리드는 1961년 『예술의 뿌리』

를 통해 "우리는 어린이에게 말하기를 가르치지만, 어린이 모두가 연설가가 되리라고 기대하지 않는다. 글쓰기를 가르치지만 그들 모두가 시인이 되리라고 기대하지는 않는다. 우리는 어린이들에게 예술이 인생에서 그들의 전문 직업이 될 것이라고 기대하지 않고서도 소묘하고 칠하고 본에 따라 모형을 만드는 것을 가르치고 있다."며 예술 교육의 원리에 대한 그의 생각을 밝혔다. 리드에 따르면 예술교육은 예술 표현을 통해 욕구를 충족시키는 교육, 균형 잡힌 미적 자각이 개발되는 교육, 감성과 이성들을 통합시키는 교육이 되어 전인적인 인간을 형성할 수 있게 된다.

리드는 어린이가 "자신을 표현하기 위해서, 즉 자신의 내적 감정과 욕망을 표현하기 위해서 총체적인 노력"을 기울여야 하며, 예술은 이러한 표현을 위한 특수한 매체가 되는 것이라고 설명한다. 이러한 표현을 통해 "어린이는 자기 개성, 즉 선천적인 특성을 드러내도록 격려"받게 된다. 리드는 예술교육을 통해 어린이는 자신의 개성을 드러내고 균형 잡힌 개성을 성취하게 되며, 감성과 이성이 통합적이고 정상적으로 성장하게 된다고 주장했다.

이러한 교육개혁의 흐름 속에서 예술교육 운동은 의미 있게 등장하게 된다. 각국 진보주의 교육학의 범주 안의 교사들은 교육의 패러다임을 전환하고 아동의 발달에 맞는 교육을 하기 위한 다양한 접근을 모색했다. 이 과정에서 예술교육 원리 및 교수법의 개선, 학교 교과과정 개선뿐 아니라 예술교육이 일반 교육학에서 변방의 위치를 벗어나 독자성과 중요성을 인정받는 계기가 마련되었다는 점은 주목할 만하다.

예술교육의 모습은 현재 나라마다 매우 상이하게 나타난다. 우리에게 학교 예술교육은 음악과 미술을 제외하고 상상하기 힘들지만 비유럽 국가들 특히 오랜 문화적 전통을 가진 아프리카와 아시아의 일부 국가에서는 다양한 예술교육을 펼치고 있다. 아프가니스탄의 펜 교육, 피지의 공예와 같이 전통적인 문화유산이 교과과정에서 특별한 위치를 차지하는 경우, 교과과정에 드라마, 무용, 음악이 포함되지 않는 부탄과 이에 반해 음악, 공연, 시, 무용에 집중된 캄보디아의 경우와 같이 정반대의 경향을 보이기도 한다. 바베이도스에서는 육상선박, 장대다리로 걷기와 턱밴드헝겊공예가, 세네갈에서는 꽃 예술, 컴퓨터 예술, 바틱 염색, 도자기, 이야기하기, 패션, 헤어스타일링, 액세서리 만들기, 재봉질 등이 모두 예술교육 프로그램에 포함된다. 즉 예술 교육은 자국의 문화적 전통에 따라 다양하게 정의될 수 있으며, 넓은 범위와 다양한 모습을 지닌다.

강력한 예술 규정을 국가 수립의 핵심으로 보는
아시아 국가

『예술이 교육에 미치는 놀라운 효과』의 저자 뱀포드A. Bamford 는 우리나라를 "강력한 예술 규정을 국가 수립의 핵심으로 보는 아시아 국가"로 언급한 바 있다. 대한민국은 예술교육을 '통합적 인격 형성', '인격 교육', '예술적 감수성', '조화로운 미적 발달', '자아의식의 형성 활동' 등의 범주와 연관 지어 이해하며, 특히 예술교육의 긍정적 효과에 대한 기대를 바탕으로 정부 정책을 중심으로 현재 다양한 형태의 교육 활동이 진

행되고 있다. 이러한 정부 중심의 예술교육 진행 과정에서 문화예술교육
이라는 새로운 대한민국의 용어가 탄생한다.

1990년대까지 대학에서 문예운동의 세례를 받은 이들 중에는 노래
패, 풍물반 등을 대상으로 한 강습 위주의 예술교육과 공부방 등 지역공
간을 중심으로 연극, 노래 등을 가르치던 숫자가 적지 않았다. 또한 문
화연대는 문화교육위원회를 중심으로 문화교육을 '교육 시스템의 대안',
'진보적 교육운동의 개념', '공교육 전체에 대한 개혁운동'의 해법으로 제
시한 바 있다. 2000년 초반 민간 전문 인력들은 거버넌스 등에 참여하며
일정하게 문화예술교육 태동기에 필요한 철학과 경험을 공유했다. 그런
데 2020년 현재는 문화부 혹은 문화예술교육진흥원, 광역문화예술교육
지원센터 2009~ 등이 주도하는 지원사업, 학교예술강사 지원사업들이 대
한민국 문화예술교육을 대표하는 것이 현실이다. 따라서 대한민국 문화
예술교육의 모습은 문화예술교육 정책과 긴밀한 관계 속에서 규정되어
야 한다.

2000년대 중반 문화예술교육 정책이 강력하게 추진되었던 배경에는
참여정부가 가지고 있었던 문화와 예술에 대한 철학과 더불어 문화예술
의 사회적 가치, 경제적 효용에 대한 기대가 깔려있었다. 보편적 문화권
에 대한 인식이 예술가들의 일자리 창출, 창의적 인력 양성, 소외 계층에
대한 문화 복지와 같은 효용 가치와 만나면서 문화예술교육 정책은 빠르
게 추진되었다. 문화예술교육 정책에 대한 정부의 강력한 의지는 '문화
예술교육진흥원' 설립 2005, 문화예술교육지원법 제정 2005, '문화예술 교

육 활성화 중장기 전략' 수립 2007, '문화예술교육 발전방안' 수립 2010, '창
의성과 인성 함양을 위한 초·중등 예술교육 활성화 기본 방향' 수립 201,
문화기본법 제정 2014, 문화예술교육지원법 개정 2015, 2018-2022 문화
예술교육 종합계획 2018 등으로 이어졌다.

2005년 12월 문화예술교육과 관련된 최초의 법률인 문화예술교육지
원법이 제정되었다. 문화예술교육지원법은 정부와 지방자치단체가 문
화예술교육을 지원해야 하는 근거가 되는 법으로, 문화예술교육의 대
상과 범위에 대해 직접적으로 명시·규정하고 있다. 특히 제3조에서 모
든 국민은 '차별 없이', '평생에 걸쳐', '균등하게' 문화예술교육의 기회를
보장받을 수 있다고 명시되었고 이것은 문화예술교육이 보편적 인권으
로서 '문화권' 임을 밝히고, '평생교육'의 연장선상에 위치하고 있음을 분
명히 하였다.

문화예술교육의 기본원칙 *제3조*
① 문화예술교육은 모든 국민의 문화예술 향유와 창조력 함양을 위한 교육을 지향
② 모든 국민은 나이, 성별, 장애, 사회적 신분, 경제적 여건, 신체적 조건, 거주지역
등에 관계없이 자신의 관심과 적성에 따라 평생에 걸쳐 문화예술을 체계적으로 학
습하고 교육받을 수 있는 기회를 균등하게 보장 받는다.

문화예술교육지원법은 2015년 개정되었는데, 개정된 문화예술교육지
원법 제6조에서 문화예술교육 종합계획을 5년마다 수립할 것을 의무화하
였다. 정부 종합계획을 반영하여 지역에서도 5년마다 지역문화예술교육

계획을 수립해야 한다. 이에 따라 「문화예술교육 종합계획 2018-2022」이 2018년 수립되었고, 시·도 지자체에서도 같은 해 지역문화예술교육계획이 수립되었다.

2014년 문화예술교육을 포함하여 문화와 관련하여 큰 상징성을 지닌 문화기본법이 제정되었다. 문화기본법은 개인이 정치·경제·사회·신체적 조건 등으로 문화표현과 활동에서 차별받지 않으며 자유롭게 창조하고 향유할 권리 문화권 를 가지고 있음을 분명히 하고, 이를 보장하기 위한 국가와 지방자치단체의 책무 제5조 를 규정하고 있다.

대한민국헌법

제2장 국민의 권리와 의무

제22조 ① 모든 국민은 학문과 예술의 자유를 가진다.

제31조 ① 모든 국민은 능력에 따라 균등하게 교육을 받을 권리를 가진다.

제31조 ⑤ 국가는 평생교육을 진흥하여야 한다.

문화기본법

제2조 기본이념 이 법은 문화가 민주국가의 발전과 국민 개개인의 삶의 질 향상을 위하여 가장 중요한 영역 중의 하나임을 인식하고, 문화의 가치가 교육, 환경, 인권, 복지, 정치, 경제, 여가 등 우리 사회 영역 전반에 확산될 수 있도록 국가와 지방자치단체가 그 역할을 다하며, 개인이 문화 표현과 활동에서 차별받지 아니하도록 하고, 문화의 다양성, 자율성과 창조성의 원리가 조화롭게 실현되도록 하는 것을 기본이념으로 한다.

제4조 국민의 권리 모든 국민은 성별, 종교, 인종, 세대, 지역, 정치적 견해, 사회적 신분, 경제적 지위나 신체적 조건 등에 관계 없이 문화 표현과 활동에서 차별을 받지 아니하고 자유롭게 문화를 창조하고 문화 활동에 참여하며 문화를 향유할 권리이하 "문화권"이라 한다를 가진다. 〈개정 2017. 11. 28.〉

2014년 문화기본법이 제정될 수 있었던 배경에는 2005년 문화가 기본 인권임을 선언했던 문화헌장이 있었다. 문화헌장은 법적 구속력은 갖고 있지 않지만, 기본인권으로서 문화권을 분명히 하며, 이후 문화관련 정책과 법률의 바로미터가 되었다. "문화적 권리는 시민의 기본 권리이다"제1조로 시작하는 문화헌장에는 창조·참여·향유에서 평등할 권리와 평생교육을 추구할 권리제2조, 약자와 소수자의 문화권 보장제5조, 문화권 보장과 문화활동 지원을 위한 국가의 책무제5조를 차례로 담고 있다.

정부가 의지를 가지고 문화예술교육을 정책적으로 추진함에 따라 문화예술교육은 안정적인 추진 기반을 확보하여 급속하게 확대되었다. 그런데 이러한 점에도 불구하고 문화예술교육 정책의 방향에 대해 우려는 지속되고 있다. 문화예술교육의 가치와 목표에 대한 미흡한 인식, 학교 문화예술교육에 편중된 예산, 취약 계층 지원으로 인식되고 있는 사회문화예술교육, 행정 중심의 추진 과정에 대한 문제 제기와 더불어, 특히 관리와 감독의 대상이 되고 있는 예술강사의 지위와 처우에 대한 비판의 목소리가 크다. 철학과 가치에 대한 고민이 필요한 지점이다.

문화예술교육-메이드 인 코리아

문화예술교육은 오직 대한민국에서만 사용되는 용어이다. 문화교육 Cultural Education 을 강조하는 독일, 일반적으로 예술교육 Art Education 을 사용하는 유럽권 등 다른 나라에서는 예술교육 혹은 문화교육을 서로 다른 개념으로 사용한다.

국내 예술교육을 처음 소개했던 「문화예술총서 제9권 : 예술교육」의 정의를 따르면 예술교육은 "협의로 말하면 예술 그 자체의 창작과 감상 그리고 기예를 가르치는 행위지만, 광의로 해석하면 예술적 정신이나 기법이 활용되는 모든 형태의 교육을 포괄하는 미적 체험 aesthetic experience 을 통한 인격 교육"이다. 또한 예술교육을 '예술안의 교육', '예술을 위한 교육', '통합적 예술교육', '예술을 통한 교육' 등으로 분류하였다.

국내 문화교육에 대한 논의는 한국문화정책개발원 1994 의 「문화교육을 위한 개념」에서 찾아볼 수 있다. 독일 문화교육의 영향을 받은 것으로 보이는 문화교육의 정의는 "지역 네트워크를 활성화함으로써 '도시의 황량함'에 대응하고, 새로운 의사소통 기회를 만들고 의사소통 능력을 개발함으로써 상실된 의사소통 연계에 대응하며, 비판적인 판단과 기준을 교육하고 매체를 다루는 능력을 개발함으로써 새로운 미디어의 보편화에 대응할 뿐 아니라 인지적 지식만을 강조하는 교육의 일면성을 극복하고, 점차 확장되고 있는 여가 생활에 대응하는 역할 혹은 기능을 수행하는 것"이다. 문화교육은 문화를 위한 교육, 문화를 통한 교육으로 구분할 수 있다. 문화교육은 대체로 비판교육, 문화적 해득력, 문화다양성과 같은 다양한 가치와 연동되어 해석되기도 한다.

2000년대 초반 문화예술교육에 대한 논의가 활발하게 이루어면서 문화예술교육의 개념에 대한 여러 견해가 도출되었다. 논의는 다양했으나 문화적 맥락에서 예술교육을 포괄하는 문화예술교육, 문화교육과 예술교육이 종합되어 독자적 지향을 갖는 문화예술교육으로 나누어 눌 수 있다. 또한 문화예술교육지원법을 살펴보면 법률에서는 매우 보수적으로 정의하고 있다.

문화적 맥락에서 예술교육을 포괄하는 문화예술교육

예술교육은 문화교육 안에 포함되는 것으로 파악하고, 문화예술교육을 문화적 맥락에서 예술교육을 포함하는 것으로 규정

"예술은 문화의 일부분에 불과. 그러므로 예술교육은 문화교육 내에 포함되지만 예술교육이 곧 문화교육이 되는 것은 아님."

"문화예술교육은 전문인을 키우기 위한 실기교육에만 그칠 수 없으며, 예술이 가지는 풍부한 가능성을 삶의 영역으로 이끌어내고, 이를 통하여 보다 풍요로운 삶을 영위할 수 있도록 인도하는 교육."

"문화예술교육은 단순히 예술적 표현 기법만을 가르치는 교육이 아니라 예술적 이해를 통해 자신을 표현하고 사회를 이해하는 보다 넓은 개인적, 사회적 맥락 속에 위치한 교육"

문화교육과 예술교육이 종합되어 독자적 지향을 갖는 문화예술교육

문화예술교육은 문화교육과 예술교육이 종합되어 독자적인 지향을 갖는 것

"문화예술교육은 미적 교육, 문화 다양성 교육, 여가교육, 매체교육, 문화적 문해교육 등을 병렬적으로 나열하는 교육이라기보다는 이러한 교육 영역들이 특정한 지향 속에 유기적으로 연계된 교육"

"문화예술교육의 주된 정의는 장르 중심의 통칭 개념인 예술교육과 다양한 삶의 양식을 소통하는 문화해독력을 길러 주는 문화교육을 아우르는 교육"

문화예술교육지원법의 정의

문화예술교육지원법: '문화예술교육'이라 함은 문화예술 및 문화산업, 문화재를 교육 내용으로 하거나 교육과정에 활용하는 교육을 말하며, 학교문화예술교육과 사회문화예술교육으로 세분한다. *2조 1항*

이러한 견해를 종합하면 문화예술교육이란 용어는 다양하게 정의될 수 있으며, 긍정과 부정 두 가지 모두 해석이 가능하다. 부정적으로 보면 정책적 필요에 의해 급조된 신조어로 "학술적 측면에서 근거가 불분명한 용어"이다. 긍정적으로 본다면 2000년대 정부가 정책적으로 예술교육을 추진하면서 기존 예술교육의 형식적 제약성과 문화교육의 내용적 광범위성과는 다른 지향을 나타내는 목적, 양쪽의 문제점을 보완하는 새로운 문화예술교육을 지향한다는 목적지향적 용어이다. 이후 우리는 문화교육과 예술교육을 엄격하게 분리하기보다는 자연스럽게 문화예술교육이라는 용어를 사용하게 되었다.

2000년대 중반까지만 해도 문화예술교육을 정의하려는 여러 논의가 있었으나, 최근에는 지역성, 일상예술, 일상문화 등 예술교육의 범위를 확장시킬 수 있는 다른 분야에 관한 논의가 더 활발하다. 또한 개념을 이론적으로 정의하는 것보다 더욱 중요한 것은 자기 지역에 맞는 문화예술교육 개념 및 철학을 정리하는 것이라는 대략의 결론에 이르는 것 같다.

문제는 속도가 아니라 방향이다.

예로부터 전라도는 소리요, 경상도는 춤의 고장이라는 말이 있듯이 부산은 춤의 고장으로 이름 높았다. 동래 학춤, 한량무, 동래야류, 수영야류, 밀양 범부춤 등 부산은 여러 문화적 자원을 가진 곳이다. 부산 문화예술교육은 이러한 지역적 자원에서 출발할 수 있다. 춤 교육이나 전통문화교육을 하자는 주장이 아니다. 부산 문화예술교육의 개념과 목표는 부산에서 활동하는 예술가들과 함께, 부산이 가지고 있는 문화적 자원을 활용하려는 노력과 함께 만들어질 수 있다는 의미이다. 부산의 문화예술교육은 교육철학에 대한 고민으로부터 출발할 수 있다. 철학적 지향은 문화예술교육의 다양한 가치 중 어떤 지향에 주목할 것인지와 연동되는 문제로 결코 가볍지 않다. 이러한 문제의식에서 서울문화재단, 성남문화재단의 사례는 흥미롭다.

서울문화재단은 2005년부터 링컨센터 예술교육연구소 Lincoln Center Institute for the Arts in Education : LCI 에서 실시하고 있는 미적체험 교육 Aesthetic Education 을 수용하였고, 이에 맞추어 서울 창의예술교육을 체계화하고, 통합교육을 표방하였다. 또한 성남문화재단은 2014년 연구를 통해 프랑스의 철학자 자크 랑시에르의 '평등을 지향하는 예술', '해방하는 예술'을 통해, 삶과 예술이 괴리된 상황에서 벗어나 삶 속에서 예술이 구현되는 현장, 시민으로서 예술가가 될 수 있다는 관점을 표방하였다. 이러한 예술교육 지향이 당사자들의 치열한 토론보다는 해외 이론, 혹은 외부 연구자의 연구라는 점은 아쉽지만 이렇듯 자신들의 방향성과 철학에 대해 말할 수 있다는 점은 상찬 받아 마땅하다.

전 세계적인 주목을 받았던 베네수엘라 엘 시스테마 El Systema 의 설립자 호세 안토니오 아브레우 J. A. Abreu 박사는 '연주하라, 그리고 싸워라 Play and Fight'는 엘 시스테마의 모토는 목표와 인내를 강조한 것이다"며 "음악을 통해 더 나은 사람이 되기 위해 자기 자신과 싸우자는 것"이라고 강조하곤 했다. 그는 음악교육을 통해 가난과 장애, 마약 등의 위험 요소로부터 아이들을 지키고 이들을 훌륭한 음악가보다는 훌륭한 시민으로 키우고자 했지만 오히려 두다멜과 같은 세계적인 지휘자를 키워내기도 했다.

영국에서 시작된 시스테마 잉글랜드 Sistema England, 시스테마 스코틀랜드 Sistema Scotland, 시스테마 노리치 Sistema Norwich 등 엘시스테마형 음악교육 프로그램들은 대체로 오케스트라 활동 결과 "학습 참여도와 학업 성취도를 높이고 건강을 해치는 부정적 행동을 감소시켜 가족, 고용주, 지역에 긍정적 영향을 가져왔으며, 구직에 필요한 능력도 향상"된 것으로 나타났다. 또한 참여 아동들의 "결석률이 감소하고 읽기와 수리 과목 학업 성취도는 향상되었으며, 자아 존중감, 자부심, 자신감은 강화된" 영향이 있는 것으로 조사되었다.

모델, 멘토, 친구 사이인 영국과 베네수엘라의 오케스트라 형 예술교육도 지역, 장소, 참여자 연령, 추진 주체 등 다양한 요인에 따라 다른 결과를 나타낸다. 문화예술교육 여러 가지 가치와 효과를 지닌다. 많은 사람들이 우리 사회의 여러 문제들을 해결하고, 미래 사회를 준비하기 위해 문화예술교육이 중요하다고 말한다. 이제는 말이 아니라 실천이 필요한 때이다. 그 실천은 다양한 지향과 방법으로 이루어질 수 있으며, 예술교육 당사자들의 논의로 결정되어야 한다. 문화예술교육의 방향이 미적 감성, 창의성, 정체성 등의 문화적 가치와 공감, 소통, 포용성, 공동체성 등 사회적 가치 중 어느 쪽에 더 집중할 것인지는 당사자들의 역량과 철학을 점검한 뒤 이루어져야 한다.

미래 사회에 대한 전망은 다양하지만 미래 사회는 창의력, 관계성, 예술적 감수성, 상상력과 같은 인간 내면의 능력이 중요한 가치가 될 것이라는 공통된 기대를 포함하고 있다. 많은 사람들이 문화예술교육과 4차 산업혁명을 연결하며 창의성과 미적 감성 등을 가르치기 위한 문화예술교육에 대해 말한다. 다른 한편으로는 사회성, 소통, 문화 다양성, 문화적 해득력, 상호문화와 같은 다른 가치를 기대하기도 한다. 우리 사회를 좀 더 포용적이고 유연하게 만들 수 있다면 모두 유의미하다. 이러한 유의미한 변화를 만들어낼 수 있는 문화예술교육에 대해 생각해보자.

서구 유럽에서 예술교육과 문화교육이 확대되어가는 과정에는 진보주의 교육철학과 이를 실천하려는 적극적인 예술가와 교사들이 있었다. 반면 대한민국에서 문화예술교육이 확대되어가는 과정에는 강력한 정부의 문화정책이 있었다. 대한민국 문화예술교육 정책은 부족한 인력과 자원을 한 곳에 집중하여 단기간에 극대화된 성과를 이끌어 내는 중앙집중형으로 추진되었다. 이 과정에서 예술가는 예술강사로, 교사는 방관자로, 교육철학은 정부 보고서로 대치되었다. 예술교육이 가질 수 있는 생생함과 자유로움 대신 늘 평가받고 결과를 입증해야하는 단기 사업과 같은 모양새였다. 지원은 하되 간섭은 하지 않는다는 팔길이 원칙 arm's length principle 은 일반인들에게 잘 알려진 공공지원 정책 기준이다. 문화예술교육정책이 과연 이 원칙을 잘 지켰는지 의문이다.

교육은 백년지대계라고 한다. 그런데 왜 문화예술교육은 단기 사업과 자주 바뀌는 정책의 모습으로 나타나는지 안타깝다. 또한 예술강사 제도를 청년 예술인 일자리 문제로 바라보면서 문화예술교육의 철학과 가치의 문제가 실종된 점이 아쉽다. 학교 교육이 교대생들의 일자리 문제로 치환되지 않듯이, 학교 문화예술교육 역시 예술인 일자리 문제로 간주 될 수 없다. 이제 판을 뒤집어보자. 속도가 아니라 방향을 중심으로, 중앙이 아니라 지역을 중심으로, 문화예술교육철학을 가진 현장 예술가를 중심으로, 다양한 플랫폼을 중심으로, 새로운 비전을 중심으로, 장기 계획을 중심으로 새롭게 시작해보자. 매년 바뀌는 단기 프로젝트가 아니라 백년을 관통하는 교육철학과 방법론을 고민해보자. 문화예술교육을 둘러싼 유의미한 실천과 다양한 사례들이 부산만의 교육 철학을 기반으로 성장하기 기대한다. 부산에서 시작한 작은 변화가 판을 뒤집고 대한민국 문화예술계에 중요한 전환을 가져오는 계기가 되기 기대한다.

참고문헌

고경화, 『예술교육의 역사와 이론』, 학지사, 2003.

김명신, 『19/20세기 전환기 독일의 예술교육운동』, 경희대학교 교육문제연구소 논문집, 제17권, 경희대학교 교육문제연구소, 2001.

김세훈 외, 『문화예술교육 중장기 발전 방안』, 한국문화관광정책연구원, 2004.

김은영, 『이론과 현장이 살아있는 문화예술교육』, 학이시습, 2014.

문화관광부, 『창의한국』, 문화관광부, 2004.

백령 외, 『장애인문화예술교육 종합계획수립을 위한 기초연구』, 한국문화예술교육진흥원, 2005.

신승환, 『문화예술교육의 철학적 지평』, 한길아트, 2008.

양현미 외, 『문화예술교육 활성화를 위한 정책기반조성 방안 연구』, 한국문화관광정책연구원, 2004.

연세대학교 교육철학연구회, 『위대한 교육사상가들 III』, 교육과학사, 1999.

정갑영 외, 『초등생 문화예술교육 프로그램 개발』, 한국문화정책개발원, 2000.

정영근, 『교육의 철학과 역사』, 문음사, 2012.

한국문화예술진흥원, 『문화예술총서 제9권: 예술교육』, 한국문화예술진흥원, 1988.

Bamford, A(백령 역), 『예술이 교육에 미치는 놀라운 효과』, 한길아트, 2006.

Read, H, (김기주 역), 『예술의 뿌리』, 현대미학사, 1961.

http://elsistemausa.com

www.ihse.org.uk

http://makeabignoise.org.uk/sistema-scotland

문화예술교육정책 흐름과 전망

박영정

연수문화재단 대표이사

초기 문화예술교육정책의 제도적 안정성

우리나라에서 문화예술교육정책이 공식화한 것은 참여정부 때인 2000년대 중반이다. 2003년 문화체육관광부 당시 문화관광부 와 교육부 당시 교육인적자원부 가 공동으로 문화예술교육 활성화를 위한 TFT를 운영하고, 그 연장선에서 2004년 문화체육관광부가 문화예술교육을 담당하는 '문화예술교육팀'을 신설하고, 「문화예술교육 활성화 종합 계획」을 발표하였다. 2005년 2월 한국문화예술교육진흥원 설립, 12월 문화예술교육지원법 제정으로 우리나라 문화예술교육정책은 처음부터 안정된 제도적 기반 위에서 출발하였다.

문화정책의 다른 영역과 달리 문화예술교육정책이 제도적 체계성과 안정성 위에서 출발할 수 있었던 것은 다음 몇 가지 배경이 작용한 것으로 볼 수 있다.

1990년대부터 삶의 질에 대한 사회적 관심이 증대되면서 물질적 풍요에 더하여 문화적으로 충족한 삶을 추구하려는 가치관의 전환이 있었다. 1990년 문화부 출범은 그러한 시대적 흐름을 반영한 것이었고, 이후 문민정부와 국민의정부를 거치면서 국가정책에서 문화정책의 비중이 더욱 커졌다. 예술 창작에 대한 공적 지원에 더하여 국민 개개인의 문화 향유에 대한 지원이 문화정책의 새로운 흐름으로 자리잡았다. 이러한 흐름

속에 문화예술교육은 개인들의 문화 향유 역량을 키우는 과정으로서 주목되었다. 참여정부 들어 문화예술교육정책이 문화정책의 핵심 영역으로 제도화하는 데 대한 사회적 공감대가 이미 형성되어 있었던 셈이다.

또한 제6공화국 체제에서는 문화부 출범과 함께 장기 국가문화정책을 수립, 추진하였고, 이후 5년마다 등장하는 정부에서도 저마다의 중장기 문화정책의 발표가 있었다. 특히 참여정부에서는 2004년 '창의한국'이라는 장기 문화비전을 발표하면서 '문화예술교육을 통한 문화 역량 강화'를 첫 번째 과제로 제시하는 등 문화예술교육 활성화를 위한 강력한 정책 의지를 표명하였다. 이는 참여정부에서 문화예술교육정책이 추진력을 가지고 전면적으로 제도화할 수 있는 실질적 배경을 형성하였다.

한편 참여정부 이전에도 다양한 문화예술교육정책 사업이 시행되고 있었던 것도 초기 문화예술교육정책의 제도적 안정성에 기여하였다고 볼 수 있다. 문화예술교육정책이 법제화한 것은 참여정부 때의 일이지만 문화예술교육이 문화정책에 등장한 것은 그보다 훨씬 전의 일이다. 1990년대 등장한 문화의집과 2000년에 시작된 국악강사풀제가 그 대표적 사례다. 이러한 선행 사례가 있었기에 문화예술교육정책이 참여정부 들어 제도화의 기틀을 마련할 수 있었던 것이다.

문화예술교육정책의 전사, 문화의집과 국악강사풀제

1994년 처음 등장한 '문화의집'은 생활권 소규모 문화시설로서 1980년대까지 예술 창작 지원과 문예회관을 통한 '예술의 보급'이 주를 이루던 한국 문화정책의 흐름을 바꾸어놓은 작지만 새로운 물줄기였다. 동사무소나 파출소와 같이 유휴 공공건물을 리모델링하여 생활 가까이에서 주민들이 향유할 수 있는 문화 서비스를 제공하는 기능을 하였다. 그 문화의집에서 수행한 대표적 프로그램이 바로 문화예술교육이었다. 문화의집에 앞서 지방문화원에서도 다양한 문화교육을 수행해 왔지만, 문화의집 시대에 이르러서는 지방문화원이 문화의집 운영 주체로 결합하기도 하는 등 문화의집과 함께 문화예술교육을 선도하는 역할을 수행하였다. 2000년 이전에 문화의집은 100여 개가 넘는 대표적 문화시설로 자리를 잡았고, 사한국문화의집협회를 구성하여 내부의 교류와 협력도 활발하게 전개하였다. 2005년 문화예술교육지원법 제정 이후 지정된 기초단위 문화예술교육지원센터의 대부분이 문화의집이나 지방문화원이었던 것도 이러한 사정을 반영한 것이다.[1]

그런데 참여정부 말기 문화의집 운영 지원이 지방사무로 이양되고, 이명박정부 들어서 기초단위 문화예술교육지원센터 지정이 종료되고, 광역단위 문화예술교육지원센터 지정이 본격화하면서 문화의집은 각 지역의 사정에 따라 각자도생하는 운명에 처했고, 한국문화의집협회 또한 자생의 길을 걸어야 했다. 박근혜정부에서 시작된 생활문화센터나 문재인정부에서 출범한 꿈꾸는 예술터 등 유사 기능을 하는 시설이나 기관이 새롭게 등장하면서 그 역할과 위상은 변화를 거듭하고 있음에도 문화의집이나 지방문화원이 문화예술교육에서 갖는 비중은 여전히 크다

---

1   기초단위 문화예술교육지원센터는 2006년 11월부터 2007년까지 6개 지역에서 시범운영되었고, 25개까지 확대되었다가 2009년 광역단위 문화예술교육지원센터가 지정되면서 종료되었다. 2020년부터 새로운 모델의 기초단위 문화예술교육지원센터가 운영되고 있다.

고 할 수 있다.

아이엠에프 이후 시행된 '국악강사풀제'는 문화예술교육정책을 정책 사업으로 가시화한 하나의 '사건'이었다. 국악강사풀제는 국악분야 예술 인들이 학교 음악과 교육에 참여하는 방식으로 이루어졌다. 학교 음악과 교육과정에서 국악단원의 비중이 확대되었지만 국악 교육, 특히 실기 교육을 수행할 수 있는 음악 교사는 부족했기에 학교 밖에서 파견된 국악강 사에 의해 양질의 교육 서비스를 제공할 수 있었던 것이다. 국악 예술인 입장에서도 국악강사풀제는 아이엠에프 이후 어려운 경제 사정을 넘어 설 수 있는 디딤돌 역할을 하였다. 이후 국악강사풀제는 2006년 학교예 술강사 지원사업으로 확대 발전하였으며, 2009년 정부 '재정 일자리 사업'으로 편제되고, 지방 교육 재정의 매칭이 이루어지면서 사업 규모도 수백억원 규모로 확대되었다. 학교예술강사 지원사업은 지금도 우리나 라 문화예술교육정책을 대표하는 사업으로서 연간 5,000명이 넘는 예술 강사가 각급 학교에 파견되어 국악, 연극, 영화, 무용, 애니메이션, 공예, 사진, 디자인 분야에서 활동하고 있다. 학교예술강사 지원 사업은 학교 문화예술교육만이 아니라 우리나라 문화예술교육정책을 대표하는 사업 이며, 재원 조성과 사업 운영에서 문화부문과 교육부문이 20년 남짓 협 력관계를 유지하고 있는 특별한 사업이기도 하다.

문화예술교육의 개념 정의와 그 지향성

문화와 교육, 예술과 교육에 대한 논의는 다양하게 전개되었으나

2005년 문화예술교육지원법 제정으로 '문화예술교육'이라는 용어가 공식화한다. 문화예술교육지원법에서는 다음과 같이 정의하고 있다.

> *"문화예술교육"이라 함은 「문화예술진흥법」 제2조 제1항 제1호의 규정에 따른 문화예술 및 「문화산업진흥 기본법」 제2조 제1호의 규정에 따른 문화산업, 「문화재보호법」 제2조 제1항의 규정에 따른 문화재를 교육내용으로 하거나 교육과정에 활용하는 교육을 말하며, 다음 각 목과 같이 세분한다.*
>
> *가. 학교문화예술교육 : 「영유아보육법」 제2조의 규정에 따른 어린이집, 「유아교육법」 제2조의 규정에 따른 유치원과 「초·중등교육법」 제2조의 규정에 따른 학교에서 교육과정의 일환으로 행하여지는 문화예술교육*
>
> *나. 사회문화예술교육 : 제2조 제3호 및 제4호에서 규정하는 문화예술교육시설 및 문화예술교육단체와 제24조의 각종 시설 및 단체 등에서 행하는 학교문화예술교육 외의 모든 형태의 문화예술교육* 문화예술교육지원법 제2조 제1호

이 정의에서는 정책 대상으로서 '문화예술'에 대해 '문화예술'과 '문화산업', '문화재'를 포괄하는 의미로 규정하고 있고, 정책 성격으로서 '교육'에 대해서는 문화예술을 교육하는 것과 교육에 문화예술을 활용하는 것의 두 가지로 나누고 있다. 전자는 앞에서 규정한 문화예술 문화산업, 문화재 포함 을 교육 내용으로 하는 교육 일체를 말하고, 후자는 문화예술 문화산업, 문화재 포함 을 활용하여 이루어지는 일체의 교육을 말한다. 이러한 정의는 문화예술교육정책에서 정부 지원 대상이 되는 범위를 정하기 위한 기능적 정의에 머물러 있다. 특히 제1호 가목과 나목에서 정의하고 있

는 '학교문화예술교육'과 '사회문화예술교육'은 문화예술교육이 이루어
지고 있는 장소 및 대상자를 기준으로 기계적으로 구분한 것일 뿐 문화
예술교육의 가치 지향이나 방향성에 대해서는 전혀 규정하고 있지 않다.
따라서 법적 정의에도 불구하고 문화예술교육정책에서 문화예술교육이
지닌 가치와 지향은 분명하지 않은 채 남아있게 된다.

  이러한 모호성은 문화예술교육지원법 제3조의 규정을 통해 어느 정
도 해소된다.

❶ *문화예술교육은 모든 국민의 문화예술 향유와 창조력 함양을 위한 교육*
을 지향한다.

❷ *모든 국민은 나이, 성별, 장애, 사회적 신분, 경제적 여건, 신체적 조건, 거주*
지역 등에 관계없이 자신의 관심과 적성에 따라 평생에 걸쳐 문화예술을 체계
적으로 학습하고 교육받을 수 있는 기회를 균등하게 보장받는다.

문화예술교육지원법 제3조

  문화예술교육지원법 제3조 제2항의 규정은 모든 국민이 차별받지 않
고 문화예술교육을 받을 수 있도록 해야 한다는 기회 균등의 원칙을 다
룬 것이고, 문화예술교육의 지향 가치를 다룬 것은 문화예술교육지원법
제3조 제1항이다. 여기에서는 문화예술교육이 '국민의 문화예술 향유를
위한 교육'과 '국민의 창조력 함양을 위한 교육'을 지향하는 것으로 규정
하고 있다. 앞의 '문화예술 향유를 위한 교육'은 국민의 문화예술 향유에
도움이 되는 교육을 지향하는 데, 문화예술교육 참여자들에게 문화예술
향유 역량문화 리터러시 등을 길러주는 것을 목표로 하며, 궁극적으로 문화

예술교육이 문화예술 향유의 저변을 확대하는 매개자 역할을 하는 것으로 설정하고 있다고 할 수 있다. 뒤의 '창조력 함양을 위한 교육'은 국민의 창조력을 기르는 데 도움이 되는 교육을 지향한다는 의미이며, 문화예술교육이 참여자들의 창의성과 창조력을 증진하는 데 기여할 것이라는 인식을 전제하고 있다. 이는 '시민의 문화향유력과 창의성 향상'이라는 『창의한국』에 제시된 문화예술교육비전의 법률적 번역에 해당한다고 볼 수 있다.

예술교육, 문화교육 그리고 문화예술교육

사실 문화예술교육정책이 본격화하기 이전 단계에서는 예술교육과 문화교육, 문화예술교육이라는 용어가 혼재되어 사용되었다. 용어의 채택에 따라 함의나 강조점에 차이가 있었지만 정책 용어로 '문화예술교육'이라는 용어가 채택되기에 이른다. 여기에서 예술교육과 문화교육, 문화예술교육에 대한 문화예술교육지원법 제정 이전의 논의를 살펴본다.

'예술교육'이라는 용어는 가장 오랫동안 사용해 왔고, 특히 제도교육인 학교교육에서 주로 사용해 왔다. 음악이나 미술 등 학교 예술교과 교육이나 예술계 학교나 대학의 전문적 예술인 육성 교육을 모두 예술교육으로 지칭해 왔다. 예술교육은 장르 교육의 틀 안에서 창작과 실기, 감상, 이론 등으로 구성되어 진행되었으며, 대체로 기능 위주의 교육으로 수행되어 왔다. 1980년대 후반 교과교육 이외의 예술교육 예를 들어 '교육연극'이 활발해지면서 예술교육에 대한 확장된 개념 논의가 이루어진다. 1988년 한국문화예술위원회 당시 한국문화예술진흥원 에서 발간한 『예술교육』에서는 '예술 그 자체의 창작과 감상, 그리고 기예를 가르치는 행위'로서 협의의 예술교육만이 아니라 '예술적 정신이나 기법이 활용되는 모든 형태의 교육을 포괄하는 미적 체험을 통한 인격 교육'이라는 개념의 확장을 시도한다. 그 연장선에서 1990년대 들어 '문화교육'이라는 용어가 등장하였다. 김문환의 『문화교육론』1999 에서는 확장적 예술교육으로서 '문화적 문해'cultural literacy 개념에 기반한 '문화교육'을 새롭게 제기한다. 이러한 흐름의 연장선에서 2000년대 초 심광현2002은 예술교육과 문화교육을 단순히 영역의 구분으로 보지 않고 문화적 문해의 관점에서 지식 전달 교육을 넘어서는 새로운 교육 이념으로 발전시켜 나가야 한다고 주장한다. 결과적으로 2003년 참여정부에서는 '문화예술교육'이라는 용어를 공식적인 정책 용어로 선택하게 되는데, 여기에는 예술교육을 배제하지 않으면서 문화교육이 추구하는 문화적 문해를 핵심 가치로 포괄하는 의미가 담기게 된다. 김세훈, 2004

문화예술교육지원법 제정 이후에도 문화예술교육의 주된 방향은 기존의 제도 교육이나 협의의 예술 장르 교육이 갖는 한계를 넘어서고자 하였고, 탈근대적 관점에서의 문화예술교육신승환, 2008 이나 미래교육 패러다임으로서의 창의적 문화교육 심광현 외, 2012 이 제안되기에 이른다.

문화예술교육의 정책적 위상과 역할

문화적 문해에 중점을 둔 문화예술교육은 국악강사풀제의 역할에서 보았듯이 기존 학교 교육에 대한 보충적 수행과는 본질적 차이가 있다. 따라서 문화예술교육지원법 제3조에서 규정하고 있는 '문화예술 향유를 위한 교육'은 단순한 예술 장르 교육을 넘어서 문화적 문해력을 함양하기 위한 교육으로 해석해 볼 수 있다. 학교 교육에서 음악, 미술 등 예술교과 교육이 체계적으로 수행되고 있는 상황에서 문화예술교육이라는 이름의 별도 교육이 필요한 이유도 바로 여기에 있다. 지식 전달형 교육에서 역량 강화 교육으로의 전환, 학교 중심 교육에서 평생학습으로의 전환 등 변화하는 현대 교육 트렌드에 맞추어 교육 전반의 변화가 요구되고 있음에도 입시 위주의 교육 운영 등으로 학교 현장에서의 대응이 쉽지 않은 상황이었다. 이에 학교 밖이라 할 수 있는 문화예술계와 교육계가 협력하여 새로운 교육 영역을 만들어나가는 과정에서 문화예술교육이 국가정책의 한 영역으로 자리를 잡았던 것이다.

그렇지만 이러한 지향성에도 불구하고 정책화된 이후 문화예술교육은 학교문화예술교육을 중심으로 운영되었으며, 내용적으로도 기존 학교교육의 내용과 이념을 넘어서는 새로운 교육으로 나아가지는 못하였다. 학교문화예술교육을 중심으로 문화예술교육정책이 전개되면서 문화예술교육의 일차적 목적은 국가 교육과정의 목표 실현을 위해 학교와 예술계의 협력, 구체적으로는 예술강사의 학교 파견을 중심으로 사업이 진행되었다. 주5일제 수업의 진행과 맞추어 토요문화학교가 운영되고, 작은학교 대상의 예술꽃씨앗학교가 지정, 운영되는 등 사업은 확대되고 다양화되었지만, 제도 교육으로서 학교 교육의 이념을 넘어서는 혁신의 영역을 개척하는 데는 미치지 못하였다. 학교 교육과정의 큰 목표가 근대사회가 요구하는 전인교육에 있다고 보면 문화예술교육의 핵심 역할도 전인교육으로서 학교 교육의 기능 충실성 확보에 있었다고 할 수 있기 때문이다.

그런데 최근에는 학교 교육 자체가 문화예술교육을 직접 담당하는 방향으로 나아가고 있다. 소수이지만 국악을 전공한 음악교사가 배치되고 있고, 연극을 전공한 교사도 학교 교육에 참여하고 있다. 이런 방식으로 그동안 문화예술계가 담당한 학교문화예술교육을 교육계 스스로 담당해 나가게 되면, 문화예술교육정책은 학교문화예술교육과의 관계 재정립을 통해 새로운 방향을 찾아나가야 할 것이다. 물론 그것이 학교 밖의 문화예술교육에 중점을 두는 식으로 해결될 일은 아니다. 제도화 초기에 제시되었던 문화적 문해 교육이나 탈근대 교육을 지향하는 방식으로 그 이념과 가치, 그리고 그에 걸맞은 교수-학습 방법의 개발이 필요하고, 그 변화 또한 바로 학교에서부터 적극 실행되어야 할 것이다. 학생들이 문화적 프로젝트에 참여하는 과정에서 획득하게 되는 문제해결역량, 의사소통역량 등 역량 증진은 물론 창의성과 감수성 등 개인의 기본 소양의 함양, 시민으로서 민주적 의식의 함양 등 '현대화된 교양'을 습득, 훈련하게 하는 것이야말로 문화예술교육이 학교에서 수행해야 할 주된 역할이 될 것이다.

문화예술교육정책의 새로운 방향성

이제 정책으로서 문화예술교육의 방향 전환과 사업 구조 개편이 필요한 시점에 이르렀다. 시민의 문화활동 참여 욕구 증대로 예술적 표현활동을 포함한 생활문화가 활성화되고 있고, 4차산업혁명 시대로 명명되는 디지털 문화, 기술 융합 문화 등 문화예술교육에 대해 요구되는 새로운 역할이 증대되고 있다.

2010년대 중반부터 문화예술교육정책의 핵심 이슈는 양적 성장을 넘어 질적 발전을 도모하자는 것이었다. 예산 규모나 사업의 다양성에서 괄목할 성장을 했다는 데 대해 이론의 여지가 없고, 그러한 양적 성장에 공공부문 주도의 문화예술교육정책이 큰 역할을 했다는 데 대해서도 많은 사람들이 공감할 것으로 생각한다. 그렇지만 학교 중심의 문화예술교육, 공공 공급 중심의 문화예술교육에 의한 '고도성장' 방식은 근원적 한계를 지닐 수밖에 없다. 질적 전환을 위해서는 문화예술교육의 핵심 가치를 재정립하고 가치 지향의 문화예술교육 정책 추진이 필요하다. 앞서 제기된 문화적 문해든 탈근대 교육이든 통합/융합 교육이든 창의 교육이든 문화예술교육정책의 지향 가치를 재정립하여 정책을 추진해야 할 것이다.

학교문화예술교육의 발전을 위한 문화계/교육계의 파트너십을 재구축해야 한다. 학교 교육 체계가 수행하기 어려운 새로운 교육 가치를 실현할 수 있는 문화예술교육을 학교 안과 밖에서 혼합적으로 실행할 수 있는 협력 체계를 마련하여야 한다. 이를 위해 문화예술교육지원법 제2조 제1호의 학교문화예술교육과 사회문화예술교육의 구분도 정비가 필요하다. 지금의 '사회문화예술교육'이라는 용어는 '사회적 교육'을 의미하는 것이 아니라 학교 교육이 아닌 교육, 즉 '비학교 문화예술교육'을 의미한다. 학교문화예술교육을 중심에 놓고, 그 밖의 제반 문화예술교육을 의미하는 여백의 의미로 사회문화예술교육이라 칭한 것이다. 이제 학교와 사회 구분 없이 문화예술교육정책을 전면적으로 재설계해야 할 것이다. 그것이 학교이든 가정이든 직장이든 지역사회이든 개인의 일상에서 요구되고 일상으로 실행되는 문화예술교육이 필요하다. 학교 중심 문화예술교육에서 일상 중심 문화예술교육으로 전환이 필요한 것이다. 학교 안에서도 교육 과정 결합형 문화예술교육에서 생활 결합형 문화예술교육으로 전환이 필요하다. 창의성을 계발하는 도구로서의 문화예술교육에서 삶의 충족 과정, 삶을 즐기는 과정으로서의 문화예술교육, 문화적 권리로서 문화예술교육이 필요한 시점이다. 특히 생활공간에서의 문화활동과 연계된 문화예술교육 활성화가 요구된다.

프로그램 중심의 문화예술교육 지원 정책을 문화예술교육 생태계 조성으로 전환하여 추진해야 한다. 문화정책에서 지역 기반 강화, 생활권에서의 정책 대응 강화가 요구되는 상황을 고려하면 특히 지역 차원의 문화예술교육 생태계, 나아가 지역문화 생태계에서 문화예술교육의 위치를 재설정해 나가야 한다. 문화예술교육 생태계를 구축하는 것, 지역의 문화계에서 문화예술교육이 자리 잡아 나갈 수 있는 생태계의 구성이 향후 정책의 핵심 과제로 되어야 한다. 수요자 중심의 맞춤형 프로그램의 공급도 생태계 조성을 중심으로 재편되어야 한다. 대상별로 다양한 프로그램을 개발하여 공급하는 것도 사실 공급자 관점에서 프로그램 다양화에 지나지 않는 것일 수 있기 때문이다.

문화예술교육정책의 새로운 과제

이를 위해 몇 가지 문화예술교육 정책에서 실행했으면 하는 사업이나 체계를 제시해 본다면 다음과 같다.

문화예술교육 전용/전문시설의 확대가 필요하다. 우선 '꿈꾸는 예술터' 건립을 확대하되, 유휴 시설 재생 여부에 관계없이 문화예술교육 전용/전문공간으로서 기능을 갖출 수 있도록 해야 한다. 여기에서는 문화예술교육 관련 전문 인력과 설비, 공간을 구비하고 교육 콘텐츠를 연구/개발하며, 직접 교육 프로그램을 운영할 수 있을 것이다. 무엇보다 아난딸로와 같이 학교 밖에서 학교와의 협력 프로그램을 운영할 수 있을 것이며, 학교에서의 강사파견형 사업에서는 수행할 수 없는 교육도 가능할 것이다. 문화예술교육 프로그램 기획자와 상주 문화예술교육가, 파트타임 문화예술교육가가 혼합된 인력 구성으로 다양한 현장 수요에 대응할 수 있을 것이다.

생활문화정책과 문화예술교육정책의 관계 재정립이 필요하다. 생활문화정책은 공동체에 기반한 문화활동 활성화로 그 지향성을 명확화해야 한다. 생활문화는 궁극적으로 다양한 커뮤니티 활동으로 수렴될 수 있을 것이다. 생활문화정책의 주제 영역 또한 협의의 문화예술 외에 다양한 분야로 확대될 수 있을 것이다. 문화예술교육정책은 문화예술을 매개로 한 다양한 교육 활동 활성화를 지향해야 한다. 생활문화 활성화에서도 문화예술교육의 역할이 있을 것이다. 그러나 모든 생활문화 활동이 문화예술교육과 연계되는 것은 아니다. 또한 모든 문화예술교육이 생활문화로 귀결되는 것도 아니다. 앞서 문화예술교육 전용/전문시설과 생활문화센터의 관계도 명확한 역할 구분 속에 협력하는 관계로 재정립되어야 할 것이다. 이 경우 문화의집은 생활문화센터의 기능에 좀더 가까이 있는 것으로 보인다.

문화예술교육 지역생태계 구축이 필요하다. 지역생태계는 지역의 문화생태계에서 문화예술교육 생태계의 위치와 기능을 배치하는 일이 될 것이며, 기초문화예술교육지원센터의 설치가 그 핵심 기반이 될 것이다. 2000년대 중반 시범 실시될 때의 기초문화예술교육지원센터는 지역 문화예술교육 생태계의 허브 기능을 갖도록 설계되었으나 사업의 실행은 그렇게 되지 못하였다. 2020년부터 다시 지정이 시작된 기초문화예술교육지원센터의 역할을 지역문화예술교육생태계 관점에서 명확히 설정하지 않는다면 생태계 구축에 기여하기보다 생태계 교란을 가져올지도 모른다. 이제부터 문화예술교육정책은 프로그램형 사업의 확장보다 생태계 전반의 자생력 강화를 위한 기반의 구축과 환경의 조성에 중점을 두어야 할 것이다. 무엇보다 기초단위 문화예술교육 생태계 구축이 최우선으로 요구되는 시점이다.

참고문헌

문화관광부, 『창의한국』, 문화관광부, 2004.

김문환, 『문화교육론』, 서울대출판부, 1999.

김세훈 외, 『문화예술교육 중장기 발전 방안』, 한국문화관광정책연구원, 2004.

양현미 외, 『문화예술교육 활성화를 위한 정책기반조성 방안 연구』, 한국문화관광정책연구원, 2004.

백령 외, 『문화예술교육 현장과 정책』, 한국문화예술교육진흥원, 2019.

최보연 외, 『문화예술교육 지원정책 분석 및 개선방향』, 한국문화관광연구원, 2017.

신승환, 『문화예술교육의 철학적 지평』, 한길아트, 2008.

심광현 외, 『미래교육의 열쇠, 창의적 문화교육』, 살림터, 2012.

"2005년 이후 문화예술교육은
많은 담론과 정책의 변화를 겪으며
학교와 사회 영역의 경계를 넘어
전 생애에 걸쳐
삶의 행복과 일상의 기쁨을 누리기 위한
공공적 역할을 담당하게 되었다."

"인간으로서의 존엄과 자유로움을
실현할 수 있는 길은
자신이 누구인가를 깨달아가는
미적 체험 안에서 오롯이 가능하다.

'아름다움으로 놀이하는 순간
인간은 잠시 미적 상태에 머물면서
자신이 잃어버린 총체성을 회복할 수 있다'는
독일의 대문호 실러의 말은
왜 우리가 미적인 길을 선택해야 하는가를
돌아보게 한다."

부산문화재단 B·ART·E 총서 1

우리 · 문화예술교육

ⓒ 2020, 부산문화재단 부산문화예술교육지원센터

글 쓴 이   이미연 조재경 Tom Doust 김태희 백령 Gerhard Jäger
          이순욱 김해성 조대현 이욱상 김 면 고윤정 임학순
          임미혜 오재환 모상미 박소윤 남영희 김은영 박영정

초판 1 쇄   2020년 12월 15일

기   획   부산문화재단 부산문화예술교육지원센터
발 행 처   부산문화재단
          부산광역시 남구 우암로 84-1
          T. 051-745-7283   F. 051-744-7708   www. bscf. or. kr
발 행 인   강동수
책임 편집   이미연 박소윤 남서아
출판·유통   ㈜호밀밭 homilbooks. com
          051-751-8001   anri@homilbooks. com